商法総則・商行為法

近藤光男〔著〕

［第9版］

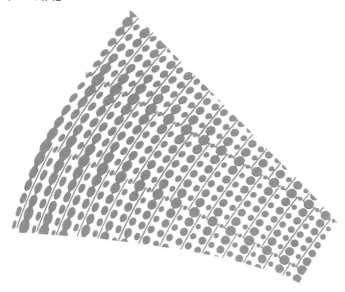

有斐閣法律学叢書

第9版　はしがき

本書は平成三一年に、平成二九年の民法改正および平成三〇年の商法改正を盛り込んだ上で大幅に内容を見直して、第八版として刊行していた。しかしながら、その後も両法の改正規定をめぐっては、学説をはじめとして様々な議論が展開されてきている。また、本書の消費者売買（第二編第二章第二節）に関わる法については、その改正が頻繁に続いている。すなわち、令和二年に割賦販売法の改正、令和三年に特定商取引法の改正、令和四年に消費者契約法等の改正が行われたほか、令和二年には金融商品の販売に関する法律が、名称を金融サービスの提供に関する法律に改めた上で改正された。さらにこの間、裁判例についても、商法総則・商行為の分野に関わる興味深いものが、少なからず見られていた。これに対して、第八版では平成三〇年以降の裁判例については全く紹介できていないという状態であった。このような状況に鑑み、著者としては本書の内容をアップデートする必要性を強く感じるようになった。そこで、このたび本書の第九版を刊行することとした。

第九版を刊行するに当たっては、有斐閣編集部の大原正樹氏に大変お世話になった。そのおかげで改訂作業はきわめて順調に進められた。ここに厚くお礼申し上げたい。

令和四年一二月

近　藤　光　男

初版　はしがき

商法は、実定法科目の中でも、学生が学ぼうとするには比較的難しいものの一つのように思われる。それは、おそらく企業をめぐる法律関係という商法が規整しようとする領域が、実社会での経験の少ない学生にとっては馴染みの少ないものだからであろう。それでも商法の中で、会社法は新聞やテレビ等で目にすることも多い問題を取り扱っていることから、学びやすいかもしれない。これに対して、商法総則や商行為法は、法律自体が現在の企業取引と必ずしも合致していないところもあり、抽象的な法規定の理解が容易でないように思われる。

十数年前にわたしが、神戸大学法学部で初めて講義を行なったのが、商法総則・商行為法であった。当時学生に分かりやすく説明することに相当苦労したことを覚えている。そのとき作成した講義ノートには、毎年のように手を加えていったが、とりわけ学生の理解度を高めるために、具体的な事例を数多く盛り込むことに努めた。そのノートも一〇年も経過すると相当の厚みを帯びてきた。そのようなときに、有斐閣の奥村邦男氏より、商法総則・商行為の教科書を書いてはどうかというお誘いを受けた。そこで、よい機会であると考えて、従来講義してきたところを一冊の書物としてまとめることとした。そうはいうものの、すでにこの領域には、先輩諸先生方のすぐれた体系書・研究書が数多く刊行されており、元々わたしの講義ノートもそのような研究業績をまとめたものにすぎないのであり、いまさらわたしが書くことに意味があるのかという疑問も生じていた。そこで、わたしは、本書をもっぱら初学者を対象とし、できるだけ具体的な事例を使い分かりやすく説明する書物とすることにした。その意味では、学説の展開についての詳細な記述は、ある程度省略することにした。しかし、商法総則・商行為法について基本的なところを学ぼうとする初学者にとっては、必要な記述が分かりやすくなされているものと思う。なお、判例については、詳しく紹介したかったが紙面が限られていることもあり、商法（総則・商行為）判例百選（第三版）の判例番号を記載することとし、そちらを参照して頂くことにした。

先にも述べたように、本書の作成にあたり、先学の研究業績に負うところはきわめて多大である。その中でも恩師東京大学名誉教授　鴻常夫先生には、学生時代での講義、御著書とりわけ『商法総則』（弘文堂刊）をはじめ、日頃の御指導に至るまで、本書の完成になくてはならない御教示を賜ってきた。また、東京大学教授 江頭憲治郎先生には、御著書『商取引法上・下』(弘文堂刊)をはじめ、日頃から数多くの御教示を賜ってきた。ここに厚く感謝を申し上げたい。

最後になったが、本書の刊行にあたっては、有斐閣京都支店の奥村邦男氏、同田顔繁実氏のご尽力に心から感謝したい。

平成六年一二月

近藤光男

目次

第一編 商法総則

第二編　商行為法

凡例

1 文献略語

西原	西原寛一 日本商法論第一巻〔第二版〕（昭和二五年）
西原・講義	西原寛一 商法総則・商行為法（商法講義1）〔改訂版〕（昭和三三年）
大隅・商行為	大隅健一郎 商行為法（昭和三五年）
石井＝鴻・商行為	石井照久＝鴻 常夫 商行為法（昭和四五年）
田中・商行為	田中誠二 新版 商行為法（昭和四五年）
石井＝鴻	石井照久＝鴻 常夫 商法総則〔第三版〕（昭和五〇年）
田中	田中誠二 全訂 商法総則詳論（昭和五一年）
大隅	大隅健一郎 商法総則〔新版〕（昭和五三年）
鈴木	鈴木竹雄 新版 商行為法・保険法・海商法〔全訂第一版〕（昭和五三年）
服部	服部栄三 商法総則〔第三版〕（昭和五八年）
平出	平出慶道 商行為法〔第二版〕（平成元年）
神崎	神崎克郎 商法総則・商行為法通論〔新訂版〕（平成一一年）
鴻	鴻 常夫 商法総則〔新訂第五版〕（平成一一年）
関	関 俊彦 商法総論総則〔第二版〕（平成一八年）
森本	森本 滋編 商法総則講義〔第三版〕（平成一九年）
森本・商行為	森本 滋編 商行為法講義〔第三版〕（平成二一年）
田邊	田邊光政 商法総則・商行為法〔第四版〕（平成二八年）
青竹	青竹正一 商法総則・商行為法〔第二版〕（令和四年）
江頭	江頭憲治郎 商取引法〔第九版〕（令和四年）

2　法令名略語（条数のみは商法）

商施規	商法施行規則
会　社	会社法
商　登	商業登記法
商登則	商業登記規則
手	手形法
小	小切手法
憲	日本国憲法
民	民法
一般法人	一般社団法人及び一般財団法人に関する法律
電子契約特	電子消費者契約に関する民法の特例に関する法律
信　託	信託法
民　訴	民事訴訟法
民　執	民事執行法
破	破産法
民　再	民事再生法
会社更生	会社更生法
職　安	職業安定法
独　禁	私的独占の禁止及び公正取引の確保に関する法律
消費契約	消費者契約法
割　販	割賦販売法
割販令	割賦販売法施行令
特　商	特定商取引に関する法律
保険業	保険業法
金　商	金融商品取引法
金　提	金融サービスの提供に関する法律
不動産共事	不動産特定共同事業法
倉庫業	倉庫業法
不正競争	不正競争防止法

3　判例の表記等（判例の表記方法については一般の慣例にしたがった）

大　判	大審院判決
大連判	大審院連合部判決
最　判	最高裁判所判決
最大判	最高裁判所大法廷判決
高　判	高等裁判所判決
地　判	地方裁判所判決

＊　＊　＊

民(刑)録	大審院民事（刑事）判決録
民(刑)集	大審院民事（刑事）判例集
	最高裁判所民事（刑事）判例集

裁判集民　最高裁判所裁判集民事
高民(刑)集　高等裁判所民事（刑事）判例集
下民(刑)集　下級裁判所民事（刑事）裁判例集
裁　時　裁判所時報
新　聞　法律新聞
無体集　無体財産権関係民事・行政裁判例集
判　時　判例時報
判　タ　判例タイムズ
金　商　金融・商事判例
金　法　金融法務事情
労　判　労働判例
＊　＊　＊
百　選　商法判例百選

第一編　商法総則

第一章　商法の意義と商法の法源

第一節　商法の意義

一　商法とは

商法とは何かといえば、もっとも単純な解答としては、明治三二年法律四八号として制定された法律で、第一編「総則」から始まり、第二編「商行為」、第三編「海商」までを規定する商法典のことを意味するものと一般には考えられよう。しかし、いわばこれは形式的意義における商法と呼ぶべきものである。なぜならば、実質的には商法典以外にもこれと同質の規定が存在しているのであり、これらも含めるべきではないかと考えられるからである。

たとえば、手形法、小切手法という法律があり、これらは商法典に含まれていない別個の法律である。かつては商法典の第四編に手形・小切手に関する条文があった。しかし、手形・小切手に関するジュネーブ統一条約が批准・公布され、昭和八年においてこれを国内法化した手形法、小切手法が制定されるにともない、商法の条文が削除されたのである(1)。

また、会社法という法律があるが、平成一七年改正前までは商法第二編に会社に関する一般的な規定が置かれていた。平成二〇年には、商法第二編第一〇章にあった損害保険と生命保険に関する規定が削除され、保険法が制定された。

このような法律における規定は、それぞれの立法政策から形式的には商法典には置かれていないが、実質的には商法典に置かれていてもおかしくない規定である。これらは、同じく私法である民法とは異なる理念をもった法として理解することができる。商法典に規定されたものだけではなく、(2)このように形式的には商法に含まれていないが、実質的には商法に含めて考えることのできる法規定を合わせて、実質的意義の商法と呼んでいる。

（1） ただし、現在においても、手形法、小切手法を商法の一部と解するべきかどうかについては、争いがある。有価証券法として独自の体系を認めるべきであるという見解もあるが、取引の安全、技術的性格という他の商法の分野と共通する性格をもっていることからこれを肯定する考え方（鴻・八頁）をとるべきであろう。

（2） 逆に商法典の中に含まれているものの、民事訴訟手続に関する規定もある。

二　実質的意義の商法

実質的意義の商法という概念を認めたときに、商法の自主性を明らかにし、これらの法規定を統一的に理解するためには、どのような性格づけをするのが適切であろうか。すなわち、実質的意義の商法の独自性を明らかにする必要がある。

もちろん、商法は公法ではなく、私法に属する法律である。しかし、民法などの他の私法との差異・特徴がどこにあるかが問題となる。そこで、実質的意義の商法をどうとらえるか従来からさまざまな学説が展開されてきている。この点を考えるにあたって注意すべき点は、商法の対象とする範囲は時代の進展にともない拡大してきているが、それにもかかわらず商法の自主性を明らかにしなければならないことである。

代表的な学説としては、田中耕太郎博士による商的色彩論がある。これは、一般私法の法律事実の中で商的色彩を帯びるのが商法上の事実であり、それを対象とするのが商法であるとする。(1) そして商的色彩とは、専門化された営利的活動たる投機売買より演繹せられるべき特性であると解している。集団性や個性の喪失をその特徴とする。しかし、このような考え方に対しては、商法の対象を積極的にとらえることが難しいという批判が投げかけられている。

これに対して、現在のほぼ通説と呼べるものは企業法説と呼ばれるもので、商法を、企業を対象として、企業をめぐる経済主体の利益を関係経済主体間の権利義務秩序として規制する私法であると理解している。(2) ここで企業とは、経済学的概念としてではなく、法律的概念として、次のように理解することができる。すなわちそれは、一般私人とは異なり、営利行為を継続的かつ計画的に行う独立した一つの経済主体である。(3) また商法は、私法であることから経済法や労働法の規定は含まれないこととなる。(4)

ただし、一部の学説には通説のような理解の仕方では、具体的にいかなる法規が実質的意義の商法に含まれるかについて統一的に理解できるかどうか疑問視するものもある。また、企業法説に対して、現行の商法が行為者が企業であるかを問わない絶対的商行為の存在を認めていることについて、十分説明できないという批判がなされている。(5)

(1) 商法は、商人と商行為という二つの概念によってその適用範囲を画しているが、このことから、商法は商に関する法律であるという理解がある。たとえば松本烝治博士は、商法とは商または商事と定める法律事実を対象とする法であり、商とは法律で商と規定されたものであると理解する。しかし、このような考え方は形式的消極的な理解にすぎないとの批判があった。

(2) たとえば西原・一六頁以下は、企業に特有の生活関係を対象とする私法を実質的意義の商法と理解している。

(3) なお、農林業経営者や医師、弁護士、公認会計士、音楽家といったいわゆる自由職業人については、実質的意義の商法の適用範囲とすべきかどうかについて議論がある。一般に彼らに適用すべき法規定は、形式的意義の商法から外れると考えられるが、一方で、たとえば農業を行う大規模な企業経営者もいるからである。これらを含めるかどうか企業の定義をめぐり争われている。

(4) 同じく企業を対象とする経済法は、公正競争による自由主義経済という実質的な経済秩序を実現するための法規整であり、商法とは理念が相違する。商法では、企業をめぐる経済主体間の利益調整を基本におくが、経済法では国民経済全体の利益を基礎に規制が行われる。また、経済法は、企業と離れた個人の消費生活をも規整する。さらに、経済法には私法的規制のほか公法的規制も存する。

一方労働法は、労働者保護の立場から一般私法を修正したものである。

(5) 商法は、投機売買(五〇一条一号・二号)を絶対的商行為ととらえ、誰が行う場合であっても、また一度しか行わない場合であってもこれを商行為としている。これは企業とは必ずしも関係のない行為も商行為に含まれることを意味しており、商法を企業に関する法律と解する妨げになるようにも思える。しかし、そもそも現代においては、このような絶対的商行為を認めることにこそ問題がある。将来的には、これを必ずしも維持しなければならないというものでもない。そこで、絶対的商行為の存在は、理論上企業法説を左右する意義をもたないものというべきである(服部・一一頁)。

三　民法との関係

商法は、企業をめぐる経済主体の私的利益の調整をするものであるのに対して、民法は、広く一般私人の私的利益の調整をするものである。そこで、民法も商法も経済主体間の利益調整の法であるといえる。しかし、商法は対象となる経済主体が企業に限定されることになるのであり、商法は民法の特別法の立場にあるといえる(1)。

特別法は一般法に優先するのが法の原則であるから、民法と商法の双方が適用可能な場面において、両法が抵触する場合には、商法が優先されることになる。商法の中には、商業帳簿のように商法独自に設けた制度や、権利能力・

行為能力等のように民法の一般原則を前提にする規定もあるが、このほか民法を修正した規定もあり、この場合には商法が優先的に適用される。たとえば五〇八条一項等である。

(1) もっとも、社会生活の変化にともない、商法上の制度が民法に規定されたり、民法上の制度を商法が規定することもあり、民法と商法の境界は固定的ではない。しかしだからといって民法と商法とを一つの法典にすべきであるとの見解（民商二法統一論）は、本文に述べた商法の独自性から否定されるべきものである。

四　商法の特色と傾向

商法の独自性を考えた場合、他の法律とりわけ一般私法である民法に対して、商法は一般的に次のような特色をもつといえる。

第一に、企業は営利を目的とし、しかもこの目的は継続的かつ計画的である。そこで、商行為に関する規定においては、民法の規定に比べて、営利性を明らかに示した規定がある。たとえば、五一二条では、商人がその営業の範囲内において他人のためにある行為を行った場合に、相当の報酬を請求できる旨を定める。これは、民法の委任では、特約がない限り報酬を請求できないのと対比される（民六四八条一項）。

第二に、企業が営利目的を効率的に達成させるために、取引を反復して行い、かつ集団的な処理を行うことが多いことから、商法はそのような処理を行うことを容易にさせている。たとえば五〇九条では、商人が平常取引を行っている者から、その営業の部類に属する契約の申込みを受けたときには、遅滞なく諾否の通知を発しないときには、契約が成立したものとされる。本来契約は、申込みに対して承諾を行わなければ、成立しないはずである。

第三に、取引の円滑・確実化を図る規定が置かれている。登記制度等による公示制度によって、あるいは表見責任によって取引の安全を図っている。さらに、五一〇条や五一一条のように、商人には、一般の人よりも重い責任を課して商人の信用を高め、取引を円滑にさせている。

さらに商法の独自性を基礎づける一般的傾向としては、以下の点を挙げることができる。

企業をめぐる生活関係は、経済の変化・進展とともに、常に進歩・発展しており、したがって企業をめぐる法律関係を調整する法である商法は、進歩的傾向をもつといえる。このことは、伝統的・固定的色彩の強い民法に比べて商法の改正が頻繁であることと無関係ではない。もっともその傾向が顕著なのは会社法である。

商法は技術的な規定が多い。しかも、経済的合理性を基本に置いた規定が多い。すなわち商法は、国家の歴史、伝統、習俗からは必ずしも大きな影響を受けない法分野である。また、政治思想による影響も大きくはない。このため、ある国で生まれた制度が、それが優れたものであるならば、比較的容易に他の国でも採用されうる。また、企業間取引は国境を越えて行われることが珍しくない現代においては、商法の統一の必要性は少なくない。このようなことから、商法は国際的に統一される傾向を有する。

第二節　商法の法源

ここでは、実質的意義の商法にはどのような形のものがあるのか、あるいは、裁判所が実質的意義の商法にかかわる法的紛争を何に依拠して解決するかを論じる。具体的には、商法の法源には、商事制定法、商事条約、商慣習法、商事自治法があり、それぞれについて検討した後で、これら法源の適用順位について述べることにする。

一　商事制定法

制定法としては商法典と商事特別法があげられる。商事特別法は、附属法令と特別法令とに分けることができる。附属法令とは、商法施行法や商業登記法のように、商法典の規定を施行しまたは具体化するための法令である。一方特別法令とは、商法典の規定を補充しまたは変更するもので、その数はきわめて多い。具体的には会社法、手形法、小切手法、保険法、担保付社債信託法などがこれに当たる。

企業をめぐる法律関係については、その利害関係者が多く、高度に技術的な内容となることから、制定法によって明瞭に定めることが重要となる。判例法国といわれる英国や米国においても、企業をめぐる法律関係においては成文法が多いことは、このことに由来する。

問題となるのは、民法もここで商法の法源に入れて考えるべきかどうかである。商法と民法を区別する以上これを否定すべきであるという見解もあるが（西原・一七二頁、また石井＝鴻・四五頁参照）、商法が民法の規定を準用している場合は多いし、理論的に考えて民法を類推適用すべき場合も少なくないことから、これを認めるべきであろう（服部・一一六頁）。

二　商事条約

わが国においては、条約は特に国内法化することがなくても、批准と公布の手続を踏めば、国内法と同じ効果をもたせることができるものと解されている（憲九八条二項参照）。したがって、条約の締約国における国民相互の関係を直接規律する商事条約については、これも商法の法源の一つと解すべきことになる。(1)

ただし、条約の中には主に締約する国家間の義務を定めているものがあり、それらはそのままでは国内法としての意味をもたない。この場合には、国内法化の措置が要求される。たとえば、手形・小切手に関するジュネーブ統一条約はそのまま商法の法源となるものではなく、手形法と小切手法として別に制定されることによって、商法の法源となったのである。

(1) そのような例としては、「船舶衝突ニ付テノ規定ノ統一ニ関スル条約」(大正三条約一)や、「海難ニ於ケル救援救助ニ付テノ規定ノ統一ニ関スル条約」(大正三条約二)等が当たる。

三 商慣習法

一で述べたように、企業をめぐる法律関係においては、成文法が重要な意味をもっている。しかし、制定法がすべての事項をもらさず規定することにはおのずから無理がある。また制定法は法的安定性を確保できるが、その反面固定的であるがために弾力的な解決を期待できないという欠点もある。とりわけ企業取引においては、商人は効率性を重視し、絶えず技術的な進歩がみられ、伝統的な制度であっても非合理なものは、時代の変遷とともに利用されなくなっていく傾向にある。その結果、法とは異なる実務的な処理が生まれてくる可能性がある。

また、企業活動は反復的になされることが多いことから、商慣行というものが形成されやすいといえる。このようなことから、企業をめぐる法律関係においては、商慣習法が重視され、これが商法の法源の一つということになる。(1)

商慣習法は、広い意味での商慣習に法としての確信の加わったものであり(民九二条は慣習法ではなく、事実たる慣習についての規定である)、法規範としての効力を有し、かつ一地方的なものではなく全国的なものでなければならない点で、広い意味での商慣習とは異なる。(2) 商慣習法は制定法の規定していない隙間を埋めたり、制定法が現実に合わなくなったために有する欠陥などを是正する役目をもっている。ときには制定法の改正によってこの慣習法が取り入れられて条文化することもある。なお、一条二項にいう商慣習は広く商慣習のことではなく、商慣習法のことである。商慣習法においては、制定法と同様に、訴訟における当事者は商慣習法の存在とその内容について自ら立証責任を負うものではない。商慣習法の存在は法律問題である。裁判官は自ら商慣習法を探知し適用することになる。そして、当事者がこれによる意思を有していたかどうかにかかわらず、当事者は拘束されることになる。(3)

(1) 判例が有効性を認めた商慣習法の例としては、白紙委任状付き記名株式譲渡がある。昭和一三年の改正以前における商法一五〇条においては、無記名株式を除き、株式の譲渡には株主名簿上の名義書換えが要求されていた。すなわち株式の移転には、取得者の氏名・住所を株主名簿に記載し、かつ氏名を株券に記載する必要があった。ところが会社の定款によれば、書換手続には、譲渡人と譲受人の双方揃って請求する必要があり、これはきわめて不便であった。そこで実務界では譲渡人が譲受人に白紙委任状を付けて交付することで譲渡がなされ、輾転流通されるようになっていた。大審院はこれを商慣習法として認めた（大判昭和一九年二月二九日民集二三巻九〇頁）。これは商法の明文規定に反するような商慣習法を裁判所が認めた例であると解する余地がある。

(2) 大隅・七五頁参照。これに対して、服部・一九頁は、現実問題として法的確信の有無の判定はきわめて困難であることなどから、商慣習と商慣習法との本質的区別を認めない。

(3) 大阪地判昭和三七年九月一四日下民集一三巻九号一八七八頁は、大阪手形交換所規則によって明文化され制度化された手形交換のための種々の制度は、長い年月を経て取引界の必要と便宜のため確立された私的自治法で手形交換に関する商慣習法と解するのが相当であるとしている。

四　商事自治法

(1)　会社の定款・取引所の業務規程

会社の定款のように、企業等の団体が構成員や内部者を拘束するために自主的に定める規則は、これも商法の法源に含まれると解することが適切である。取引所の業務規程もこれに含まれる。ただし、会社の定款や取引所の業務規程は第三者をも拘束する。これらは、法律の中に規則制定の根拠があり、これらの規定の法的拘束力が認められるからである。たとえば定款については、会社法は作成を要求し（会社二六条・五七五条）、会社法よりも定款が優先して適用される場合も定めている（たとえば同法三〇九条）。また、取引所の業務規程は金融商品取引法によって作成が義務づけられている（金商一一七条）。

これに対して、規則の制定につき特に法律が根拠を与えていない場合については、法的拘束力が認められるかどうかについては、争いがある。このような場合において、当事者が合意していないときには、団体が法的拘束力のある規則をいつでも制定できると解するわけにはいかないであろう。

(2) 普通取引約款　以上に対して、普通取引約款は商法の法源であるとは一般に解されてはいない。普通取引約款とは、保険契約、運送契約、銀行取引契約といった特定種類の取引に適用されているあらかじめ作成される定型的な契約条項のことである。同種同型の大量取引の契約を合理的に締結するために利用されている。

普通取引約款は、企業にとってはいちいち契約条件を交渉しないでよいから、集団取引については便利である。また取引の相手方にとっても利点はある。というのは、平等の取引を確保できるわけであり、交渉力が不足しているために、自分が不利な扱いを受けているのではないかという心配をしないでよいからである。

しかし、企業の側が一方的に定め、しかも企業の側に有利な条項の場合であっても、取引の相手方はこれに当然拘束されるのかが問題となる。すなわちこの約款の拘束力をめぐって従来多くの学説が展開されてきた。

かつては、約款による契約も通常の契約と同様に、当事者が契約内容を十分に認識してはじめて効力が生じるという考え方（法律行為理論）もあった。しかし、当事者の主観的事情により契約の効力が左右されることになるので、この理論によれば、不都合な結果が生じることが批判された。

判例には、次のようにいわゆる意思推定理論に基づくものがある。外国保険会社と火災保険契約を締結した者が、森林火災免責条項により保険金の支払を拒否された。しかしこのような免責条項は、日本の普通保険約款には存在していなかった。大審院（大判大正四年一二月二四日民録二一輯二一八二頁）は、保険契約者が、特に普通約款によらない旨の意思表示をしないで、また約款による旨の記載のある保険申込書に署名の上契約をしたときは、契約当時その約款の内容を知悉していなくとも、一応これによる意思をもって契約したものと推定することができると判示した。しかし、この判決に対しては、当事者は約款を認識して申込みを行っているのではないとの批判がある。

これに対して、このような解釈では法的安定性を害するとの批判から、学説では自治法理論と呼ばれる見解も主張された。すなわち、約款は商事自治法の一つであるということから、その拘束力を説明するものである。一般に社会あるところに法ありといわれるが、団体が自主的に制定する法規に法源性を認めるわけである。そして約款もその一つであり、当該取引社会における自治法であると解される。

しかし、普通取引約款は企業の経済的な力により、事実上の利用をみるにすぎないのであり、これを法として認め、その一般的適用を認めることには批判がみられた。

そこで、次に白地慣習説という考え方が有力に主張されるようになった。これは、特定の取引については、「約款による」ということを内容とする商慣習法ないしは商慣習が成立していると考えるという立場である。この場合、約款の規定自体が商慣習法や商慣習となっているわけではないと解する。この見解によるときには、約款が全面改正された直後であっても当事者が約款によって拘束されることを説明することが可能である。ただし、今まで全く約款が利用されてこなかった取引において、はじめて約款を利用するときには、その拘束力に疑問が生じることになる。

(3) 普通取引約款の規制　しかし、問題は拘束力の理論的説明よりも、その内容をいかに公正なものとするかであるともいえる。これには国家的な規制が必要である。

行政的規制としては、内容自体を直接規制するほか、何人も明るいところでは不正を行えないとの考え方から約款の開示を強制する。さらに、約款に主務大臣の認可を要する場合や届出を要する場合がある。たとえば保険業法四条二項三号によれば、保険事業の営業免許を申請するにあたっては、普通取引約款が添付書類として主務大臣の審査の対象となる。また同法一二三条一項によれば、約款を変更するときにも主務大臣の認可が必要とされる。これは、行政官庁が約款の内容が妥当かどうかについて実質的判断を行った上で認可しているといえよう。ただし主務官庁の認可と約款の私法上の効力とは別個の問題であり、認可を受けていない約款であっても、それだけで約款が私法上無効となるわけではない(1)。

立法的規制としては、たとえば割賦販売法では、解除や損害賠償額についての制限を直接定めている（割販五条・六条、なお第二編第二章第二節一(6)参照）。

さらに、平成二九年改正民法では、約款と呼ばれるものにも多様なものが存在することから、対象を定型約款に限定して規定を設けている（民五四八条の二）。ここでいう定型約款とは、定型取引において、契約の内容とすることを目的として、ある特定の者により準備された条項のことである。そして、定型取引とは、ある特定の者が不特定多数の者を相手方として行う取引であって、その内容の全部または一部が画一的であることがその双方にとって合理的なものと定義されている。すなわち、相手方の個性に着目しない取引であり、内容を画一的に契約するのが合理的な取引ということになる。

このような定型取引を行うことに合意をした者は、定型約款を契約の内容とする旨の合意をしたとき、または定型約款を準備した者（定型約款準備者）があらかじめその定型約款を契約の内容とする旨を相手方に表示していたときには、定型約款の個別の条項についても合意をしたものとみなされる（民五四八条の二第一項）。ただし、条項のうち、相手方の権利を制限し、または相手方の義務を加重する条項であって、その定型取引の態様およびその実情ならびに取引上の社会通念に照らして、信義誠実の原則（同法一条二項）に反して相手方の利益を一方的に害すると認められるものについては、合意をしなかったものとみなされる（同法五四八条の二第二項）。そして、定型約款の内容の表示について、定型取引を行う定型約款準備者は、定型取引合意の前または定型取引合意の後相当の期間内に相手方から請求があった場合には、遅滞なく、相当な方法でその定型約款の内容を示さなければならないとされている（同法五四八条の三第一項）。もしも定型約款準備者が定型取引合意の前においてこの請求を拒んだときは、正当事由がない限り、約款の条項は契約内容にならない（同条二項）。なお、一定の要件を満たせば、定型約款準備者は、定型約款の変更をすることにより、変更後の定型約款の条項について合意があったものとみなし、個別に相手方と合意をすることなく契約の内容を変更することができる（同法五四八条の四）。

司法的規制としては、裁判所が不当な約款条項から取引の相手方を保護するために、当該条項の効力を否定したり、制限的な解釈をとることが考えられる(2)。しかしながら、現在までのところ裁判所が約款の効力を否定することは稀である。

（1） 最判昭和四五年一二月二四日民集二四巻一三号二一八七頁。ただし、この事案は、船舶保険が問題となっており、家計保険が問題となった事案ではないことから、この判決を一般化できるかどうかは議論の余地もある。しかし、家計保険においても、認可がなくても当然に無効にはならないといえるであろう。

（2） 保険約款に関して、ある条項が不当であるとして、解釈を通じて約款の条項の文言が大幅に修正されることは珍しくない。この点については山下友信『保険法(上)』一五七頁以下（平成三〇）。

五　法源の適用順位

商法一条によれば、一項で、商人の営業、商行為その他商事については、他の法律に特別の定めがない限り[1]、商法が適用され、二項で、商事に関し、商法に定めがない事項については、商慣習（法）、民法の順位で適用されることになっている。ここで商人の営業と商行為は商事の例という位置づけとなる。二項における商事に関してとは、企業をめぐる生活関係に関しては、という意味である。この関係における法律の適用順位を明らかにしている。

制定法である民法よりも商慣習法を優先して適用することになっているが、これは、法の適用に関する通則法三条の定める制定法優先主義の例外に当たるものと解される。同条は慣習法は制定法を改廃できないとするものである。これに対して、商法一条二項では、商慣習法は企業の合理的精神から生み出されたものであり、また企業生活に適合したものであり、広く一般の私人を対象とする民法に比べて合理的なものとして、優先的に適用すべきものとされたのである。つまり商慣習法も法であると考えられている。

次に、商慣習法よりも商法を優先することは、制定法優先主義からは当然のようである。しかしながら、商慣習法は進歩的であり、企業取引の進展にともない合理的な商慣習が生まれることが考えられる。これに対して、制定法は固定的である。このため、商法の規定中には、当初から商人の合理的慣行に配慮していなかったため死文化したり、あるいは現実の企業取引に適さなくなったためその規定の価値が喪失したりするものも生じてくる。この場合には例外的ではあるが、商法の強行規定がありながら商慣習法を優先すべき場合がないとはいえないであろう。[2]

結局一条二項の定める通りにはならない場合もあり、立法論的にはこの規定の削除を主張する学説もみられる。[3]

（1） 商法総則の規定と類似する内容の規定が会社法（会社六条〜二四条）に置かれている。このことは、商法総則は会社には適用されず、商法総則の適用範囲は個人商人および会社以外の法人商人に限られることを意味する。さらに、一般社団法人・一般財団法人法にも、商号、商業帳簿、商業登記について商法総則と同内容の規定が置かれている（一般法人七条・八条・一一九条・一二〇条・一二二条・一二三条・一九九条・二九九条）。

（2） そのような一例として白紙委任状付きの記名株式の譲渡を挙げることが可能である。前掲大判昭和一九年二月二九日参照。

（3） これに対して、一条の意義として、民法典が商法の補充的法源であること、しかも、民法典の適用については慎重であるべきことを明らかにしているという見解もある（服部・三五頁）。

第二章　商法の基本概念

第一節　商法の適用範囲

商法では、「商人」という概念と「商行為」という二つの概念を使って、その適用範囲を明らかにしている。

これに対して、外国法では、このどちらか一方によって適用範囲を定めるものもある。たとえば、一九〇〇年のドイツ商法では事業の種類や経営形態から商人概念を規定し、この商人の行為をもって商行為とする立場がとられている。このような立場を主観主義と呼ぶ。また、主体の如何を問わず行為の客観的性質から商行為概念を規定し、この商行為を営業とする者を商人とする立場もある。これを客観主義と呼ぶ。現在このような考え方を厳格に貫いた立法を行っている国はない。さらに、ある種の行為は誰が行っても商行為とする一方で、別の種類の行為は営業として行うときに限り商行為とし、商行為をなす者を商人とする立場もあり、これを折衷主義と呼ぶ。

わが国の商法では、はじめに四条一項において商人を定義するが、それは自己の名をもって商行為をなすを業とする者としている。次に、商行為については、具体的かつ限定的に列挙している。すなわち五〇一条において絶対的商行為を規定し、誰が行っても商行為とする行為を定めるとともに、五〇二条において営業として行う限り商行為となる営業的商行為を規定する。したがって、わが国は折衷主義の立場に立つといえよう。

しかしながら商法を企業に関する法であると理解するならば、客観主義のような考え方、すなわち企業とは無関係に誰が行っても商行為となる絶対的商行為という概念を認めることは不適当であろう。さらに、明文規定でとりわけ限定列挙しておくと経済の発展に追いつかないという問題が生じてしまう。

この点に関して、わが国では、四条二項は擬制商人すなわち商行為をなすを業としない者も商人として認めており、また、五〇三条一項は商人が営業のためにする行為を商行為としており、商人概念から商行為が決定される場合をも認めている。すなわち主観主義の立場からの修正がなされているわけである。

第二節　商　人

一　商人の定義

商法は四条で商人の定義を行っているが、その規定の仕方は一項と二項とではかなり異なっている。すなわち、一項では、自己の名をもって商行為をすることを業とする者を商人としている。この場合における商行為は、五〇一条（絶対的商行為）と五〇二条（営業的商行為）とによって決定されることになる（両者は基本的商行為と呼ばれている）。このような形で定義される商人は、固有の商人と呼ばれている。これに対して、四条二項は、商行為を業とするという要件には当たらない者ではあるが、特にこれを商人とする旨の規定であり、ここで商人となる者は擬制商人と呼ばれている。

後者の商人は、企業形態や経営形式から商人を定めたものであって、固定した商行為概念だけで商人を定めることの限界に対処したものである。これは、商法を企業法とみる立場からすれば一歩前進した規定と評価される。しかし、どちらも商法の適用においては、差別されることなく商人として扱われる。

二　固有の商人

固有の商人とは、自己の名をもって商行為をなすを業とする者をいうとされる。自己の名をもって行うとは、法律上の行為から生じる権利・義務の帰属主体がその者であることを意味する。当該行為による経済的損益の帰属を問わない。すなわち自己の名をもってするとは、当該活動から生じる権利・義務の帰属主体が、その商人本人であることを意味する。たとい商行為を業として行ったとしても、それが権利・義務を他人に帰属させるために行っているのであれば、その者は商人とはならない。たとえば、支配人甲が乙のために商行為を行った場合には、その行為の帰属主体は乙であって、甲ではない。この場合には、甲が商人になるのではなく、乙が商人となるだけである。

商行為とは、先に述べたように、五〇一条、五〇二条に限定的に列挙されている行為である。

業とするとは、第一に、集団的計画的に同種の行為を行うことを意味する。すなわち、たまたまある商行為を行ったというのでは足りず、反復継続して同種の商行為を行う必要がある。もちろんはじめてその行為を行うときには、反復性がみられないが、そのときでもそこに計画性があればすでに反復されていなくともこの要件を充たす。そして、同種の行為を反復継続して行うという意思が客観的に認識可能であればよい。

第二に、営利を目的としていなくてはならない。この場合の営利とは、資本的計算方法の下に少なくとも収支相償うことが予定されていることを意味する。もちろん結果として収益が上がらなくてもかまわない。また、営利目的が主目的であればよく、ほかの目的がともに存在していたとしても営利性は否定されない。この意味から地方公社のような公法人であっても、そこに営利性があれば商人性は否定されない。

なお、医師、弁護士、画家などの自由職業人が行う事業について、営利性があるかどうか議論されることが多い。たしかに主観的には収益を上げることを目的にしている場合もあろうが、これらの職業の本来あるべき姿や、専門的技術や知識を要する個性的特徴を有する職業であることから、これらの自由職業人については、一般に営利目的で行われていることが否定される。しかし、このような見解をとらなくてもこれらの者が商行為を業として行うことは稀であるから、商人性を取得することはほとんどないといえよう(1)。

(1) 東京地判令和三年六月二四日金商一六二六号三四頁では、監査法人の商人該当性を認めた。判旨では、監査法人が行う財務書類の監査に関する業務は、請負の性質を有すると解される監査報告書の提出を主要な目的の一つとしており、監査法人の行う業務は営利を目的とするものであるというべきであるから、監査法人は商法上の商人に当たるとしている（五〇二条五号・四条一項参照）。しかし、監査報告書の提出を営業的商行為の一つである作業の請負と解することには疑問がある（青竹・四五頁）。

三　擬制商人

急速に経済が進展する時代にあって、商人性を固有の商人にだけ認めているのでは、現実への十分な対応ができない。とりわけ原始産業と呼ばれる農業、林業、漁業、鉱業は、いずれも経営規模が大きくても固有の商人とはならないことの適否が問題となってくる。そこで昭和一三年の商法改正では、経営形態や企業的設備に着目して、商人概念が拡大された(1)。これが擬制商人と呼ばれる者である。これは、商行為概念だけから商人概念を導きだすことに限界があったことを示すものといえよう。

その第一は、店舗その他これに類似する設備により物品の販売をすることを業とする者である（四条二項）。商法では投機購買を商行為としているが（五〇一条一号）、自分の生産または収穫した農産物や畜産物、水産物については、これを販売しても商行為に当たらない。なぜならば原始取得したものを販売した場合には、他から有償取得しておらず、投機購買に該当しないからである。しかし、同じ農産物や畜産物、水産物を販売する者であっても、これを他人から取得して販売する場合には商人となるが、このこととの不均衡は否定できない。しかも、この者と取引する相手方にとっては、店舗を使った販売においては、投機購買として行っている絶対的商行為なのか、自己が生産したものを販売しているのか区別がつかない。そこで、商行為ではないが店舗などの設備で販売する者は、商人とみなされることとした。ここでいう店舗とは、継続的取引のために公衆に対して開設されている場所的設備のことをいうと解される。なお、インターネット等の情報通信システムを使った販売については、これも類似する設備と解すべきであるが、立法的手当ては必要であろう。

第二は、鉱業を営む者である（四条二項）。鉱業も原始産業の一つである。しかし、鉱業は本来的に特別大規模な企業的設備で経営する産業である。そこで特に店舗を構えなくても、鉱業を営む者は商人とみなされる。

なお、平成一七年改正前においては、商行為をなすことを業としない民事会社も挙げられていた。同年の改正でこれが削除された。それは、商法総則のうち会社に適用されるべきものについては、会社法の中で規定し、また会社がその事業としてする行為およびその事業のためにする行為は商行為とする旨（会社五条）が規定されるようになったためである。(2)

なお、判例によれば、銀行と異なり信用金庫は、営利を目的とするのでもないから、商人ではないとされている。(3)

（1）　設備という面から考えて擬制商人としているのであれば、店舗などの設備を設けている以上、物品の販売以外の行為を業として行う者も商人とすべきではないかという見解もある（服部・一七七頁、田中・一八九頁）。

（２）　商法施行規則においては、四条に該当するものであっても法人その他の団体は「商人」から除外されていることに注意する必要がある（商施規二条一号）。

（３）　最判昭和六三年一〇月一八日民集四二巻八号五七五頁。信用金庫法に基づいて設立された信用金庫は、国民大衆のために金融の円滑を図り、その貯蓄の増強に資するために設けられた協同組織による金融機関であり、信用金庫の行う業務は、営利を目的とするものではないから、信用金庫は商法上の商人には当たらないと判示する。また、中小企業等協同組合法に基づいて設立された信用協同組合も商法上の商人には当たらないとされた（最判平成一八年六月二三日判時一九四三号一四六頁）。

四　小　商　人

四条一項はいずれにしても、業として行う取引の性質によって主に商人を決めている。その結果、かなり小規模の者まで商人として商法の規制の下に置かれることになる。しかし、商法の規定の中には、規模の小さい者にまで適用するのが適当ではないものがある。たとえば、このような商人にまで商業帳簿などの規定を守らせれば煩雑な手間を要求することとなり酷であること、また、登記制度をこのような商人に義務づけるならば負担が重くなりすぎること、さらに、このような商人の使う商号を保護すると他の商人の商号利用を妨げることにもなることが考えられるのである。そこで、七条は商業登記の規定、商号の一定の規定および商業帳簿、物品販売等を目的とする店舗の使用人の代理権に関する規定は小商人に適用しないとしている。

小商人は、商業登記に関する規定も全面適用除外とされている。このことは商業登記を前提とする支配人制度（二二条参照）も、小商人には適用されないことを意味する。

ここでいう小商人とは、商人のうち、法務省令で定めるその営業のために使用する財産の価額が法務省令で定める金額を超えないもののことである（七条かっこ書）。これを受けて、商法施行規則三条では、営業の用に供する財産につき最終の営業年度（それがない場合は開業時）の貸借対照表に計上した額が五〇万円を超えないものを小商人としている。

七条は、商号に関する規定は小商人には全面適用除外としているのではない。商号に関する規定を適用除外としているのは、小商人が商号を専用することで他の商人への妨害となることを防ぐためだからである。すなわちこのことは、小商人であれば他の商人の商号を侵害してよいことは意味していないのである。

小商人に対して、商法が全面的に適用される通常の商人を完全商人と呼ぶ。

右に挙げたもの以外の商法の規定は、小商人にも適用される。

なお、きわめて企業規模の小さい者に関する規定としては、このほか、五〇二条ただし書があるが、そこでは、もっぱら賃金を得る目的で物を製造しまたは労務に服する者の行為について、小商人と異なり全面的に商人規定の適用を排除している。

五　商人資格の得喪

⑴　問題の所在　　右に述べたように、業として商行為を行っていたり、店舗等で物品の販売を行ったり、あるいは鉱業を営むのであれば、その者には商人資格が認められる。しかし、問題はいつから商人資格が取得されるのかである。営業を開始すれば商人となることは確実であるが、それ以前の段階で、たとえばある者が営業を開始する準備として、店舗を取得したり、使用人を雇い入れたり、営業資金を借り入れたりするときには、この者の商人性は否定されるのであろうか。

一般に商法は、商人が商行為を行う場合以外であっても、営業のためにする行為であれば、これを附属的商行為と呼び商行為として扱っている（五〇三条一項）。営業目的行為自体を実現していなくとも、つまり営業開始前であっても、営利目的が明らかにされている以上、商人資格が認められるものと解されている。すなわち、営利目的が営業目的行為自体によって実現されなくとも、開業準備行為によって明らかになれば、一般に営業開始前であっても、商人資格が認められると考えられているのである。そこで、営業開始前であっても商人性が認められ、この商人が営業を開始する前に営業資金の借入れや使用人の雇入れをすることは、附属的商行為にあたることになる。その結果、開業準備行為等についても商行為に関する規定（五〇三条～五〇五条等）の適用が認められることとなる。

そこで次に、厳密には、いつの時点で商人性が取得されると考えるべきかが問題となるのである。この問題を検討するにあたっては、一方で、主観的には営業意思を実現するものであるとして附属的商行為となることを主張する商人側の利益と、他方で、そのような意思を必ずしも認識していない取引の相手方の利益、取引の安全を考慮しなければならない。

(2)　表白行為説　　裁判例としては、はじめ大審院は、商人資格を取得するためには、営業の準備行為を行っているというだけでは不十分であり、営業の意思を外部に発表しなければならないとした（大判大正一四年二月一〇日民集四巻五六頁）。そして、たとい開業準備行為をしていても未だ営業をなす意思を外部に発表したものとは認められないときには商人資格を取得しないという立場がとられていた。このような立場は表白行為説と呼ばれる。これは、営業の意思を店舗の開設や開店広告等によって外部に発表することを要するという考え方である。

(3)　営業意思主観的実現説　　ところが当時学説はこれを支持せず、営業意思主観的実現説と呼ばれる立場に立つ者が多かった。これは、営業の意思が準備行為によって主観的に実現されれば、開店広告などの表白行為がなくても商人資格は取得される。したがって、この場合、開業準備行為は附属的商行為となると解するわけである。その後大審院もこの立場に改められた（大判昭和六年四月二四日民集一〇巻二八九頁）。

(4)　営業意思客観的認識可能説　ところが学説ではその後多数説が営業意思客観的認識可能説へと変わっていった。これは、開業準備行為によって商人資格が取得され、その行為が附属的商行為となるためには、営業意思が準備行為によって主観的に実現されるだけでは足りず、営業意思が客観的に認識可能であることを要求する立場である。基本的にはこの立場が正当であると考える。

(5)　段階説　さらにこれとはまた別に、段階説と呼ばれる見解も有力に展開されている。これは一時点をもって商人資格を完全に取得すると解するのは適切ではなく、また誰が誰に主張するかによって分けて考えるべきであるという立場である。すなわち、第一に、行為者の営業意思が準備行為によって主観的に実現された場合。この段階で相手方は、営業のために行ったと立証することで、その準備行為に関しその行為者の商人資格とその附属的商行為性を主張できる。しかし、行為者の方からは自らの商人資格取得を主張できない。第二に、営業意思が特定の相手方に認識されたかまたは認識されうべき状態となったとき。この段階では、相手方だけではなく、行為者もまた商人資格を主張できる。ただし、行為者は相手方の認識について立証しなければならない。最後に、一般に商人であることが一般的に認識されうべき段階に至ったときは、その者の行為について附属的商行為の推定が生じる。[1] この説に対しては、法規定もないのに商人であるかどうかの問題を対抗問題として扱うことは疑問であるという批判がなされている。むしろ規定の趣旨を斟酌して、それぞれの規定ごとに適用開始時期を考えるべきである（森本・四五頁⑳）。

(6)　最高裁の見解　最高裁は、昭和三三年判決（最判昭和三三年六月一九日民集一二巻一〇号一五七五頁〔百選2〕）で、営業の準備行為と認めかつ特定の営業を開始する目的で、その準備行為をなした者は、その行為により営業を開始する意思を実現したもので、これにより商人たる資格を取得すべく、その準備行為もまた商人がその営業のためにする行為として商行為となる旨を判示している。

この判決は、営業意思主観的実現説に立つものと読める。ただし、この事案においては、開業準備のための行為であることを相手方が認識していたことが考慮されており、あるいは本件が営業意思客観的認識可能説に立つと解することも可能であった。

次に、昭和四七年判決（最判昭和四七年二月二四日民集二六巻一号一七二頁）では、相手方が営業資金の借入れであることを認識していた事案で、次のように判示している。準備行為は相手方はもとより、それ以外の者にも客観的に開業準備行為と認められうるものであることを要すると解すべきところ、単に金銭を借り入れるごとき行為は、特段の事情のない限り、その外形からはその行為がいかなる目的でなされるものであるかを知ることができないから、その行為者の主観的目的のみによって直ちにこれを開業準備行為であるとすることはできない。もっともその場合においても取引の相手方が、この事情を知悉している場合には、開業準備行為としてこれに商行為性を認めるのが相当であるとした。これは、営業意思客観的認識可能説に近いものと理解できる。

(7)　商人資格の喪失等　　なお、公法上営業の開始にあたり行政官庁への届出や許認可が必要な場合であっても、このような公法上の要件と商人資格の得喪の問題とは直接関係なく、公法上の要件を充たしていなくとも商人資格を取得しうる。

逆に商人資格の喪失の時期は、営業目的行為の終了時ではなく、残務処理の終了時であると解すべきであろう。すなわち残務処理行為も、附属的商行為となるべきものである。(2)

公法人は、たとえば市営地下鉄のように旅客運送営業を行うことがある。このように公法人であっても、営利を目的とする事業を行う場合には、その限りで商人となる。そして、二条によれば、特別の法令の規定がない限り、公法人においても附属的商行為の概念が適用される。また公益法人も付随的に営む事業に関しては、その事業の範囲で営利を目的とする限り商人性が生じる。

もちろん事業で上げた収益が公益のために利用されるとしても、ここでは収益の使途に制限がおかれていないから、商人性が否定されるわけではない。

(1) 北沢正啓「商人資格の取得時期と開業準備行為の附属的商行為性」鈴木竹雄先生古稀記念『現代商法学の課題(上)』一九五頁(昭和五〇)。

(2) 大阪高判昭和五三年一一月三〇日判タ三七八号一四八頁。商人がその本来の営業活動を継続することが困難となり、あるいは、その継続の意思を失うことにより、これを終了させたからといって、直ちにその商人たる資格を喪失すると解することは相当ではなく、その営業廃止の後始末としていわゆる残務処理がなされている間は、その関係ではなお商人たる資格を失わない。したがって、倒産後における残務処理のために結ばれた準消費貸借契約も商行為に該当すると判示する。

第三節　商　行　為

一　商行為の種類

商法は、商行為として、第一に、五〇一条において商人でなくとも、また営業として行わなくても商行為となる絶対的商行為を四種類列挙している。これらは、行為の客観的性質から営利性が強いものである。しかし、すでに述べたように、いくら営利性が特に強いといっても、商人でない者が一回限りで行う場合についてまでも、商行為として扱うことには疑問が多い。

第二に、五〇二条に営業として行うときに商行為となる営業的商行為を一三種類列挙している。営業として行うとは、営利の目的で反復継続して行うことをいう。絶対的商行為と営業的商行為の二つは、商人概念を決める基礎となる概念であることから、基本的商行為と呼ばれる。五〇一条および五〇二条については、限定列挙であると解されている。これは、商法の適用範囲を明確にするため、類推や拡張を禁じる趣旨である。

第三に、五〇三条で商人が営業のためにする行為を附属的商行為としている。これは右の二つと異なり、商人概念から逆に導かれる商行為概念であり、補助的商行為と呼ばれる。

営業的商行為と附属的商行為は、絶対的商行為ほど営利性が強くないことから、相対的商行為と呼ばれている。

また、一方的商行為と双方的商行為という分類がある。これは右に述べたような商行為の種類についていうものではなく、当事者との関係を問題にしたものである。すなわち、小売商と一般消費者との取引のように、当事者の一方にとってのみ商行為となる行為は一方的商行為と呼ばれる。これに対して、卸売商と小売商との取引のように当事者双方にとって商行為となるものは双方的商行為と呼ばれる。

三条では一方的商行為についても商法を適用する旨を規定している。また、当事者が数人いてその一人のためにのみ商行為であっても、商法が適用されるとしている。これはたとえば、商人である甲が営業の範囲内で、商人ではない乙のために行為をした場合には、（契約で特に定めていなくても）甲は乙に相当の報酬を請求することができる（五一二条）のである。

しかしながら商行為法の規定の中には、特に適用範囲について定めている規定も少なくなく、たとえば五一三条や五二一条のように当事者双方が商人であることを要件としている規定もある。したがって、これらの場合に、三条のいうように一方的商行為であれば商行為法が無条件に全面的に適用されるというわけではないことに十分注意すべきである。

なお、会社については、会社法が商行為となる行為について定める（会社五条）。すなわち、会社がその事業としてする行為およびその事業のためにする行為はすべて商行為である。

二　絶対的商行為（五〇一条）

(1)　投機購買およびその実行行為（一号）　投機購買とは、安く買って高く売ることである。本号では、動産、不動産、有価証券を将来有利に転売する意思でこれらを有償取得する行為および取得した物を実際に譲渡する行為を商行為とする。投機意思すなわち利益を得て譲渡する意思は、物を取得する時点であればよい。たとえば、物の取得時において投機意思をもちながら、後になって実行行為の段階でこのような意思を失い、この物を無償で譲渡してしまったとしても、投機購買に該当する。また、投機意思は、相手方が認識できるものでなければならない。

農業を営む者のように、原始的に取得した物を売却しても本号に該当しないが、他から取得した物を製造加工した上で売却する場合も、ここでいう投機購買に当たる（大判昭和四年九月二八日民集八巻七六九頁〔百選27〕）。なお投機購買およびその実行行為は、債権行為のことをいうのであって、物権行為のことをいうのではない。

対象として、本号は動産、不動産、有価証券のみを挙げている。不動産には、土地と建物（民八六条一項）のほか立木（立木法一条・二条二項）も含まれる。

しかし、鉱業権については争いがある。大審院（大判昭和一五年三月一三日民集一九巻五五四頁）は、鉱業権も不動産に含まれるとした（神崎・四八頁はこれに賛成）。たしかに鉱業法一二条には鉱業権を物権として不動産に関する規定を準用すると規定されているが、これは、単に法律上不動産に準じた扱いをするというだけであり、絶対的商行為かどうかについては別の考慮が必要である。そもそも商法上、絶対的商行為については、立法論的にはこれを認める必要がなく、解釈論としてもこれを制限的に解するべきであって、鉱業権についてもここでいう不動産に含めるべきではないという説が有力である。また、工場財団、鉄道財団、鉱業財団等についても、特別法によって不動産とみなされているが、これも集合物への単一の抵当権を設定することからくるのであって、絶対的商行為として、ここでの不動産に含めるべきでないという見解をとるべきである（鴻・八五頁）。

(2) 投機売却およびその実行行為（二号）　投機売却とは、先物として高く売っておいて後から安く買い入れその差額を取得する行為である。本号は、将来他から有利に有償取得した物をもって履行する意思で、あらかじめ動産または有価証券について有償の供給契約をすることおよび、その物の有償取得行為を挙げる。供給契約は期限付きで行われ、契約の締結後一定期間経過後に物を供給することになる。一号と異なり、二号では不動産が除外されているが、これは不動産は個性的な物であり、一定期間経過後に供給できるかどうかが不確実であるから除外してある。投機の意思は供給契約締結時にあればよい。また、(1)の場合と同様投機意思を相手方が認識できることも要件である。

(3) 取引所においてする取引（三号）　取引所とは、代替性ある動産または有価証券について、一定時期に一定の場所で一定の方式に従って大量的に取引がなされる場所のことである。取引所には商品取引所および金融商品取引所があるが、そこで行われる取引は絶対的商行為とされている。

商品取引所には商品先物取引法、金融商品取引所には金融商品取引法という特別法による規制がある。たとえば、金融商品取引法では、金融商品取引所の開設には内閣総理大臣の免許が必要であり（金商八〇条一項）、取引所で取引をなしうるのは会員等（会員または取引参加者）に限られる（同法一一一条一項）。この会員等は金融商品取引業者等に限られる（同法九一条・一一二条一項）。したがって、取引所で取引するには、会員等でない者は会員または取引参加者に委託することになる。取引参加者である証券会社が自己の計算で証券取引を行うとき（ディーラー業務）には、その行為は商法五〇一条一号または二号に該当するし、顧客から委託を受けて他人の計算で行うとき（ブローカー業務）には、その行為は取次ぎに関する行為として営業的商行為になる（五〇二条一一号）。しかも商人である証券会社が行う行為は五〇三条の附属的商行為ともなる。したがって、いずれにしても商行為となるから、この場合には、三号は注意規定ということになる。

(4) 手形その他商業証券に関する行為（四号）　商業証券とは、広く商取引の対象となる有価証券のことである。ここでこれを絶対的商行為と規定した狙いは、平成二九年改正前商法の五一六条二項、五一七条、五一八条を適用させることにあった。その意味でこれは、広く有価証券一般を指すものと解される。すなわち、支払証券（手形、小切手）、物品証券（複合運送証券、船荷証券、倉荷証券）、投資証券（株券、社債券）等が含まれる。本号にいう「関する行為」とは、手形であれば振出し、裏書、保証、引受け等のことで、証券上になされる行為である。証券を目的とする行為、証券の売買、交換、貸借、寄託などは含まれない。ただし、これも含める旨を判示した大審院判例[1]もある。もちろん、このように解すると、たとえば証券を目的とする売買は投機購買に該当することから、四号は重複する規定ということになってしまう。

本号は、証券上の行為については、商人であろうと非商人であろうと商法の規定を適用させることを狙ったものである。しかし手形や小切手については、手形法および小切手法という特別法が一律に適用されるし、それ以外の有価証券については、そもそも商人であろうと非商人であろうと商法を一律に適用すべきなのは当然であるから、本号は不要の規定ということになる。さらに、平成二九年改正商法では、有価証券に関する、五一六条二項・五一七条・五一八条・五一九条が削除され、民法典の中に有価証券に関する一般規定が設けられるようになった（民法第三編債権第一章総則第七節有価証券・五二〇条の二以下）ことから、本号の意味は失われた。

（1）　大判昭和六年七月一日民集一〇巻四九八頁。商業証券に関する行為とは、振出し、裏書等の証券上の行為だけではなく、広く商業証券を目的とする行為を含むとする。

最判昭和三六年一一月二四日民集一五巻一〇号二五三六頁は、白地小切手の補充権授与行為も、本来の手形行為ではないが、五〇一条四号の手形に関する行為に準ずるものと解する。

三　営業的商行為（五〇二条）

営業として行うときに限って商行為となるのが営業的商行為である。ここに列挙されている行為は、五〇一条の絶対的商行為に比べて営利性がやや弱いことから、反復して行われることによってのみ商行為となるのである。ただし、もっぱら賃金を得る目的で物を製造したり、または労務に服する者の行為については、商行為とはならない。これは、五〇二条に該当しても、経営規模が小さいことから商法を適用するのに適しないからである。

(1)　投機貸借およびその実行行為（一号）　本号は、他に賃貸する意思で動産または不動産を有償取得や賃借りする行為、および有償取得または賃借りした物を他に賃貸する行為を営業的商行為とする。すなわちレンタルビデオ業、レンタカー業、貸衣装業、貸家業のようなものである。ここでは、将来有利に貸す目的で動産や不動産を買ったり、借りたりする行為と、実際にこれを貸す実行行為を挙げている。投機購買との違いは、物の所有権の媒介ではなく、物の利用を媒介することにある。投機の意思は有償取得・賃借りの時点であればよい。すなわち取得後に気が変わって自己が使用することになったとしても本号に該当する。法文には有価証券の語はなく、通説はこれを含めないとする。

(2) 他人のためにする製造・加工に関する行為（二号） 本号は、他人の計算において製造または加工を有償で引き受けることをいう。製造とは、材料に手を加えて全く異なる種類の物にすることであり、加工とは、物の種類に変更が生じない程度に手を加えることをいう。ただし、ここでいう製造・加工となるためには、他人が材料を供給する必要がある。したがって、自己の材料に製造・加工しても本号に該当しない（染め物業も商行為となる。大判大正五年六月七日民録二二輯一一四五頁）。

(3) 電気またはガスの供給に関する行為（三号） 本号は、電気またはガスを継続的に供給することを引き受けることをいう。五〇二条には水や電波の供給契約を挙げていないが、電気・ガスと区別する必要性は見当たらず、不均衡な結果となっている。

(4) 運送に関する行為（四号） 運送とは人または物を場所的に移動させることである。陸上、海上、航空、運送の手段を問わず、営業的商行為である。一般に、運送では目的物は運送人の占有の下に置かれる。そこで、いわゆる曳船契約においても、曳かれる船が曳き船の保管の下にない場合については、運送とはいえず、これは請負または雇用契約に当たることになり、営業的商行為とならない。

もちろん市営地下鉄のように公営の電車による運送であっても、ここでいう商行為に当たる（大阪高判昭和四三年五月二三日判時五二一号五五頁）。

(5) 作業または労務の請負（五号） 土建業、建設業のように、道路や鉄道の建設、船舶の修繕のような工事を請け負うのが、ここでいう作業の請負である。労務の請負とは、労働者派遣事業すなわち、人夫その他の労働者の供給を請け負う契約をいう。労働者を供給する事業は、労働組合等が厚生労働大臣の許可を受けた無料のものに限られている（職安四四条・四五条）。ただし、このほか労働者派遣法の定める労働者派遣事業（職安四七条の二）があり、これは営業的商行為である。

(6)　出版、印刷、撮影に関する行為（六号）　出版に関する行為とは、文書、図画を複製、販売、頒布する行為である。通常出版社は、著作者と出版契約を締結し、印刷業者と印刷契約を締結し、小売店（書店）と売買委託契約を締結するが、自己の著作を出版する場合には出版契約は要らないし、新聞社のように自己で印刷するときには印刷契約は不要である。そこで、出版において不可欠なのは販売頒布を目的とする契約ということになる。しかし、ここではこれらすべての契約を含むものと解する。

印刷に関する行為は、文書・図画を機械の力や化学的な力により複製することである。

撮影に関する行為は、プロのカメラマンが行うように、撮影を引き受けることである。

(7)　場屋取引（七号）　場屋取引とは、多数の人が来集するのに適した人的または物的設備を置いて、来集する客の需要に応じて設備を利用させる取引のことである。たとえば、旅館、飲食店、遊園地、パチンコ店、劇場などである。理髪店については、争いがあるが、これも場屋営業と解する見解が多い。ただし判例には、これを請負または労務の提供に関する契約であって、設備の利用を目的とする契約が存しないことから、場屋営業に当たらないとするものがある（大判昭和一二年一一月二六日民集一六巻一六八一頁）(1)。

(8)　両替その他の銀行取引（八号）　ここでは、金銭または有価証券の転換を媒介する行為を商行為とする。

銀行取引は、銀行が通常行う取引のすべてをいうのではなく、銀行業に固有の取引のことを指している。受信と与信の双方を行う金融業者が銀行であり、自己の資金で金銭を貸し付ける貸金業者は銀行に該当しない。判例(2)もこの立場をとるが、立法論的には貸金業についても商行為性を認めるべきであるという意見もある。ただし金利については、貸金業者は必ずこれを定めることから、五一三条の適用の有無に関しては、これを商行為に含めるかどうかで実際の結果が異なる場面は少ないであろう。

(9) 保険（九号） ここでは、保険者が保険契約者から対価を得て保険を引き受けることをいう。一般に保険は、偶然の事故によって生じる財産上の需要を満たすことを目的とするもので、保険契約者が事故発生率から計算された保険料をあらかじめ保険者に拠出しておき、これによって形成された財産を元に、事故が発生した者に金銭を給付して、財産上の需要を満たすものである。ただし、保険には、保険会社と保険契約者との有償双務契約である営利保険の場合と、保険契約者が保険の主体である相互保険会社の構成員となる相互保険の場合とがあるが、ここでは、営利保険のことを指している。ただし保険業法は商法五〇四条以下の商行為に関する規定を相互会社にも準用している（保険業二一条二項）。

(10) 寄託の引受け（一〇号） ここでは、倉庫業者のように、寄託契約すなわち他人のために物の保管を引き受けることをいう。同種同等の物を混合して保管する混合寄託（民六六五条の二）であってもよい。さらに、受寄者が物の所有権を取得し、これを消費した後に、受寄物と同種・同等・同量の物を返還する消費寄託（同法六六六条）も含まれる。

(11) 仲立ちまたは取次ぎに関する行為（一一号） 仲立ちは、他人間の法律行為の媒介をすることであり、媒介代理商（二七条）や仲立人（五四三条）がこれに当たる。両者は商事仲立人であるが、ここでは媒介される行為が委託者にとって商行為であることは要件とされておらず、不動産売買の周旋や結婚の仲介のような民事仲立ちでもよい。

取次ぎは、自己の名をもって他人の計算で法律行為をなすことである。すなわち権利義務の帰属主体は自己であるが、経済的効果は他人に帰属するのが取次ぎである。物品の販売または買入れについての取次ぎを業とするのが問屋

〔五五一条〕であり、物品運送の取次ぎを業とするのが運送取扱人〔五五九条〕であり、販売または買入れ以外の取次ぎを業とするのが準問屋〔五五八条〕である。

⑿ 商行為の代理の引受け〔一一号〕　この場合、代理の目的たる行為は本人にとって商行為でなければならない。締約代理商〔二七条〕の行為などがこれに当たる。

⒀ 信託の引受け〔一三号〕　信託の引受けを営業として行うときは商行為となる。信託とは、特定の者が一定の目的に従い財産の管理または処分、およびその他の当該目的のために必要な行為をすべきものとすることをいう〔信託二条〕。このような財産の管理や処分等を引き受ける行為がここでいう信託の引受けである。

〔1〕 大阪地判昭和五八年一一月一五日労判四二一号五七頁。医療行為を営む社会福祉法人が、その病院に患者を入院宿泊させることはあっても、この入院宿泊は医療行為に付随し、密接な関係をもつものとしてなされるので、場屋取引を行うものではないと判示する。

東京地判平成二年六月一四日判時一三七八号八五頁。場屋取引とは、客をして一定の設備を利用させることを目的とする取引を意味し、美容院においては客に設備を利用させる関係にないから、これを場屋取引に含めることはできないと判示する。

〔2〕 最判昭和五〇年六月二七日判時七八五号一〇〇頁〔百選28〕。質屋営業者の金員貸付行為は八号にいう銀行取引は当たらない旨を判示する。

四 附属的商行為〔五〇三条一項〕

商人の行為についての整合的法規整の必要から、商人が営業のためにする行為は商行為とされる。絶対的商行為や営業的商行為は、商人概念とは無関係に商行為が決まるが、附属的商行為は商人概念を前提に導かれることになる。

しかし、あらかじめ商人の概念が確定していることまでは要求されていない。つまり開業準備行為であっても、あるいは営業廃止後の後始末行為であっても、附属的商行為となりうるのである。また、直接営業のためにする場合に限られず、取引先の債務を保証する場合のように、営業に関連する行為であってもよい。商人が締結する雇用契約についても、営業のためにするものと推定され、附属的商行為とされた裁判例がある（最判昭和三〇年九月二九日民集九巻一〇号一四八四頁）。

五〇三条二項によれば、商人の行為は営業のためにするものとの推定を受ける。したがって商人の行為は、営業のためでないと（すなわち営業活動ではない個人的な生活行為である旨の）立証しないと商行為とされてしまうことになる。なお、会社については事業としてする行為およびその事業のためにする行為は商行為とされる（会社五条）。しかし、会社にあっては事業と無関係な行為が考えられないのであって、その行為はすべて事業のためにする行為に当たる。(1)

（1）ただし、大阪地判平成一一年三月一九日判時一六八八号一六九頁は、商行為性を否定する場合を認める。また、東京地判平成九年一二月一日金商一〇四四号四三頁も、五〇三条二項の適用に関して、当該行為について商行為性の推定が覆る可能性を肯定する。これらの判旨には疑問を感じる。

なお、最判平成二〇年二月二二日民集六二巻二号五七六頁〔百選29〕は、会社は自己の名をもって商行為を業とする者であり、商法上の商人に該当し（四条一項）、その行為は事業のためにするものと推定される（五〇三条二項）とする。ここで会社法五条から商法四条を導き、さらに五〇三条を適用することには疑問も生じる。

第三章　商　業　登　記

第一節　商業登記の意義

商取引活動は、大量にかつ反復して行われ、利害関係をもつ第三者もきわめて多数に及ぶことから、商人と第三者との利害調整を図る制度が必要になってくる。商業登記は、商人が自己の企業内容を公示することによって、商人をめぐる関係経済主体間の利益調整を図ることを狙う制度である。

商業登記制度は、商人にとって考えた場合、登記さえすれば第三者が当該事項を知ろうと知るまいと対抗することができる上に、企業内容を公示することで自己の信用を高めることができるため有利な制度である。しかし一方で、登記することで企業機密が外に漏れるという心配もある。これに対して、取引の相手方にとっては、登記を通じて当該商人についての情報を取得することができて、その結果不利な交渉を避け、安心して取引を行うことができる。しかし反面、登記に公示された事項については、知らなかったからといっても対抗されることになり、この不利益を避けるためには商人について登記で確認することが必要となる。このように商業登記には相反する利益があり、その調節が重要となる。

商業登記には九種類のものがある。すなわち、商号登記簿、未成年者登記簿、後見人登記簿、支配人登記簿、株式会社登記簿、合名会社登記簿、合資会社登記簿、合同会社登記簿、外国会社登記簿である（商登六条）。これ以外の登記簿になされる登記は、商業登記ではない。たとえば、船舶登記は商法の規定（六八六条・六八七条）に基づき登記されるものではあるが、右に挙げた商業登記簿になされるものではないから、商業登記には当たらない。

商業登記は登記所という公的な機関に置かれるのみならず、商業登記法では何人であっても手数料を納付すれば、登記簿に記録[(1)]されている事項を証明した書面の交付を請求することができるし（商登一〇条）、事項の概要を記載した書面の交付を請求することができる旨が規定されている（同法一一条）。この結果、その公示機能は確実なものとなっている。[(2)]商業登記の機能は公示にあるのであり、公示のみならず権利変動の対抗要件の機能をもつ不動産登記とは機能が異なることになる。

なお、会社の登記については会社法に規定が置かれている（会社九〇七条〜九三八条）。以下では商法および会社法における商業登記に関する規定について述べる。

（1） 登記簿は磁気ディスクをもって調整されている（商登一条の二第一号）。

（2） 現在、一般財団法人民事法務協会は、登記所の有する登記情報をインターネットを通じてパソコン等の画面上で確認できる有料サービスを提供している。

第二節　商業登記事項

登記をめぐる利益を調整するためには、適切な事項を登記すべきものとして定めておく必要がある。なお、登記事項に関する定めは、商法のほか会社法や破産法、会社更生法等にもみられる。法律によって登記事項とされていないものは登記をすることができない。

登記事項には、かならず登記しなければならない絶対的登記事項（たとえば二二条）と、登記するかどうかは当事者の判断に任される相対的登記事項（たとえば一一条二項）とがある。後者も、一度登記してしまうとその事項の変更や消滅が生じたときにはその旨の登記をしなければならない（一〇条）。

ここで登記しなければならないという意味は、登記をしなければ第三者に対抗できないという不利益を受けること（九条）である。ただし、会社法における会社の登記に関しては、登記を懈怠したことにより過料が科されることになる（会社九七六条一号）。個人商人に要求される登記事項については、過料の制裁はない。商号を廃止したり変更した場合には、当該商号を登記した者は、廃止または変更の登記をしなければならないが、もしもこれを怠っているときには、同一の商号を使用しようとする者は、登記の抹消請求を登記所に対して行うことができる（商登三三条）。

また、登記事項には、登記することによって法律関係が創設される事項と、登記することによってはじめて当事者の責任が免れることになる事項とがある。前者は設定的登記事項と呼ばれ、支配人の選任（二二条）および会社の設立（会社四九条）等がこれに当たる。後者は免責的登記事項と呼ばれ、支配人の退任（二二条）等がこれに当たる。ただし、一つの登記事項が設定的登記事項であり、同時に免責的登記事項であることもある。

第三節　商業登記の手続

登記すべき事項が存する場合に、これを登記するのは当事者であり（当事者申請主義）、商業登記法の定めるところに従い、商業登記簿に登記する（八条）。登記の申請をつかさどるのは、当事者の営業所の所在地を管轄する法務局もしくは地方法務局またはその支局もしくは出張所である（まとめて登記所と呼ぶ）（商登一条の三）。

ただし、会社の合併無効判決や、株主総会決議取消判決が下された場合のように、登記事項が裁判によって生じた場合には、裁判所が登記所に登記を嘱託して登記がなされることになる（会社九三七条一項〜三項）。さらに、休眠会社の解散（同法四七二条一項）の場合のように登記官の職権をもって登記がなされることもある。また商号の廃止または変更があった場合のように、利害関係人により登記の抹消が申請されることもある（商登三三条）。

一度登記した事項は、その事項に変更が生じまたはその事項が消滅したときには、当事者は遅滞なく変更または消滅の登記をしなければならない（一〇条）。ここでいう登記した事項には絶対的登記事項のみならず相対的登記事項も含まれる。

第四節　登記官の審査権

登記申請があった場合、登記官は一定の却下事由に該当しない限り登記を認めることになる。この点に関して、登記官の審査権については、従来から形式的審査主義の立場をとる学説と実質的審査主義の立場をとる学説に分かれている。

形式的審査主義というのは、商業登記の登記官は単に申請された事項が登記事項であるのか、それに関して管轄があるか等の形式的な適法性についてのみ審査する権限と職務を有すると解する立場である。たとえば、本店所在地において登記すべき事項を支店の所在地において登記する場合においては、両者の登記が異ならないかどうかについては審査すべきことになる。

これに対して、実質的審査主義とは、商業登記の登記官はさらに申請された事項が真実であるかどうかについてまで調査する権限と職務を有すると解する立場である。

たしかに真実でない事柄を公示することは適切ではなく、一般公衆の利益から考えれば登記事項は事実であることが望ましい。しかし、商業登記が非訟事件とされていた戦前はともかくとして（当時も判例は形式的審査主義の立場をとっていた）、商業登記が法務省による法務行政の一環となった現在では、実質的審査主義の立場はとれないものと考えられる（最判昭和六一年一一月四日裁判集民一四九号八九頁）。

商業登記法二四条は、登記官が申請を却下しなければならない事項を個別的に列挙している。これは限定列挙であり、登記官の審査権の範囲を明確にしており、これは、形式的審査主義の立場を前提にしたものと考えられる。仮に実質的審査主義の立場をとると、裁判官ではない行政庁の職員が実質的審査を行うことは適切であるのかという問題や、真実を確かめることは容易ではないことから、実質的審査による手続が遅延し登記制度の機能が損なわれる可能性も指摘される。形式的審査主義の立場をとると、虚偽の事実が登記されるという心配もあるが、故意または過失によって不実の事項を登記した者は、九条二項による不利益を受けるのであり、不実の登記を行おうとする場合は必ずしも多くないとも思える。

ただし形式的審査主義をとる立場では、商業登記法二四条九号が申請を却下すべき場合として登記すべき事項につき無効または取消しの原因があるときを挙げていることが問題となる。仮に当該事項について法律上の効力に争いがあるときに、登記官が無効あるいは取消しの原因の有無を判断して登記申請を却下するかどうかを決定するのであれば、これは、形式的審査主義とはいえないであろう。登記事項にこのような争いがある場合には、本来当事者が訴訟によって解決すべきであり、登記官の判断に任される事柄ではない。

この点については、たとえば明らかに欠格事由（会社三三一条一項）のある者を取締役に選任する旨の登記申請がなされた場合や、定款の絶対的記載事項（同法二七条）の欠けた定款の登記申請がなされた場合、このような申請を却下するのが望ましいであろう。真実を登記するという要請を考えれば、このように法律上無効であることが明確である場合については、申請を却下すべきであろう。ただし、形式的審査主義が原則である以上、登記官は登記申請書類、その添付書類、登記簿からのみこのような無効事由の存否を判断すべきであろう（鴻・二三四頁）。

一方、登記事項につき取消事由がある場合については、申請を却下するのは適切でない。なぜならば、取消事由があっても、取り消されるまでは有効なはずだからであり、登記官が取消しを行うことはできないからである。もちろん取消判決があれば却下しなければならないが、取消判決があるまでは登記官はこれを受理すべきであろう（登記の抹消を申請できる場合として商登一三四条一項に無効事由を挙げながら取消事由を挙げていないのはもちろん当然である）。なお、商業登記法二五条一項により、登記事項に取消事由があっても、訴え提起期間内に訴えが提起されなかったときは、当該事項は有効となり申請を却下すべきでないことは当然である。

第五節　登記の効力

商業登記の効力については、商法は九条に規定している。これは、商人の取引が大量的かつ反復的に行われ、不特定多数の利害関係者が生じるため、登記によって商人と第三者との利害調整を図ろうとするものである。このため、商法は取引の安全にとって重要な事項を登記すべき事項としているのである。なお会社の登記については、商法九条に対応する規定が会社法九〇八条に置かれている。

一　商業登記の消極的公示力

(1)　まず九条一項は、登記すべき事項は、登記の後でなければこれをもって善意の第三者に対抗できないとしている。ここでいう登記事項は、絶対的登記事項のみならず（すでに登記をした事項であれば）相対的登記事項も含まれている。

登記事項につき発生、変更、消滅があった場合にはその登記をすることになるが、もしも登記をしなかった場合には、当該事項を知らなかった第三者に対抗できないと規定されている。このような効力を商業登記の消極的公示力という。このことは、悪意の第三者に対しては、商人はそれを立証することで、対抗できることを意味する。

たとえば、商人甲の支配人乙が辞任したにもかかわらず、乙が甲を代理して第三者の丙と取引した場合に、乙辞任の登記がないときには、甲としては、乙に代理する権限がないことを丙に主張できない。ただし乙の辞任を丙が知っていたことを甲が立証したときには、乙に代理する権限のないことを甲は丙に主張できる。

なお、同じく商業登記の効力といっても、商号譲渡の登記については、善意・悪意を問わず登記をしなければ対抗できないとされている（一五条二項）。すなわち、この場合には九条一項と異なり、登記をしない限り、知っていた者に対しても対抗することができないのである。

(2)　右の例でもわかるように、善意というのは、取引の当時（法律上の利害関係を有するようになった時点。大判大正四年一二月一日民録二一輯一九五〇頁）第三者が登記事項を知らなかったことをいう。第三者に当該事項を知らなかったことについて過失がある場合であっても、登記をしていない商人は対抗できないと考えられている。第三者が登記を確認していなくても同様である。また、当該商人が善意の第三者に対抗できないということは、善意の第三者であっても、第三者の方で登記事項を認めることを妨げるものではない。たとえば、会社の登記に関する事案ではあるが、代表取締役に就任したがその旨の登記を行っていない場合に、その者が会社を代表して振り出した手形について、善意の第三者である手形の取得者は会社に対して手形上の責任を追及することが可能である（最判昭和三五年四月一四日民集一四巻五号八三三頁）。

(3) 九条一項は登記当事者が第三者に対抗できるかどうかを問題にしている。したがって、第三者相互間ではこの規定は問題にならない。登記当事者の登記懈怠により、登記申請の権利も義務もない第三者が不利益を被るのはおかしいからである。

たとえば、判例には以下のような事案がある。これも会社の登記の事案だが、甲会社が解散し清算人が選任されその旨の登記がなされたが、登記の申請人として死亡者の名義が使用されていた。甲会社の債権者乙が甲会社の物件を差し押さえたところ、その物件は当時すでに甲会社清算人から第三者の丙に譲渡されていた。丙は所有権を理由とする仮差押異議の訴えを提起した。乙は解散および清算人登記は無効であり、甲会社と丙との間の本件物件の売買が無効である旨を主張した。これに対して最高裁は、丙が乙に対して物件の所有権を主張する場合には商法（旧）一二条（現九条一項、会社九〇八条一項）の適用はない旨を判示した（最判昭和二九年一〇月一五日民集八巻一〇号一八九八頁〔百選4〕）。

二 商業登記の積極的公示力

(1) 当事者は登記事項を登記すると、たとえ当該事項について善意の第三者に対してであっても対抗することができる。いわば登記によって第三者の悪意が擬制されるわけである。ただし、登記後であっても、第三者が正当の事由によってその登記があることを知らなかった場合には、第三者に対抗することができない。ここでいう正当事由とは、主観的なものではなく、客観的事由に限ると解されている（最判昭和五二年一二月二三日判時八八〇号七八頁、東京高判昭和四一年六月二九日判タ一九六号一六二頁）。したがって、台風などの災害により交通機関が不通となり登記所までたどりつけなかったような場合、あるいは登記簿が滅失や汚損により閲覧できない場合には正当事由が肯定されるが、第三者が入院していたり、海外旅行に出掛けていたために登記を見ることができなかったという場合は正当事由とはならない。

これに対して、取引のつど相手方に登記簿を確認させることになることから、このような解釈に疑問をもち、正当事由を弾力的に解釈しようとする見解もある。(1)

(2) 九条一項が適用される場面においても、民法の表見代理の適用があるかどうかが問題になる。判例はこれを否定する。株式会社の代表取締役の地位を退任し、その旨の登記もなされている者が、会社を代表して手形を振り出した場合に、受取人が善意の第三者であるときには民法一一二条の表見代理により会社は手形上の責任が追及されるかが争われた。最高裁は、もっぱら商法旧一二条（現九条一項および会社については会社九〇八条一項）のみが適用され、登記後は同条所定の正当事由がない限り、善意の第三者に対抗することができるのであり、別に民法一一二条を適用ないし類推適用する余地はないとした(2)（最判昭和四九年三月二二日民集二八巻二号三六八頁〔百選6〕）。

(1) 服部・四八五～四八六頁。また、登記に優越するような外観ないし特別事情の存するときに正当事由を認めた判決もある。東京地判昭和五三年二月二四日判時九〇六号九一頁、同昭和六一年八月七日判時一二二二号一四四頁。

(2) 会社に関する判例では、表見代表取締役制度（会社三五四条）と旧一二条（現九条一項、会社九〇八条一項）との関係が問題となっている。ある株式会社において、甲と乙との両代表取締役が共同して会社を代表する共同代表取締役制度（平成一七年改正前商法の二六一条二項に規定されていた）の採用を定めその旨の登記もなされていたが、甲がこの定めに反して単独に手形を振り出した。手形の所持人は、会社に対して手形金請求を行うにあたり、この会社では甲を社長と呼んでいたことなどから表見代表取締役の主張を行った。最高裁は、会社において甲が社長と称して行動することを許容しまたは黙認していた等の事情が存在するのであれば、会社は表見代表取締役に基づき、振出人としての責めに任ずる余地があるとした（最判昭和四三年一二月二四日民集二二巻一三号三三四九頁）。

ただしこの場合、第三者に正当事由があるから対抗を受けないとは解されてはいない。右のような結論をとるべき理由は、会社が登記の内容と異なる外観の作出に積極的に原因を与えていることから、会社は旧一二条（現九条一項、会社九〇八条一項）による悪意の擬制による保護を受けられる立場にいないからである。旧二六二条と旧一二条との関係については、大塚龍児「商業登記（および公告）の対抗力について」鴻常夫先生還暦記念『八〇年代商事法の諸相』二一一頁以下（昭和六〇）参照。

三　商法九条一項の適用範囲

九条は、原則として取引関係にのみ適用がある。しかし、これだけではなく不当利得や不法行為であっても、取引関係と密接な関連をもって生じたものついては適用を認めるべきであろう。

これに対して、判例によれば、それ自体実体法上の取引行為でない民事訴訟において、誰が当事者である会社を代表する権限を有する者であるかを定めるにあたっては、商法旧一二条の適用はないとされている（最判昭和四三年一一月一日民集二二巻一二号二四〇二頁〔百選5〕）。しかし、学説ではむしろ訴訟関係においても同条を適用すべきであるという見解が多い。それは、たとえば代表取締役が辞任しながらその旨の登記はなされていなかったため、第三者がこの者を相手に会社を訴えたという場合において、会社が元の代表取締役に会社を代表する権限のないことを主張できると解するのは不当であるからである。ただし、右の最高裁の事案はこのような事案ではなく、第三者側から会社に対して選任登記のない者を清算人と主張できるかという事案であり、旧一二条（現九条一項、会社九〇八条一項）を論じるのに適切な事案ではなかった。

四　不実登記の効力

(1)　本来登記は、ある事実があって、これを登記して公示するものである。したがって、真実以外のことを登記してもなんの効果も発生しないはずである（無から有は出てこない）。ところが、現行法では登記官は形式的審査権しか有していないため、事実でなくとも登記される危険性は高い。しかも、第三者は登記されている事項を信頼する蓋然性が高い。このような第三者が、登記が不実であることを知らないために不測の損害を被ることを無視することは適当ではなく、これを保護しなければ登記制度全体の信頼が損なわれることにもなりかねない。一方でこのような不実の登記を行った者になんの制裁もないのは適当ではない。

そこで、英米法の禁反言の法理あるいはドイツ法の外観法理に基づいて不実の登記を信頼した第三者を保護したのが九条二項である。すなわち、故意または過失によって不実の登記を行った者は、その事項が不実であることを知らなかった第三者に対しては、不実であることを対抗できないのである。事実と異なる登記であっても、これを信頼した者を保護するのである。これを商業登記の公信力と呼ぶことが多い。

会社の登記については、会社法九〇八条二項が九条二項と同趣旨のことを定めている。以下で述べる事例は、会社に関するものであるが、九条二項と同様の考え方が妥当する。そこで両者を含めて論じることにする。

(2)　九条二項が適用されるためには、登記の申請者に故意または過失があることが要件となる。すなわち、申請者が当該事項が不実であることを知っているか、あるいは相当の注意をもってすれば不実であることを知ることができたのに不実であることを知らずに登記をしてしまった場合に限られる。したがって、登記官の過誤や申請権限のない者による不実登記は、九条二項の対象ではない。

たとえば、甲会社の代表取締役の死亡後、同社の取締役乙が勝手に自己が代表取締役に選任された旨の登記を行った上で、乙が甲会社を代表して同社所有の不動産を第三者の丙に譲渡した場合に、丙による甲会社に対する不動産の所有権確認請求は認められない。判例によれば、旧一四条（現九条二項、会社九〇八条二項）が適用されるためには、登記が登記申請権者の申請に基づいてされたか、登記申請権者が自ら申請しないまでもなんらかの形で当該登記の実現に加功し、または当該不実登記の存在が判明しているのにその是正措置をとることなく放置するなど、登記申請権者の申請に基づくと同視できる場合に限られるとしている（最判昭和五五年九月一一日民集三四巻五号七一七頁）。

つまり、登記申請権者が積極的に虚偽の登記を行った場合のみならず、虚偽の登記が他の者によってなされたが、これを是正すべき義務のある者が、これを知りながら責めに帰すべき事由により放置した場合にも同条は適用されるのである[1]。

(3) 従来学説上および裁判例の上で大きな問題となっていたのは、取締役の就任ないしは退任の登記と取締役の対第三者責任（会社四二九条）との関係である。たとえば、株主総会で取締役として選任もされず、会社の業務にも一切関与していなかったが登記の上では取締役として選任されたことになっている者に対して、第三者が取締役の責任を追及できるかが争われている。

判例（最判昭和四七年六月一五日民集二六巻五号九八四頁〔百選8〕）は、取締役として選任されていない者を取締役として登記しても旧二六六条ノ三（会社四二九条）にいう取締役に当たらないとし、また、旧一四条（現九条二項、会社九〇八条二項）にいう不実の事項を登記したる者とは当該登記を申請した商人（登記申請権者）を指すとした。しかし、不実の登記事項が株式会社の取締役への就任であり、かつその就任の登記について取締役とされた本人が承諾を与えたのであれば、同人もまた不実の登記の出現に加功したものというべく、したがって同人に対する関係においても、善意の第三者を保護する必要があるから、旧一四条（現九条二項、会社九〇八条二項）を類推適用して、取締役として就任登記をされた当該本人も、同人に故意または過失がある限り、当該登記事項の不実なことをもって善意の第三者に対抗することができないとした。そして、その結果この者は、取締役としての責任を免れえないとされた。

この判例に対しては、取締役としての不実の登記のある者が、それゆえに第三者に対して取締役ではないと主張できないということは、その者が当然に取締役としての任務を負うことになるのか、第三者はその者を取締役として信頼していたのか、あるいは取締役であることを信頼していなかった者には責任追及が否定されることになるのは適切か等といった疑問が投げかけられている。

以上のような取締役選任の事案に対して、取締役辞任の事案も同様に解してよいのかが問題となる。たとえば、取締役を辞任した者が、代表取締役に辞任登記をするように請求していたが、辞任登記はなされないままであったところ、会社債権者から旧二六六条ノ三（会社四二九条）にもとづき取締役の責任が追及された場合、この者は責任を負わなければならないのであろうか。

判例（最判昭和六二年四月一六日判時一二四八号一二七頁）は、次のように選任登記の場合よりも要件をやや厳格に解している。株式会社の取締役を辞任した者は、辞任したにもかかわらずなお積極的に取締役として対外的または内部的な行為をあえてした場合を除いては、辞任登記が未了であることによりその者が取締役であると信じて当該株式会社と取引した第三者に対しても、商法旧二六六条ノ三の責任を負わない。しかし、取締役を辞任した者が、登記申請権者である当該株式会社の代表者に対し、辞任登記を申請しないで不実の登記を残存させることにつき明示的に承諾を与えていたなどの特段の事情が存在する場合には、取締役を辞任した者は旧一四条の類推適用により、善意の第三者に取締役でないことを対抗できない結果旧二六六条ノ三の責任を負う（最判昭和六三年一月二六日金法一一九六号二六頁もこれとほぼ同じ判示を行っている）。

(4) 九条二項では、第三者が、当該登記事項について不実であることを知らなかった善意の場合にのみ保護される。[2]しかし、たとい不実であることに気が付かない点に過失があっても、善意の場合と同様保護される。これは、九条二項は商業登記という公示制度における外観の信頼保護を図ることを目的としているからである。

(1) 東京地判平成二八年三月二九日金法二〇五〇号八三頁は、株式会社の代表取締役就任についての不実の登記を信頼して会社と契約をした第三者が保護されなかった事例である。この事案では、不実の登記が無権限の者によってなされたが、登記申請権者である会社が不実の登記の存在を認識して、すぐに代理人弁護士に相談し、警察に告訴状を提出し、仮処分を申し立て、法務局に上申書を提出するなどの是正措置をとっていたことが重視されている。

(2) 善意というためには、登記の記載が真実であると信頼したことが必要であるとの立場もある（青竹・六八頁）。しかし、不実の登記を行った者に対抗できる第三者をそのように狭める必要はない。

五 商業登記の推定力

商業登記制度においては、形式的審査主義がとられており、登記官は真実と異なる事項についての登記申請をも受理する可能性がある。したがって、登記された事項についても、それが事実であるということの推定力が働くものではない。すなわち登記された事項であっても、これを争う者は、積極的に不実であることの立証責任を負担しなければならないという効果を有するものではない。もっともこれは、法律上の推定力のことである。

これに対して、登記には事実上の推定力は存在し、一応真実であるものと解される。これは、商業登記の申請には添付書類や印鑑の提出が必要であり、登記事項は一応真実であると考えるのが適切だからである。

六　商業登記の特殊な効力

(1)　創設的効力　通常の登記にあっては、一定の法律関係の発生・変更・消滅という事実があって、これを公示するものである。これに対して、会社の設立登記についていえば、登記によってはじめて会社が設立されたことになる（会社四九条）。したがって、この場合には九条や会社法九〇八条が問題となることはない。会社の新設合併の登記（同法九二二条）や新設分割の登記（同法九二四条）も同様である。なお、会社の清算結了の登記（同法九二九条）には、創設的効力がない。

このように登記を行うことによって新たな法律関係が創設される場合について、これを商業登記の創設的効力と呼ぶ。以上の場合には、九条や会社法九〇八条の適用はない。したがって、たとえ悪意の者に対してであっても、登記をしない限り効力発生を主張できない。

(2)　補完的効力　商業登記の中には、登記をすることによって、法律関係における瑕疵の存在をもはや主張できなくなるものがある。たとえば、株式会社について設立登記を行えば会社が成立し、株式の引受人は錯誤、詐欺または強迫を理由とした株式の引受けの取消しをすることはできないとされている（会社五一条二項）。いわば登記によって瑕疵が補完されたのと同じ効果が認められているわけである。

(3)　付随的効力　商業登記をすることによって、一定の行為を許容したり免責したりする場合がある。株式会社について設立登記を行い会社が成立すると、株券の発行が可能となる（会社二一五条）。また、合名会社や合資会社の社員は退社の登記から二年（同法六一二条二項）、解散の登記から五年経過すればその責任を免れることができる（同法六七三条一項）。

第四章　商　号

第一節　商号の意義

商号とは、商人が営業上の活動において自己を表示するために使う名称ということができる。しかし、たとえば、営業主が交代した場合には、商号は新しい営業主を表章することになり、実際には商号は商人自身ではなく、営業そのものを表章するように機能することが少なくない(1)。

商号と間違いやすいのが商標である。商標は、文字、図形、記号を使って、企業が作りだす商品に付け、自己の取り扱う商品であることを取引先一般に認識させるものである。商標については商法に規定がなく、商標法に規定されている。このように商号と商標では法律上の扱いが異なるが、不正競争防止法においては、商号と商標を並べて規定している。

商号は、商標と異なり、対外的に自己を表章するものである以上呼称しうるものでなければならず、かならず文字をもって表示する必要がある（大阪高判昭和四五年四月一〇日判時六二〇号一〇〇頁）。第三者が客観的に認識できてしかも呼称しうるものでなければならないのであり、図形や紋様を使って表示することは認められていない。問題は、外国文字を使えるかである。かつて外国文字による商号は登記ができなかった（昭和二四年二月一日民事甲第二八〇六号民事務局長回答〔商業登記先例百選三八頁〕ほか）ため、登記が強制されている会社では外国文字の商号を使えなかった。ただし、個人商人であれば商号の登記は法律上強制されているわけではないから、外国文字による商号が認められていなかったわけではなかった。しかし、平成一四年の商業登記規則の改正により、外国文字の商号も登記できるようになったため、現在では会社も外国文字の商号が使えるようになっている（商登則五〇条一項参照）。

商号は商人の名称であり、商人でない者が自己を表示するために使う名称は商号とはいえない。そのような例としては、相互保険会社、協同組合、小商人（七条参照）の使う名称がある。

商号は商人が営業活動において使用する名称である。雅号や芸名は、営業活動における商人の名称とは異なることから商号ではない。また、すでに述べたように、商標は商人ではなく商品を示すものである。なお、個人商人は、営業関係において商号ではなく自己の氏名を使うことが認められていないわけではない。

商号は商人が営業活動において使用する名称であるから、商人の営業がなければ成立しない。しかし、未だ営業活動を開始していなくても準備行為が存在すれば商号は成立する（大決大正一一年一二月八日民集一巻七一四頁）。

なお、商法では商人のうち会社および外国会社を除外して、商号（および商業帳簿、商業使用人、代理商も）について規定しており（一一条一項かっこ書参照）、会社および外国会社については、会社法の規定が適用される。

（1）　最判昭和四三年六月一三日民集二二巻六号一一七一頁〔百選13〕では、商号は法律上は特定の営業につき特定の商人を表わす名称であり、社会的には当該営業の同一性を表示し、その信用の標的となる機能を営むとする。

第二節　法規整の必要性

商法は商号についていかなる観点から規定を置いているのであろうか。

第一に、商号は商人にとってその名声や信用を示し、かつ維持するものである。このような商人の利益を保護するためには、他人による不正な商号の使用を排除させ、他人に妨害されることなく当該商号が利用できるようにさせてやる必要がある。

第二に、このように商号は顧客吸引力等をもち、商人にとって無形の価値を有するものである、そこで、商人はこれを有利に利用するために、他に譲渡したり相続させたりすることを期待する。そこでこのための法規定の整備が必要となる。

第三に、一般公衆は商人の商号を信頼して取引関係に入ることが少なくない。そこで紛らわしい商号が使われたり、詐欺的な商号が使われたりすると公衆に与える害は大きい。そこで、本来は商人のための制度である商号ではあるが、商人と商人との関係、商人と公衆との関係において利益調節を行うための法規定が必要となってくるのである。なお、商号に関しては、商法のほかに不正競争防止法が規定するが、あわせてこのような観点から規定が置かれている。

第三節　商号選定自由の原則

商法一一条一項は、商人が商号を選定するにあたっては、氏名その他の名称を使って商号とすることを認めている。

すなわち商人は自己の営業の実態にかかわらず、自由に商号を選定することができる。これを商号選定自由の原則という。これは、商法が従前の屋号（これはたとえば「油屋」という名の旅館があるように、必ずしも営業の実態と合致していなかった）をそのまま商号として保護しようとしたからである。また、営業実態と異なっていても、それが営業上有利なものであれば、商号の譲渡を受け、相続することによってこれを利用したいと考える商人の便宜からも、商号選定の自由を認めるべきであると考えられた。しかし、一方では、自由に商号を選定できる結果、商人が紛らわしい商号を使うことによって、第三者がその商号で表わす営業や商人を誤解するおそれが生じるのであり、一般公衆を保護するための規制も考える必要がある。

この点についての立法例をみると、商号の選定を完全に自由とする立場がある。これに対して、商号が営業の実態を表示することを厳格に要求する立場がある。後者を商号真実主義と呼ぶ。第三者の信頼を保護するという見地からは、商号真実主義が適切かもしれない。しかし、企業の経営する内容はいつでも不変というわけではなく、経営内容がとりわけ経営者の交代とともに変わることは珍しくない。この場合に、企業に商号の変更を要求することも考えられるが、その場合の企業の損失は少なくない。

そこで折衷主義的な立場もみられる。それは、新たに商号を選定するにあたっては営業の実態との一致を要求するが、営業の相続、譲渡、変更にあたって、従来の商号を使用する場合には続用を認めるという立場である。以上に対して、わが国の商法は、商号選定自由の原則の立場をとる。ただし、以下のように例外的にいくつかの制限を置いている。

そして商人は、自己の商号を登記することができる（一一条二項）。

第四節　商号自由の制限

商号選定自由の原則にはいくつかの例外がある。

商号を自由に選定してよいといっても、不正の目的をもって他の商人であると誤認されるような名称または商号を使用することは禁じられている（一二条一項）。その違反行為により、営業上の利益を侵害されまたはそのおそれのある者は、違反者に対してこのような商号使用の停止または予防を請求することができるとされている（一二条二項）。また違反者は百万円以下の過料に処せられる（一三条）。

この規定は営業主体を誤認させる標識を不正の目的で利用することを禁止する趣旨の規定である。

すなわち一二条は、不正の目的があれば、たとい周知されていない商号であっても、あるいは商号として他の商人が未だ使用していないものであっても、営業主体の誤認を防ぐものである。誤認を受けるのは商人に限られるのであろうか。あるいは一般人（商人でない者）が誤認されることも保護の対象か。条文上「他の商人であると誤認される」としており、商人でない者の氏名を使用することによって、営業主体を誤認させる行為は本条によって禁止されている対象ではないと解すべきであろう。もっとも誤認を受ける者と不正使用者が同種の営業を行っているかどうかを問わない。

なお、七条によれば小商人には商号に関するいくつかの規定の適用がないとされるが、小商人であっても、一二条が適用されるのは当然である。

営業主体を誤認された結果利益を害された者は、一二条違反を理由に商号の差止請求ができるが、そのためには、商号使用者の不正の目的を立証しなければならない。この場合の不正の目的とは違法の目的とは異なり、営業主体を誤認させる目的があればよい（最判昭和三六年九月二九日民集一五巻八号二二五六頁は、これより広い解釈をとっている）[1]。商号の使用は、法律行為においての使用に限られず、商号を広告において使用する場合のように、事実上用いる場合も含まれる。以上の禁止に違反した者には不法行為（民七〇九条）にもとづく損害賠償責任が生じる。

さらに不正競争防止法においても、商号自由に対する制約が生じる。すなわち同法では、他人の商品等表示として需要者の間に広く認識されているものと同一もしくは類似の商品等表示を使用し、他人の商品または営業と混同を生じさせる行為や、自己の商品等表示として他人の著名な商品等表示と同一もしくは類似の商品等表示を使用する行為が、営業の混同の有無を問わず、不正競争とされており、商品等表示には商号が含まれるとされている（不正競争二条一項一号・二号）。このような行為によって営業上の利益を侵害された者またはそのおそれがある者は、差止請求権（同法三条）と損害賠償請求権（同法四条）を有することになる。

他人がすでに登記した商号と同一商号については、営業所の所在場所がその他人の商号登記に係る営業所の所在場所と同一であるときは、登記することができない（商登二七条）。

(1)　大阪地判平成二八年八月二三日（裁判所ウェブサイト掲載判例）は、本条と同趣旨の会社法八条における「不正の目的」が認められなかった事例である。判旨によれば、被告商号が、競業関係において原告と被告の関連性を誤認させて原告から被告への顧客奪取を容易にさせる目的で使用されているのならば、被告商号の使用について「不正の目的」が認められるとしている。また、YがXと同じ株式会社の名称を使用していた事案について、東京地判令和三年一二月二四日（裁判所ウェブサイト掲載判例）は、XとYは、本店所在地も業種も全く異にするものであり、当時のY代表者自身が著名であり社会的にも信用がある実業家であった事情を踏まえると、Yには、Xの知名度や信用を利用しようとする意思も必要もなかったものと認めるのが相当であり、Yは、XやX標章の存在を知ることなく、Y商号を独自に考案し、これを使用したものと認めるのが相当であるとして、「不正の目的」を認めなかった。

第五節　商号単一の原則

ある商人が同一の営業のために複数の商号を使った場合には、一般公衆の誤解を招くおそれがある。あるいは一つの営業につき多数の商号をもつことを認めると、他の商人が商号を選択できる幅がそれだけ狭くなってしまう。商号単一の原則とは、商人が一個の営業を行うにすぎないときには、商号も一つでなければならず、複数の商号をもつことが禁止されるというものである。もっとも個人商人であれば、複数の営業を行う場合には、一つまたは複数の商号をもつことは可能である。なお、会社においては、その名称が商号であり（会社六条一項）、商号は一つに限られる。このような商号単一の原則は、商法上特に定めた規定はないが、これを認めることに学説上異論はない。

大審院の判例（大決大正一三年六月一三日民集三巻二八〇頁）もこれを肯定する。ただしこの判例では、数個の営業所を有する場合には、その営業所ごとに別異の商号をもつことを認めているが、学説は、この点について、各営業所の営業は一つの営業の構成部分にすぎないことから、反対している。もしも、支店における営業の独自性を出したいのであれば、甲会社神戸支店のように、支店の商号に支店の所在地を付加することが認められる。

問題になるのは、たとえば東京を本店とする甲商店が、大阪を本店とする乙商店の営業を譲り受け、二つの営業を一つにし、後者を大阪の支店として営業を行う場合、譲り受けた営業については従前の乙商店の商号をそのまま使うことができるかである。商号単一の原則からして、この商人が東京でも大阪でも一つの営業として行うのであれば甲商店または乙商店のどちらか一つの商号を選択せざるをえないことになろう。もちろん、どちらかの商号にたとえば大阪支店という名称を付加して使用することは許される。

第六節 名 板 貸

一 名板貸の意義(1)

わが国の商法の下では、商号選定自由の原則がとられており、例外はあるものの商人は自由に商号を選ぶことができる。このことから考えれば、商人が他人に対して自己の商号を使用して営業または事業(会社の場合)をなすことを許諾することもできるはずである。このような商号貸与を名板貸と呼ぶ。たとえば、実際には以下のような場合に名板貸が考えられる。

① 甲商店を営む甲が、乙に対して、自己の営業の一部であるかのように甲商店神戸支店の商号の下で営業をすることを認める場合。

② 免許を要する業種において免許を得て営業を行っている甲商店が、未だ免許をもたない乙に甲商店の名前で営業を行うことを許諾する場合(たとえば東京地判昭和五三年六月二九日判夕三七〇号一五八頁参照)。

これらの場合、取引相手方たる一般公衆は、当然に、商号の使用を許諾した者が営業を行う者であると誤認することになる。そしてこのような信頼を保護することが要請される。そこで商法は、禁反言の法理または外観法理から、自己の商号を使用して営業・事業を行うことを他人に許諾した商人(名板貸人)は、営業主体を誤認して取引した相手方に対して、その取引によって生じた債務について名義を借りた者と連帯して弁済責任を負うとしている(一四条)。

会社については、会社法九条が同様に定める。

なお、②のような商号貸与は明らかに違法であるが、商法がここで規定を置いているのは、商号使用の違法性を前提としているものではない。単に名板貸人の取引上の責任についてのみ規定するだけである。

（1） 平成一七年改正前の判例だが、最判昭和五二年一二月二三日民集三一巻七号一五七〇頁によれば、名板貸について規定していた商法旧二三条の規定の趣旨は、第三者が商号貸与者を真実の営業主であると誤認して、商号貸与を受けた者との間で取引を行った場合に、商号貸与者が営業主であるとの外観を信頼した第三者の受けるべき不測の損害を防止するために、第三者を保護し取引の安全を期するということにあるとする。

二　適用範囲

名板貸人の責任が肯定されるのは以下の場合である。

① 商人から商号使用の許諾を受けた者が、独立して営業または事業を行うこと。たとえば単に手形行為をなすについて商号使用を許諾した場合には、ここでの問題ではないと考えられ、一般の表見法理により解決すべきであろう（最判昭和四二年六月六日判時四八七号五六頁）[1]。

② 商人が他人に商号使用を許諾していることが要件となるが、商号の使用は、営業上の取引自体について許諾する場合に限られない。平成一七年改正前の判例だが、旧薬事法（現・医薬品、医療機器等の品質、有効性及び安全性の確保等に関する法律）による薬局開設ならびに医薬品製造の登録申請にあたり名板貸が行われた事案において、最高裁（最判昭和三二年一月三一日民集一一巻一号一六一頁）は、本件取引において名義を借りた者が薬局経営者として名義を利用したかどうかにかかわらず、名板貸人の責任を肯定した。

③　商人による使用許諾は黙示であってもよい。すなわち商人が積極的に使用を許諾した場合のみならず、他人が自己の商号を使用して営業や事業を行っていることを知りながらこれを放置する場合も、一四条の責任が生じる。ただし、他人に商号を使用されながら何もしなかっただけで、すぐに本条の責任が生じると解すべきではない。これは、取引一般公衆が誤認する可能性と外観作出の帰責の程度との相関関係で、当該商人の責任が決まるべきものである。黙示の許諾があったとして本条の責任が課されるのは、誤認されやすい状態を是正する作為義務を負うような者に限られよう（大阪高判昭和三七年四月六日下民集一三巻四号六五三頁参照）。他人が勝手に商号を使用している場合に、いつでも使用されている者に責任を問うのは適切ではないといえよう。

名板貸人が責任を免れるためには、単に名義貸与の許諾を撤回するだけでは不十分で、彼が作出した外観の基本部分を排除する必要がある（東京地判平成七年四月二八日判時一五五九号一三五頁）。

④　他人が同一の商号を使用する場合に限られない。商号に付加的な文字を付けた場合についても、名板貸人の責任が肯定されることがある。たとえば、甲株式会社が甲株式会社宮崎出張所という商号の使用を許諾した場合に、甲株式会社に名板貸人の責任が肯定された事例がある（最判昭和三三年二月二一日民集一二巻二号二八二頁）。また、和文商号をもつ会社が英文商号の使用を許諾したときであっても、英文商号の使用について名板貸人の責任が認められた(2)。

⑤　一四条の名板貸人の責任は、取引の相手方が営業主体を誤認することから認められたものであり、このように誤認が要件となっている以上、商号使用の許諾を受けた者の営業や事業がその許諾を与えた者の営業や事業と同種であることが要求されるであろうか。すなわち業種が異なっていれば、商号貸人を営業主として誤認する可能性がありないのではないかと思えるからである。判例はこれを要求する（最判昭和三六年一二月五日民集一五巻一一号二六五二頁）。

これに対して、学説には、営業や事業の同種性を本条の要件とすることに反対するものが多い。それは、個人商人であれば一つの商号の下に複数の営業を行うし、会社であれば定款の目的欄に複数の事業内容を列挙する会社がほとんどであり、商号によって営業や事業の範囲が固定されている事例はほとんどないこと、名板貸における外観にとって同業種であることを重要な要素ではあっても不可欠な本質的要素とみるべきではないとする考えである。

ただし、判例も業種が異なるときであっても例外的に本条の責任が肯定される場合を認めている。(3) たとえば、「現金屋」の商号で電気器具商を営んでいた甲が廃業した後に、甲のところで使用人として働いていた乙が「現金屋」の商号でかつ同一店舗で食料品店を経営した場合に、食料品店としての現金屋と取引した丙は、甲の営業と誤認するおそれが十分あったとして、甲に名板貸人の責任を追及できるとされた（最判昭和四三年六月一三日民集二二巻六号一一七一頁〔百選13〕）。

(1) 自己の商号を使用して営業を営むことをある者に許諾したが、その者が実際にはその商号を使用して営業を営むことがなかったにもかかわらず、手形行為についてのみその名義を使用したという場合にも、商法旧二三条の類推適用を認めて名板貸人の責任を肯定するのが判例である（最判昭和五五年七月一五日判時九八二号一四四頁〔百選11〕）。

また、外観を信頼した第三者を保護するために、商号を借りた者が商人でない場合であっても、本条を類推適用すべきであろう。

(2) 最判昭和四一年三月一一日判時四四一号三三頁。そのほかの例としては、「株式会社交詢社出版局」と「財団法人交詢社」との間には商法旧二三条の要求する外観的同一性が存在するとされた（東京高判昭和五四年一〇月二五日判時九四七号一一〇頁）。これに対して、「三井東圧化学株式会社」と「三井東圧温室農芸株式会社」とでは、両者が営業主体の同一性に関する誤解を生ぜしめるほど類似しているものとは認められないとされた（東京地判昭和六〇年四月一九日金商七三九号三一頁）。

（3） 東京地判平成二九年五月二九日判タ一四五八号二三四頁は、食肉加工品等の製造販売業を営むY会社の「東京営業所長」と称する者により鮪の売買がなされた事案について、許諾を受けた者が当該商号を使用して業種の異なる営業を営むときは、特段の事情のない限り、名板貸責任を負わないと判示しつつ、本件ではY会社との取引と誤認するおそれが十分あったことから特段の事情を認め、Y会社について名板貸（会社九条）の責任が認められた。

三　名板貸人の責任の範囲

名板貸人は、商号の使用を許諾した場合には、その商号使用に関しては一切の責任を問われる可能性があるのであろうか。

第一に、許諾の範囲との関係が問題になる。たとえば、ミシンの販売について商号の使用を許諾したところが、商号借人がその商号を利用して電気器具の購入販売を行った場合に、商号貸人は名板貸人の責任を後者の取引についても負うのであろうか。判例はこの場合に責任を負わないとしている（最判昭和三六年一二月五日民集一五巻一一号二六五二頁）。商号使用を許諾した範囲を超える取引については、名板貸人の責任を否定すべきであろう。この場合には民法の表見代理（民一一〇条）による保護を検討すべきである。ただし、許諾の範囲かどうかについては、客観的・一般的に判断していくべきであろう（服部・二二二頁）。

第二に、責任を負う債務の種類による限定が考えられる。すなわち、一四条で生じる責任は、取引によって生じた債務であると規定されている。したがって、商号使用を許諾した場合、許諾を受けた者が取引を行って直接負担する債務については、名板貸人の責任が生じる。さらに、商号使用の許諾を受けた者がその商号を使って売買を行い、その後にこれを解除した場合に、手付金返還債務のような原状回復義務もここでの債務に含まれる（最判昭和三〇年九月九日民集九巻一〇号一二四七頁)。

同じく、債務不履行による損害賠償債務もここに含まれるが、商号使用の許諾を受けた者やその被用者が行った不法行為に基づく損害賠償債務はここに含まれない。また、不法行為による損害賠償債務について、商号使用の許諾を受けた者と被害者との間で、支払金額と支払方法について定めるにすぎない示談契約が締結された場合に、この契約に基づいて支払うべきものとされた損害賠償債務もここでの債務に含まれない。(1) 不法行為による損害賠償義務に商法一四条が適用されない以上、その支払金額と支払方法を定めた示談契約にも一四条が適用されないのは当然であろう。たしかにこれらの場合でも、相手方の誤認を保護する必要性は否定できないが、一四条の問題ととらえるのではなく、一般外観法理による解決を図るべきであろう。

これに対して、不法行為責任であっても、取引の外観をもつ不法行為については同条の責任が認められる(最判昭和五八年一月二五日判時一〇七二号一四四頁)。

なお、平成一七年改正前の商法旧二三条では、商号だけでなく氏、氏名の使用許諾についても、名板貸の責任として規定していた。この旧規定の下で名板貸責任は拡張して使われていた。(2)

(1) 最判昭和五二年一二月二三日民集三一巻七号一五七〇頁では、ここでいう取引によって生じた債務とは、第三者において外観を信じて取引関係に入ったため、名義貸与を受けた者がその取引をしたことによって負担することとなった債務を指すと判示している。

(2) たとえば、スーパーの店舗内で行うテナントの営業がスーパーと区別する標識が無かったため、スーパーの営業と誤認させるような外観があったことから、テナントの行為について、商法旧二三条の類推適用によりスーパーの責任が認められた(最判平成七年一一月三〇日民集四九巻九号二九七二頁〔百選14〕)。信販会社の加盟店が自己の金融を得るために、名義使用を許諾する者の名義を使用して売買契約を締結し、これに基づき立替払契約が名義使用許諾者と信販会社との間に成立した場合に、民法一〇九条、商法旧二三条の法理から名義使用許諾者の責任が肯定された（大阪地判昭和六三年九月二二日判時一三二〇号一一七頁）。しかし、現行法は商人が自己の商号の使用許諾をした場合に限定しており、そもそもどこまで本条の類推適用の範囲を広げるべきか議論の余地があろう。なお、名板貸人が会社である場合の責任について定める会社法九条の類推適用が認められた事案として、大阪高判平成二八年一〇月一三日金商一五一二号八頁がある。この事件では、ホテル内に出店していたマッサージ店での施術により後遺障害を負った利用者が、ホテルを経営する会社に対して損害賠償責任を追及した。判旨は、施術が行われた当時、マッサージ店の営業主体が会社であると誤認混同させる外観が存在し、会社は外観を作出しまたはその作出に関与したこと、利用者の誤認に重過失が認められないことから、会社は外観を信頼してマッサージ店を利用し損害を受けた者に対して、会社法九条の類推適用により損害賠償責任を負うとしている。

四　取引相手方の過失

一四条は取引の相手方が営業主体を誤認したことを要件としており、相手方に過失がある場合については特に規定していない。本条が外観信頼保護の規定である以上、相手方が悪意であれば本条の適用がないのは当然である。しかし、過失があるとはいえ、商号貸与者を営業主体と誤認した場合に取引の相手方に保護を与えないのは適切であろうか。学説には、相手方に過失がある以上保護しないとするもの、重過失がない限り保護するとするもの、悪意でなければ保護するとするものの三つに分かれている。判例（最判昭和四一年一月二七日民集二〇巻一号一一一頁〔百選12〕）は、たとえ誤認が取引をなした者の過失による場合であっても、商号貸与者はその責任を免れえないとしながらも、重大な過失は悪意と同様に取り扱うべきものであるから、誤認して取引をなした者に重大な過失があるときは、商号貸与者はその責任を免れるものと解するとしている。

一般に、法律上重過失が悪意と同一の扱いを受ける場面は少なくないが、相手方が悪意であるとはいえないが、誤認した状況からみて保護するに値しないような場合に限って、名板貸人の責任を否定することが認められるのであり、その意味で判例の立場が妥当であろう。悪意や重過失の存在は責任を免れようとする商号貸与者に立証責任を負担させるべきであろう（最判昭和四三年六月一三日民集二二巻六号一一七一頁〔百選13〕）。たとえば、商号貸人と商号借人とで行っている営業の種類が全く異なっているような場合に、第三者による営業主の誤認につき、重過失が認められる場合が多いであろう。

第七節　商号の譲渡

一　商号譲渡の制限

商号は、財産的価値を有していることから、商号に関する権利（商号権）は譲渡や相続の対象として認めるべきものである。とりわけ営業を廃止する商人には、商号権を譲渡して財産的価値を回収する道を開く必要がある。しかし、外部者は、譲渡によって営業主が交代しても、商号が同じである場合には、営業も同一であろうと信頼する。商号を譲渡した商人が引き続き営業を行うときには、取引の相手方を混乱させるおそれがある。したがって、商号の譲渡について、取引の安全にも十分配慮する必要がある。

そこで、商法一五条一項は、商号は営業とともに譲渡する場合または営業を廃止する場合に限って、譲渡することができるとしている。すなわち商号が営業とともに譲渡されれば背後の営業を誤認するという問題はないからである。また、営業を廃止する場合にもこのような誤認はないことからこのように規定されている。同様に、商号のみの差押えも認められない。

なお、商号も相続の対象となる（商登三〇条三項参照）。

二　対抗要件

商号は当事者の意思表示のみによって有効に譲渡を行うことができる。しかし、商号の譲渡は、その登記を行わなければ、これをもって第三者に対抗することはできない（一五条二項）。公告は不要である。

ここにおける対抗要件とは、商号を二重に譲渡したような場合を考えている。たとえば、甲が商号をはじめに乙に譲渡したのちに、さらに丙にも譲渡したという場合に、たとい丙が悪意であっても、丙が先に登記をしてしまえば、乙に対して自己が商号の譲受人であることを主張できることを意味している。商法九条の下では、乙はたとい登記をしていなくとも悪意の丙に対しては商号の譲受けの事実を主張できるはずであるが、このような商業登記の一般的効力とは別に、一五条では商号譲渡の対抗要件として登記を要求している。

ただし、後で述べるように、ここで不正競争の目的で丙が商号の侵害をする場合には、乙は丙の商号使用を排斥できる。

なお、未登記商号を譲渡する場合には、登記をして対抗要件を満たす必要があるかどうかが問題となる。この点について、未登記商号の譲渡においては別に対抗要件を備える必要はないという見解がある（服部・一九二頁）。

第八節　商号の変更

商号を変更することは、商号選定自由の原則の範囲内であれば、可能である。登記済の商号については遅滞なく変更の登記をする必要がある（一〇条）。なお、すでに他人が登記している商号に変更することは制限されているし（商登二七条）、不正競争の目的で商号変更するときには差止めを受け（不正競争三条）、変更後の商号が不正の目的で営業主体を誤認させるような商号であれば侵害行為の停止、予防が求められ（一二条二項）、また過料に処せられる（一三条）。

商人が商号ではなく営業の種類を変更した場合はどうであろうか。この場合に商号も変更すれば問題はないが、商号を変更しないことも可能であろうか。商号は、商人が営業活動中自己を表わすために使われるものであって、営業自体の名称ではないと一般に考えられており、この場合に商号を変更しないことも可能である。ただし、登記事項に変更があったものとして変更登記を行う必要が生じる（一〇条）。新たな商号を選定しそれに変更した場合には、当該商人は従来の商号についての商号権を失うことになる。

登記商号を変更したとき、および商号の登記に係る営業所を移転したときに、その旨の登記がなされない場合には、当該商号登記に係る営業所の所在場所において同一の商号を使用しようとする者は、登記所に対し、当該商号の登記の抹消を申請することができる（商登三三条一項）。

第九節　商号の廃止

商人は商号を廃止することは自由である。登記済商号は廃止の登記をしなければならない（商登二九条二項）。なお、登記済商号を廃止したのにその旨の登記をしない場合や、商号の登記をなした者が正当の事由なくして二年間その商号を使用しないときには、当該商号登記に係る営業所の所在場所において同一の商号を使用しようとする者は、登記所に対し、当該商号の登記の抹消を申請することができる（商登三三条一項）。

第一〇節　商号の登記

商号の登記制度は、商人の利益と商人と取引する相手方の利益を調整するものである。すなわち、商人は商号を排他的に利用したいと考えるし、他方商人と取引する相手方としては、商号によってどのような商人のどのような営業を表章しているのか知りたいと考えるわけである。その意味で、会社の場合には商号は必ず登記すべき事項となっている（会社九一一条以下）。これに対して、個人商人にあっては、商号を登記するかどうかは自由である（一一条二項）。

第一節　商号権

一　保護規定

商法では一二条によって不正目的の商号使用の規制を行っている。他方これとは別に、不正競争防止法は三条および四条で、周知性のある商号について、差止請求権や損害賠償請求権を認めている。商法と不正競争防止法とで商号権を保護する規定を設けており、両法をあわせて検討する必要がある。

なお、商号を保護する要件としては英米法では使用主義がとられた。すなわち、商号を使用することによりその者へ保護を与えようとした。これに対して、大陸法では登録主義がとられた。この場合、商号は登記や登録することによってはじめて保護される。わが国では登記が保護を受けるための要件とはなっていない。

二　商号使用権（積極的商号権）

商号権には二つの内容を含むが、そのうち商号使用権とは、商号権者が他人から妨害されることなく、商号を使用する権利のことをいう。商号を使用する権利は、法律行為においても、また事実行為においても認められる。もしも妨害を受けた場合には、不法行為（民七〇九条）に基づき商号権者は損害賠償請求を行うことができる。この権利は登記済商号であるかどうかにかかわらず認められるものである。

たとえば、甲が「甲商店」という商号で従来から営業活動を行っていたが、この商号について登記をしていなかった場合に、乙が「甲商店」という商号を先に登記してしまったとしよう。甲は、たとい「甲商店」という商号について登記をしていなくても、不正競争の目的をもっていないのであるから、この商号を引き続き使用することができる。そして、不正競争の目的をもつ者が商号を登記しても、商号使用権が与えられるわけではない。

三　商号専用権（消極的商号権）

もう一つの商号権の内容である商号専用権とは、他の者が不正競争の目的をもって自己の商号と同一または類似の商号を使用する場合に、商号権者がその使用を排除することのできる権利のことである。商法一二条によれば不正の目的をもって他の商人と誤認されるおそれのある商号の使用が禁じられ、利益を侵害される商人は、侵害の停止、予防を請求できる。不正競争防止法三条および四条では、周知性のある商号であれば、たとい登記していなくても使用の差止めや損害賠償の請求ができる旨を規定しており、したがって商号専用権は登記を要件とするものではないと解するべきであろう。(1)

（1）　不正競争防止法によれば、登記の有無を問わず商号が需要者の間に広く認識されている周知商号権者は営業上の利益を侵害された者として、他人の営業と混同を生じさせる行為について差止めを請求することができる（不正競争二条一項一号・三条）。さらに、これらの行為を故意または過失によって行った者に対しては、周知商号権者は損害賠償を請求できる（同法四条）。ただし、周知商号権者でなく著名商号権者であれば高度の識別力があり、商品や営業の混同を生じさせる行為がなくとも、以上のような保護を受けることができる（同法二条一項二号）。

第一二節　会社法における商号

平成一七年改正以前にあっては、会社の商号に関しても、商法総則の規定が適用されていた。しかし、同年の改正により、会社の商号については、商法総則を適用することなく、会社法が独自に規定することとなった。このような方針から、会社法第一編第二章には、以下のように、会社の商号に関する規定が置かれている。

会社については、その名称が商号となる（会社六条一項）。そして、会社は、株式会社、合名会社、合資会社または合同会社の種類に従い、それぞれその商号中に株式会社、合名会社、合資会社または合同会社という文字を用いなければならない（同条二項）。会社の種類に応じて社員の責任が異なり、会社と取引する相手方保護等から、商号中会社の種類を明示する必要があるからである。このため、商号中に、他の種類の会社であると誤認されるおそれのある文字を用いてはならないことは当然である（同条三項）。

会社でない者は、その名称または商号中に、会社であると誤認されるおそれのある文字を用いてはならない（会社七条）。これに違反する場合や他の種類の会社であると誤認されるおそれのある文字を用いる場合（同法六条三項）には、過料に処せられる（同法九七八条一号二号）。

また、何人も、不正の目的をもって、他の会社であると誤認されるおそれのある名称または商号を使用してはならない旨が規定されている（会社八条一項）。これに違反する場合も過料に処せられる（同法九七八条三号）。この規定に違反する名称または商号の使用によって営業上の利益を侵害され、または侵害されるおそれがある会社は、その営業上の利益を侵害する者または侵害するおそれがある者に対し、その侵害の停止または予防を請求することができる

（同法八条二項）。これは、商法の一二条に対応する規定である。

もちろん会社においても、すでに他の会社が登記した同一商号かつ同一本店所在地の登記はできない（商登二七条）。

さらに、自己の商号を使用して事業または営業を行うことを他人に許諾した会社は、当該会社が当該事業を行うものと誤認して当該他人と取引をした者に対し、当該他人と連帯して、当該取引によって生じた債務を弁済する責任を負う（会社九条）。いわゆる名板貸に関する規定であり、商法一四条に対応する。

第五章 商業帳簿

第一節 商業帳簿の意義

一 商業帳簿の範囲

商業帳簿は、商人が営業のために使用する財産を明らかにするために、法律上作成が要求されているものである。つまり、法の要求がないにもかかわらず、商人が任意に作成するものも商業帳簿ではない。このように限定するのは、商業帳簿に含まれると、一定の法的効果が生じるからである。しかし、企業者が任意に作成する帳簿であっても、作成の義務を負っている商業帳簿と同様に適正に作成されている限り、商業帳簿と同様の効果を与えて差し支えないのであり、企業者が任意に作成する帳簿を除外すべきではないとの反対説もある（服部・三五三頁）。

商業帳簿とは、具体的には、会計帳簿、貸借対照表である（一九条二項）。

ここで商業帳簿であるかどうかを区別する主な実益は、提出義務（一九条四項）が及ぶかどうかである。

二 商業帳簿についての法規制

もともと商業帳簿は、商人の便宜のための制度であり、その作成は商人が合理的な経営を行っていくにあたり必要なものにすぎなかった。なぜならば，合理的な経営を行うには，明確で正確な帳簿を作成して，自己の財務状況や経営成績を明らかにし，取引の証拠を残しておくことが重要だからである。しかし，もしも商業帳簿がそのようなものにとどまっていたならば，各商人に帳簿の処理を任せ，あえて法規制することは必要なかったかもしれない。

しかし，企業経営の近代化が進んでいくと，企業はほぼ同じような基準で計算処理を行うようになり，一つの基準を設けて法規制することが可能となった。そしてさらに，債権者に対して当該商人の資産状態・信用状態を明らかにしておく必要が高まった。

特に株式会社のように有限責任社員のみからなる会社においては，会社財産だけが唯一の担保であり，債権者の利益を確保するために作成する帳簿への法規制が不可欠となる。さらに，直接経営に参加することなく収益からの分配を期待する社員を多く抱える企業については，社員の利益を保護するためにも作成する帳簿への法規制が必要となる。とりわけ株式会社形態の大企業が登場するようになると，帳簿も複雑さを増していくようになり，帳簿の法規制は絶対的に必要なものとなったわけである。

商人の作成する帳簿は，このほかに税務当局の課税の資料としての意味もある。

一方で，企業の財産状態や損益の状況を正確に理解しうるものとするためには，帳簿には技術的なものや専門的なものまでも含めるべきであるということになる。しかし他方で，商人の負担の軽減の意味からも，また一般投資家，労働者，小口の債権者にも理解できるようなものにするという配慮からも，帳簿の内容は簡易で単純化する方が適切であるということになる。この二つの要請を調整する必要がある。商法は高度に技術的なものについては，すべての商人に強制するのは適当ではないという立場がとられている。

そこで，企業の規模によって規制の厳格さが異なることになる。まず小商人には商業帳簿に関する規定のすべてが適用除外とされている（七条）。次に個人商人については、会計帳簿と貸借対照表の作成が義務づけられ、その記載についての要求がある（一九条二項）ほか、商業帳簿と営業に関する重要書類の保存が要求されている（同条三項）。

一方会社では、会社法（第二編第五章および第三編第五章参照）およびそれにもとづく法務省令により厳格な規制がなされており、資産の評価や公示について多数の規定があり、不実記載のみならず必要な帳簿や書類を備え置かないときにも罰則が科される（会社九七六条七号八号）。

第二節　商業帳簿の作成

商法一九条一項は、商人の会計については一般に公正妥当と認められる会計の慣行に従うものと定めている。企業会計は急速に技術的進歩を遂げてきており、商法において商業帳簿の作成に関する詳細な規定を設けておくことには限界がある。そこで、商法は基本的なことだけを定めておき、あとは会計慣行に任せるという趣旨がこの規定に示されている。公正妥当かどうかは、当然商業帳簿を作成する目的によって異なることになる。

企業会計原則は、企業会計を規律する根本原則ともいうべきものである。企業会計実務の中で慣習として発達したものの中から一般に公正妥当と認められるものを要約したものである。

一九条一項は、公正妥当な会計慣行に従うものと規定し、単に商人が会計慣行を考慮すればよいというものではなく、公正妥当な会計慣行がある以上これに従うことが商法上要請されることを示している。企業会計原則に従っていれば一応この要請を満たしたことになる。もちろん企業会計原則以外の会計慣行であっても、合理的な会計基準であればこれに従うことは妨げられない。また、異なる扱いを定めた規定がある場合には、これに従うべきである。言い方を換えると、この規定は、公正妥当な会計慣行を商慣習法として包括的に認めたもの（服部・三五三頁）ということもできる。

また一九条二項は、商人が営業のために使用する財産について、法務省令で定めるところにより、適時に正確な商業帳簿（会計帳簿および貸借対照表）を作成しなければならないと定める。すなわち適時性と正確性を要求しつつ、詳細は法務省令に委任している。これは企業会計基準の変化に柔軟に対応させるため、商法に詳細な規定を置かないこととしたものである。

これを受けて、商法施行規則では、会計帳簿に記載すべき資産（商施規五条）[1]、および貸借対照表の作成・表示について（同規六条～八条）規定する[2]。なお、商業帳簿の作成・保存は書面だけでなく電磁的記録によることができる（同規四条三項）。さらに、同規則では四条二項で、これらの用語の解釈および規定の適用に関しても、一般に公正妥当と認められる会計の基準その他の会計の慣行を斟酌しなければならないと定める。

（1）会計帳簿に記載する資産については、以下のように、商法施行規則に詳細な規定が置かれている。

会計帳簿に計上すべき資産については、原則としてその取得原価を付さなければならない（商施規五条一項）。そして、償却すべき資産については、原則として営業年度の末日において、相当の償却をしなければならない（同条二項）。ただし、次に掲げる資産については、そこに定める価格を付さなければならない（同条三項）。

① 営業年度の末日における時価がその時の取得原価より著しく低い資産（当該資産の時価がその時の取得原価まで回復すると認められるものを除く。）は、営業年度の末日における時価

② 営業年度の末日において予測することができない減損が生じた資産または減損損失を認識すべき資産は、その時の取得原価から相当の減額をした額

取立不能のおそれのある債権については、営業年度の末日において取り立てることができないと見込まれる額を控除しなければならない（同条四項）。

なお、負債については、原則として債務額を付さなければならないが、債務額を付すことが適切でないものについては、時価または適正な価格を付すことができる（同条五項）。

のれんについては、有償で譲り受けた場合に限り、資産または負債として計上することができる（同条六項）。

（2） 貸借対照表については、以下のように規定する。

商人は、第一に、開業時の会計帳簿に基づき、開業時における貸借対照表を作成しなければならない（商施規七条一項）。第二に、商人は、各営業年度に係る会計帳簿に基づき、当該営業年度に係る貸借対照表を作成しなければならない（同条二項）。この各営業年度の貸借対照表の作成に係る期間は、当該営業年度の前営業年度の末日の翌日（前営業年度がない場合にあっては、開業の日）から当該営業年度の末日までの期間とされる（同条三項）。ただし、当該期間は、原則として一年を超えることができない（同条四項）。

貸借対照表の表示の方法としては、金額は、一円単位、千円単位または百万円単位のいずれかで表示する（商施規六条一項）。また、日本語で表示するのを原則とするが、その他の言語をもって表示することが不当でない場合は、その言語を使うこともできる（同条二項）。

貸借対照表は、資産、負債、純資産に区分して表示しなければならない（商施規八条一項）。さらに、これらを細分化して表示することも可能であるが、その場合には、各項目について、資産、負債または純資産を示す適当な名称を付ける必要がある（同条二項）。

第三節　商業帳簿の保存

商人は、商業帳簿と営業に関する重要な資料を一〇年間保存しなければならない（一九条三項）。この一〇年の期間は、帳簿記載の時点からではなく、帳簿の閉鎖、すなわち帳簿の使用をやめた時点から起算することになる（同項）。また、商人資格を失ってもこの義務は残る。

営業に関する重要な資料とは、契約書、請求書、営業に関する信書や受取書、仲立人の帳簿（仲立人日記帳）（五四七条）、倉庫営業者の帳簿（倉庫証券控帳）（六〇二条）等であり、これらの保存が要求されるのは、将来何らかの紛争が生じたときに証拠として意味を有するからである。

第四節　商業帳簿の提出

商業帳簿は、営業上の事柄に関しては重要な証拠資料となる。そこで、商法一九条四項によれば、当事者の申立てによるか、または職権により、裁判官は訴訟の当事者に商業帳簿の提出を命ずることができるとしている。民事訴訟法二一九条では、書証の提出は当事者の申立てが必要であり、また、同法二二〇条では一定の場合には提出を拒めることになっているが、商業帳簿では裁判官の職権で提出が命じられ、また提出を拒めない点で、民事訴訟法の特則になる。ただし、証拠力については、自由心証主義の一般原則（民訴二四七条）によるのであり、法定の特別の証拠力はない（大判昭和一七年九月八日新聞四七九九号一〇頁）。もっとも、商法一九条四項を用いれば一般人が商人の商業帳簿の閲覧を請求できるというわけではない。
同条にいう商業帳簿はもちろん商人が商法上の義務として作成するものをいう。

第六章　商業使用人

第一節　商業使用人の意義

大規模な企業においては、商人が自分だけですべての営業活動を行うことは困難であり、適切とはいえない場合が多い。また、個性が希薄である企業取引は、ほとんどが代理に親しむ行為である。そこで他人を使い営業活動を補助してもらう必要がある。その場合、企業の内部に取り込まれた上で補助するのが商業使用人であり、企業の外部から独立の商人として補助するのが代理商、取次ぎ、仲立等の補助商である。商法では、「総則」に商業使用人と代理商に関する規定を置き、これ以外の補助商については商行為法に規定する。これは、代理商は一定の商人と継続的関係をもつ点で商業使用人と性格が類似しているからである。

ただし、「総則」第六章の商業使用人に関する規定は、商業使用人の法律関係について全般的に規定するものではなく、支配人、ある種類・特定事項の委任を受けた使用人、物品販売店の使用人について、その代理権を中心に規定するだけである。すなわち商法は、商業使用人の代理権の発生、変更、消滅と代理権の範囲について規定することで、商人の取引活動を円滑に進め、かつ第三者の安全を図ろうとしている。一方、使用人の雇用関係については、民法や労働法が規定するところである。

ここでいう商業使用人は、特定の商人に従属する営業の補助者でなければならない。個人商人であれ、また小商人であれ、これらの商人の指揮・服従の下にあることが必要である。

しかし、商業使用人の範囲については、学説で大きな争いがある。

ここで争われているのは、第一に、商人が友人等に営業活動を行わせた場合のように、委任関係はあるが雇用関係のない場合にこの友人を商業使用人と解すべきかどうかである。通説は商業使用人というためには、雇用関係は必要であるとして、これを否定する。これに対して、これを肯定する説も有力である(1)（服部・二七七頁、鴻・一六二頁）。

第二に、商業使用人は、商人のために代理権を有していることが必要であるかどうかである。たとえば技師や現金出納係のように、商人と雇用関係をもつ者であっても、代理権をもっていない場合には、ここでいう商業使用人には当たらないのであろうか。商業使用人に当たらないという見解もみられるが、多数説は、代理権のあることは商業使用人の要件ではないと解している（服部・二七七頁）。

なお、会社の使用人については会社法が、商法総則と類似した内容の規定を置いている（会社一〇条〜一五条）。

（1） 旧四二条（現二四条）に規定する使用人に関して、東京地判平成五年一月二七日判時一四七〇号一五一頁は、肯定説をとる。

第二節　支　配　人

一　支配人の意義

商法二一条一項によれば、支配人は商人に代わってその営業に関する一切の裁判上または裁判外の行為をなす権限を有すると規定している。言い換えると、支配人とはこのような包括的代理権を有する商業使用人であるということができる。このような包括的代理権は一般に支配権と呼ばれている。ある使用人が支配人であるかどうかは、この支配権の有無によって決まる。

すなわち支配人は実質的な概念であり、当該使用人がいかなる名称をもって呼ばれていても、このような包括的代理権をもっている商業使用人は支配人と解すべきである。逆に支店長という名称をもつ使用人であっても、支配権がなければ支配人とはいえない。たとえこの者を支配人として登記したとしても同じである。(1)

支配権をもってはいるが、営業主との間に雇用関係をもたない者については、通説的理解によれば、支配人ではないということになるが、雇用関係をもたない商業使用人をも認める有力説の立場からは、このような者も支配人となる。

(1) 仙台高秋田支判昭和五九年一一月二一日判タ五五〇号二五七頁。これに対して、本店または支店の営業の主任者である商業使用人はすなわち商法上いわゆる支配人であるという見解がある(大隅健一郎「支配人と表見支配人」田中誠二先生古稀記念『現代商法学の諸問題』六二一頁〔昭和四二〕)。

二　支配人の選任

営業主である商人またはその代理人が支配人を選任することになる(二〇条)。ただし、小商人は支配人を選任することはできない。なぜならば、支配人の制度は商業登記の制度と不可分であるが、小商人には商業登記に関する規定が適用されないからである(七条)。また、包括的代理権をもつ支配人であっても、他の支配人を選任することはできない。これは、二一条二項が他の使用人を選任すると規定しているが、そこでは支配人の選任を除外しているものと解されるからである。

なお取締役会設置会社である株式会社においては、支配人の選任は取締役会の決議によってなされなければならない（会社三六二条四項三号）。持分会社においては、原則として社員の過半数によって決定される（同法五九一条二項）。支配人は自然人であるほかは、資格制限がないが、株式会社では当該会社やその親会社の監査役との兼任が禁じられている（同法三三五条二項）。制限行為能力者を支配人に選任してもよい（民一〇二条）。このほか、支配人については、独禁法上の制約もある（独禁一三条・二条三項）。

支配人を選任するときには、商人を代理すべき営業または営業所を特定させておく必要がある。また、支配人を選任した場合には、支配人を置いた本店または支店の所在地において営業主はこれを登記しなければならない（二二条。登記すべき事項は商登四三条参照）。登記を怠るときには、善意の第三者に対して選任を対抗できない（九条一項）。逆に、支配人として選任されていないにもかかわらず、支配人としての選任登記がある場合には、商法九条二項に基づき、その者が支配人ではないことを善意の第三者に対抗することができなくなる。

三　支配人の終任

支配人の終任は、①代理権の消滅、②雇用関係の終了、③営業の廃止によって生じる。

①は、支配人の死亡、破産手続開始決定、後見開始の審判の場合（民一一一条一項二号）や、営業主である商人の破産手続開始決定の場合（同法一一一条二項・六五三条二号）のほかに、営業主である商人または支配人から解除する場合（同法一一一条二項・六五一条）である。民法一一一条一項一号では本人の死亡も代理権の消滅事由となっているが、支配人の代理権は、商行為の委任による代理権であり、本人の死亡によって消滅しない（五〇六条）。本人が死亡した場合には、支配人はその相続人の代理人となる。支配人は営業主である商人の代理人というよりも営業自体の代理人

と考えられるからである。

②は、期間の満了や営業主である商人または支配人からの解約申入（民六二六条以下）のほか、営業主である商人が破産手続開始決定を受けた場合には支配人または破産管財人からの解約申入によって生じる（同法六三一条）。③が終任事由となっているのは、支配人は営業の存在を前提としている以上、営業が廃止になれば当然に終任となるからである。その意味で会社の解散も同じである。営業譲渡については、これも終任事由と解すべきである。ただし、営業譲渡は営業の人的・物的組織をそのまま移転するものであるとしてこれを否定する見解がある。(1) もっとも、このような立場でも、委任関係に立つ支配人は、民法六五一条一項によりいつでも任務を終えることができると解することになる。

なお、このほか支配人は委任関係はあるが雇用関係のない場合にも認められるという立場に立つときは、民法の委任の終了事由も当然に支配人の終任事由となる（民六五一条・六五三条）。

会社において支配人を解任する場合には、選任と同じ手続で行われる。

支配人の代理権が消滅したときにも登記を行わなければならない（二二条）。

（1）　支配人は企業の機関ともいうべき地位にあるので、その地位は営業譲渡とともに譲受人によって承継され、支配人は退任しないとする（服部・二八三頁）。営業譲渡契約においてどのように定めるかの問題（青竹・一二一頁）であろう。

四　支配人の代理権

支配人の代理権の範囲については、二一条が規定する。

一項は、支配人が営業に関して、(1) 裁判上および裁判外において包括的代理権を有することを規定する。(2) 裁判上の行為を行うというのは訴訟行為を意味するが、自ら商人（営業主）の訴訟代理人（民訴五四条）となってもよいし、また別に訴訟代理人（弁護士）を選任してもよい。

商人が複数の営業所をもって営業を行っているときには、支配人のこの営業上の代理権は、営業所ごとに与えられることになる。商人が複数の商号をもち複数の営業を行っているときは、支配人は営業ごとに代理権を与えられることになる。

二項は、他の使用人を選任・解任できる旨を定める。本来包括的代理権がある支配人が他の商業使用人を選任できることは当然であるが、この規定では支配人が他の支配人を選任できないことを示しているものである。

三項は、支配人の代理権に加えた制限が善意(3)の第三者に対抗できないことを規定する。これは、支配人の代理権は包括的画一的であって、その範囲が法によって定められているのであり、営業主である商人は支配人を選任しながら代理権を制限することはできないことを示すものである。もちろん、代理権の制限を登記することもできない。ただし内部的にのみ代理権を制限することは可能である。三項で問題にしているのは、支配人の代理権を縮小する場合のことを指しているようではあるが、逆に支配人の代理権を拡大することも認められないと解されている。

代理権の範囲内の行為でも、支配人が自己または第三者の利益を図る目的で取引を行ったときに、このような目的を相手方が知っていた、または知ることができた場合には、民法一〇七条により無権代理となり商人に効力が及ばない。

支配人のように包括的で画一的な代理権を有する者として、商法ではほかに、船長について定める（七〇八条）。

（1）　営業に関しての意味については、六(6)参照。

（2）　取締役会を設置する株式会社の支配人は、取締役会の決定を待たずに権限行使ができるのであろうか。商法の規定の下では、支配人は包括的権限をもち、営業主である商人から全幅の信頼を得て、営業主に代わって営業に関する事項をすべて決定できるようになってはいる。しかし、株式会社においては、事業主は会社であり、その機関が取締役会・代表取締役等である。そこで、支配人へ事業に関する判断を任せるには、代表取締役や取締役会等からの権限委譲が必要となる。たとえば、たとえ一支店にのみ関わることであっても、取締役会設置会社における重要な財産の処分や多額の借財には、会社法三六二条四項により取締役会決議が必要である（関・一九二頁）。代表取締役が支配人に委譲できる権限は、代表取締役が有する権限を超えることはありえないのであって、代表取締役が決定できない事項について支配人に判断を任せることはできない。支配人も使用人である以上、会社の事業を包括的に代表し業務を統括する代表取締役の指揮命令下に置かれる。

（3） 重過失のある第三者は保護されないのであり、対抗できると解される。青竹・一一五頁。

五　支配人の義務

(1) 支配人の営業禁止義務（二三条一項一号三号四号）　支配人は営業主である商人の許諾がなければ自ら営業を行うことができない（一号）。また、商人の許諾がなければ、他の商人または会社・外国会社の使用人となることができない（三号）。さらに、商人の許諾がなければ、他の会社の取締役・執行役や業務を執行する社員となることも禁じられている（四号）。これは、次のような理由にもとづく。支配人は包括的な代理権を有しているが、このような権限をもっているからには全力を尽くして営業主である商人のために職務を行うことが期待される。そこで、精力が分散される結果になるような行為が禁止されるのである。ここでの営業禁止義務は次の競業避止義務と異なり、営業の種類を問わず一律に禁止されるものである。

(2) 競業避止義務（二三条一項二号）　営業主である商人の許可がなければ、支配人は自己または第三者のために営業主たる商人の営業の部類に属する取引をなすことが禁じられる。このような義務が課されているのは、営業禁止義務にあった精力分散を防ぐという理由のほかに、支配人は絶大な権限を有し営業主からそれだけ信頼されており、また、営業の機密に通じていることから、もしも支配人が営業主である商人の営業と競争関係に立つような営業行為を行えば、その商人の利益が大きく損なわれることになることが理由として挙げられる。なお、ここでいう営業主である商人の営業の部類に属する取引とは、その商人の営業目的である取引のことをいう。

この義務に違反した場合には、取引は無効にならないが、商人は支配人を解任したり、損害賠償を請求することができる。もっとも、支配人が競業を行うことで商人の取引先を奪われる結果が生じたとしても、この場合の損害の立証はきわめて困難である。そこで、支配人が競業禁止義務に違反したときは、この行為によって支配人または第三者の得た利益の額は商人に生じた損害の額と推定される（二三条二項）。

六　表見支配人

(1)　支配人とは、包括的代理権（支配権）を有する商業使用人という実質的な概念である。したがって、たとい支店長などという名称を付している使用人であっても支配権をもっていなければ、これは支配人ではない。しかしながら、実際には取引の相手方としては、支店長という名称をもっていると、その者に包括的代理権があるように信頼して取引をしてしまうことが少なくない。そこで商法は、取引の安全、禁反言の法理または外観法理から、商人は、支配人と信じた取引の相手方に対して、これらの使用人のなした取引の効果が自己に生じることを否定できないものとしたのである（二四条）。これは、民法の表見代理による保護とは別に、名称信頼を保護したもので、その結果類型的画一的に相手方が保護されることになる。同じような制度としては会社法における表見代表取締役制度（会社三五四条）がある。また登記に関して、九条一項に優先して二四条が適用される。

(2)　二四条によれば、商人の営業所の営業の主任者であることを示すべき名称を付した使用人は、その営業所の営業に関し一切の裁判外の行為をする権限を有するものとみなすとしている。

ここでいう営業所とは、商人の営業上の活動の中心たる場所でなければならない。したがって、そのような実態をもった本店・支店の主任者たる名称をもっていることが要件となる。すなわち営業主である商人が支配人を置こうと思えば置けるような支店等でなければならない(1)。

これに対して、一部の見解は、ある営業所が商法上の支店たる実質を有するかどうかを調査・判断することは必ずしも容易ではないことから、たとい営業所としての実質がなくとも、外観上営業所と認められれば、ここでいう本店・支店と解することを認める（服部・二九八頁）。

このように解すれば、たしかに、外観信頼保護は高められることになる。しかし、二四条の本来の趣旨は、営業所たる実質を備えた本店・支店であれば、その営業の主任者がいるはずであるということにある。支店という名称が付けられているかもしれないが、営業所たる実質がない場合には、営業の主任者がいるとは限らないのである。名称から生じる外部者による営業所であることの信頼までも二四条によって保護するのはやや行き過ぎであろう。このような事業所における取引の場合には、民法の表見代理に関する規定で相手方を保護すべきであろう。

次に判例に現われた事例を紹介する。

①　最判昭和三七年五月一日民集一六巻五号一〇三一頁〔百選23〕

Y生命保険相互会社の大阪中央支社長Aが約束手形を振り出した。この手形の所持人であるXは、Y会社に対して、手形金請求を行った。Y会社は保険契約の締結や保険料の徴収、保険金の支払等を業務としていたが、大阪中央支社では、保険契約の新規募集と第一回保険料徴収の取次ぎのみがその権限であった。XはAは表見支配人に当たると主張した。

これに対して最高裁は、商法旧四二（現二四）条にいう本店・支店とは商法上の営業所としての実質を備えているもののみを指し、そのような実質を欠き、単に名称・設備等の点から営業所らしい外観を呈するにすぎない場所の使用人に対して支配人類似の名称を付したからといって、旧四二条の適用があるものと解することはできない。大阪中央支社はY会社の主たる事務所と離れて、一定範囲において対外的に独自の事業活動をなすべき組織を有する従たる事務所たる実質を備えていないものであるから、商法旧四二条の支店に準ずるものではないとして、Y会社の責任を否定した。

いくら支社という名称があっても営業所の実質がなければ旧四二条（旧保険業法四二条で相互会社に準用）の適用がないことがこの判例で明らかにされたが、逆に、名称は出張所長であっても、当該出張所に支店の実質があるならば、その場所における主任者たる名称をもつ者も表見支配人になりうる。
② 最判昭和三九年三月一〇日民集一八巻三号四五八頁
Y会社の高知出張所長のAは、権限が与えられていないのに、Y会社を代表して約束手形を振り出した。現在この手形の所持人であるXが、同社を相手に手形金請求を行った。XはAが表見支配人に当たると主張した。

最高裁は、Y会社の高知出張所は、本店から離れて独自の営業活動を決定し、対外的に取引もなしうる地位にあったとし、このような高知出張所を同社の支店と解し、高知出張所長の名称が付せられたAは表見支配人に該当するとした。そして、判旨は商法上の支店であるかどうかは、名称ではなくその実態によって決すべきであるとしている。(2)

なお、支店次長、支店長代理（最判昭和二九年六月二二日民集八巻六号一一七〇頁）、あるいは支店庶務課長など(3)といった名称は、その地位よりもさらに上のポストが支店にはあることを示しているから、営業の主任者たる名称とはいいえない。

また、二四条は支配人でない使用人についての規定であるから、包括的代理権をもつべき支配人の権限が制限されているだけの場合には、同条は適用されるべき規定ではない（最判昭三七年五月一日民集一六巻五号一〇三一頁）。

(3)　営業主である商人がそのような名称の使用を許諾していることも要件である。名称使用を営業主が黙認しているときであっても、適用される。しかし、使用人が勝手にそのような名称を自称していても適用されない。

(4)　裁判上の行為については適用されない。これは、外観保護の必要性がそれほど高くないからである。

(5)　相手方は、悪意であるときには保護されない（二四条ただし書）。この場合の悪意の内容は、当該取引において当該使用人が代理権を有していないことを知っていることではなく、その使用人が支配人ではないことを知っていたことである。言い換えると当該使用人に包括的代理権が与えられていないことを知っていたことである。悪意であることは営業主の方で立証責任を負うことになる（最判昭三二年一一月二二日裁判集民二八号八〇七頁）。悪意かどうかは当該取引の当時を基準に判断することになる。(4)

相手方に悪意はないが過失があるときにも、相手方は保護されるかが争われているが、本条は表見代理と異なる名称信頼保護であり、過失があっても保護されると解すべきであろう（東京高判昭三〇年一二月一九日下民集六巻一二号二六〇六頁）。ただし、商取引においては重過失は悪意と同視すべきであり、相手方に重過失があるときには表見支配人としての保護が及ばないという説もある（大隅・一六二頁、服部・三〇八頁）。

(6)　表見支配人が成立するのは、当該営業所における営業に関する行為に限られる。もちろんこれは、営業の目的とする行為や、営業の目的に必要な行為に限定されるものではない。

たとえば、最高裁昭和五四年五月一日判決（判時九三一号一一二頁〔百選25〕）が参考になる。

Y信用金庫A支店の支店長Bは、顧客用の当座小切手用紙を使って、Y信用金庫A支店支店長Bのゴム印と支店長印を押して、持参人払式自己宛の先日付小切手を作成し、振り出した。この小切手を所持するXは、Y信用金庫に対して小切手金の請求を行った。最高裁は、表見支配人が成立する営業に関する行為とは、営業の目的たる行為のほか、営業のため必要な行為を含むものであり、かつ、営業に関する行為に当たるかどうかは、当該行為につき、その行為の性質・種類等を勘案し、客観的・抽象的に観察して決すべきものであるとした上で、先日付自己宛小切手の振出しも信用金庫の営業に関する行為であると判示した。

(1) もっとも支店としての登記がある場合には九条により、営業所としての実質がないとの主張はできない（最判昭和四三年一〇月一七日民集二二巻一〇号二二〇四頁）。

(2) 最判昭和三七年九月一三日民集一六巻九号一九〇五頁は、会社の出張所であっても、小工事について緊急を要するときには本社に連絡することなく請負契約を締結し、これに必要な資材の購入、代金の支払等をしているときには支店の実質を備えたものというべきであり、出張所長は支配人と同一の権限を有するものとみなすべきであるとしている。

(3) 最判昭和三〇年七月一五日民集九巻九号一〇六九頁。また、支店長が現実に存在し業務に従事しているときには、副支店長は表見支配人に該当しない（名古屋地判昭和五七年三月二四日判タ四八二号一一〇頁）。なお、東京地判平成四年一二月一七日判時一四六九号一四九頁は、新聞社の東京支社長心得という名称に表見支配人の成立を認めた。

(4) 最判昭和三三年五月二〇日民集一二巻七号一〇四二頁。支店長という名称をもった使用人甲が、乙会社を代表して手形保証を行った白地手形を丙に交付した。丙は甲が手形保証を行う権限のないことを当時知らなかった。その後丙はこの手形の白地を補充した上で乙会社に対して手形金請求を行った。最高裁は、表見支配人に関する悪意の有無を判断するには、白地手形を補充したときではなく、本件手形を取得した時点を基準にすべきであると判示した。

第三節　その他の使用人

一　委任を受けた使用人

商法二五条にいう商人の営業に関するある種類または特定の事項の委任を受けた使用人とは、一般に部長や課長、係長等といった名称をもった使用人ということになる。このような使用人は支配人のように包括的な代理権は与えられていないが、特定の事項について代理権が与えられることもあれば、あるいは全く代理権が与えられていないこともある。しかし、部長、課長と取引した相手方としてはこれらの者にもある程度代理権があるのではないかと考えるのが普通である。二五条は、委任事項の範囲内についてはこれらの使用人が裁判外の一切の代理権を有するとしたものと解される。この代理権の範囲を制限しても善意の第三者には対抗することができない（二五条二項）。この場合相手方の過失は問わないことになる。(1)

最高裁（最判平成二年二月二二日裁判集民一五九号一六九頁〔百選26〕）は、平成一七年改正前の四三条（現二五条）の趣旨について以下のように述べる。反復的・集団的取引であることを特質とする商取引において、ある種類または特定事項の委任を受けた代理人について、取引のつどその代理権の有無および範囲について調査、確認しなければならないとすると、取引の円滑確実と安全が害されるおそれがある。そこで、客観的にみて受任事項の範囲内に属すると認められる一切の裁判外の行為をなす権限すなわち包括的代理権を有するものとすることにより、これと取引する第三者が、代理権の有無および当該行為が代理権の範囲内に属するかどうかを一々調査することなく、安んじて取引を行うことができるようにするにあるものと解される。したがって右条項による代理権を主張する者は、当該使用人が営業主からその営業に関するある種類または特定の事項の処理を委任された者であること、および当該行為が客観的にみて右事項の範囲内に属することを主張、立証しなければならないが、右事項につき代理権を授与されたことまで主張、立証することを要しない[2]。このような判旨の考え方は、本条の解釈として妥当であろう[3]。

二五条における使用人は、支配人と同様実質的概念であり、部長や課長等という名前のある使用人の代理権を規定したものではないから、当該使用人が同条の使用人であるかどうかは、名称ではなく、営業に関するある種類または特定の事項の委任（準委任〔民六五六条〕を含む）を受けたかどうかによって決まることになる[4]。

部長や課長の肩書を会社から付与されている者であっても、契約締結の代理権が与えられていない場合が考えられるが、この場合に取引の相手方を保護するにはどのような方法が可能であろうか。まず民法一〇九条により会社に対して表見責任を追及することが可能である。もちろんこれだけで十分であるという考え方もあるが、企業をめぐる取引においては取引の安全や外観信頼保護の重視を特に図るべきであるともいえる。

そこで、より相手方を保護するために、商法二四条を類推適用して部長や課長という肩書から代理権があるものと信頼した者を保護することが考えられる。いわば、表見使用人（旧法下では表見番頭・表見手代）の考え方の導入である。これを支持する見解も少なくないようである（服部・三二六頁）。

たしかに、第三者からは使用人の肩書にはある程度の信頼がもたれる。しかしながら、本来二五条は、使用人の名称に意味をもたせる規定ではなく、営業のある種類または特定事項について委任されているときの代理権を肯定するものである。また、支配人は選任登記がなされるが、部長や課長といった使用人にはこのような登記は要求されていない。もちろん表見制度は登記制度を前提とするものということはできない。そしてまた、二五条は一応登記制度とは別個に機能するものと解される。しかし、登記制度にのらないことは、代理権の範囲が包括的ではない上に、各商人によってその代理権の範囲が異なることを意味する。したがって、課長であると信頼したことによってどこまで保護すべきかは、商人によって、業種によって異なり、その答えは容易には決まらない。結局、二五条による代理権についての信頼保護は、これらの者が商人から委任された事項との関係で考えていくほかはないのである。[5]

二五条の使用人の選任・解任については、営業主である商人のみならず支配人でも可能である（二一条二項）。なお、株式会社においては、支配人には該当しなくても、重要な使用人の選任・解任については、取締役会設置会社であれば、取締役会の決議が必要となる（会社三六二条四項三号）。

二五条の使用人については、支配人の場合の二三条のような義務を定める規定はないが、二三条を類推してこの種の義務を認めるべき場合もあろう（青竹・一三六頁は反対）。

（1）　大阪高判昭和五六年一二月一六日判時一〇五四号一四八頁は、このような制限を知らないことにつき第三者に重大な過失があるときには悪意の場合と同視して営業主は責任を免れるとする。東京地判平成六年四月二八日判時一五一四号一三二頁も同旨。また、福岡地判平成六年三月八日判タ八七七号二七九頁は、旧四三条（現二五条）の商業使用人と認められる者が、社内手続をとらなかったことや、決裁権限のないことは、相手方が悪意のときにのみ対抗しうるとする。

なお、商業使用人が自己または第三者の利益をはかるために権限内の行為をしたときは、相手方が商業使用人の右意図を知りまたは知ることを得べかりし場合に限り、営業主はその行為につき責めに任じない（民一〇七条）。

（2）　東京高判昭和六〇年八月七日判タ五七〇号七〇頁でも、単に営業に関するある種類または特定の事項の委任を受けていれば足り、法律行為に関するなんらかの権限が与えられていることは必要ないと判示する。

（3）　ただし重要な業務に関しては、上部機関の決裁が求められ、当該商業使用人に処理が委任された事項ではないとされることが多いであろう。東京地判平成六年六月三〇日金法一四一〇号七八頁。

（4）　東京地判昭和五三年九月二一日判タ三七五号九九頁は、ある者が旧四三条（現二五条）の商業使用人に当たるためには、その者が営業主から営業に関するある種類または特定の事項について代理行為をなすことの委任を受けることを要し、単に営業部長等の名称の使用の許諾を受けることによっては代理権の授与を受けた者とはいい難いとする。

（5）　東京地判昭和五八年六月一〇日判時一一一四号六四頁は、番頭、手代、その他の営業に関し部分的包括的代理権を有する使用人であることを示すべき名称を使用人に付した場合に、商法旧四二条（現二四条）の類推適用を否定する。なお、近藤光男「商業使用人の代理権」川又良也先生還暦記念『商法・経済法の諸問題』一六頁以下（平成六）参照。

二　物品販売店の使用人

二六条は、物品販売等を目的とする店舗の使用人は、その店舗にある物品の販売等に関する権限を有するものとみなすとしている。このような店舗の使用人に対して現実には営業主である商人が販売代理権を与えていない場合であっても、取引の安全を図るためにその店舗にある物品の販売等に限って代理権があるものとみなされるのである。これは、物品の購入等をする相手方を保護する規定であり、相手方が悪意つまり当該使用人に販売代理権のないことを知っていた場合には適用されない（二六条ただし書）。したがって、たとえば物品販売店にいる使用人といっても、相手方が、その者は店内の清掃のみに従事する従業員であると知っている場合には、本条の保護が及ばない。

物品販売の店舗にいる使用人についてその物品販売の代理権の信頼が問題となる以上、店舗から外へ出て行われる商談については、本条の保護は及ばない。

本条の販売等には、販売だけではなく賃貸その他これらに類する行為も含まれ、レンタルビデオ店のように物品の貸借を行う店舗の使用人にも適用される。

第四節　会社の使用人

会社法においても、商法総則の商業使用人に対応する規定が置かれている（会社一〇条～一五条）。ただし、商業使用人という名称は使われず、会社の使用人という名称が使われている。

具体的には、会社（以下外国会社を含む）は、支配人を選任し、その本店または支店において、その事業を行わせることができ（会社一〇条）、支配人は、会社に代わってその事業に関する一切の裁判上または裁判外の行為をする権限を有する（同法一一条一項。ただし第二節四注(2)参照）。支配人は、会社の許可を受けなければ、自ら営業を行うことや、競業取引をすること等が禁じられる（同法一二条一項）ことが規定されている。

また、表見支配人（会社一三条）、ある種類または特定の事項の委任を受けた使用人（同法一四条）、物品の販売等を目的とする店舗の使用人（同法一五条）の権限に関して、善意の第三者保護の規定が置かれている。

第七章　代理商

第一節　代理商の意義

代理商とは、特定の商人のために、平常その商人の営業の部類に属する取引の代理または媒介をする者で、その商人の使用人[1]でないものをいう（二七条）。代理商は、特定の商人のために平常の営業を補助するので、商人と継続的関係をもち、商人の構成部分のようにも映るため、商業使用人に類似するようではあるが、決してその商人に従属するのではない。また、不特定の商人のために代理または媒介するのでは代理商に当たらないが、複数の商人であっても特定の商人のために代理または媒介するのであれば、代理商に当たる。その意味で、代理商は仲立、問屋と類似点もあるが、仲立、問屋は不特定多数の商人の営業を補助することから、商法では、代理商とは別に第二編「商行為」のところに規定する。これに対して、代理商は「商行為」ではなく、第一編「総則」の中で商業使用人のすぐ後に規定している。また会社法でも、「会社の使用人」のあとに「会社の代理商」の規定を置いている（会社一六条〜二〇条）。その内容は、商法総則の規定とほぼ同じである。

このように、代理商は、商業使用人とともまた仲立や問屋とも異なる。しかし、ある者が大企業の営業を補助している場合には、代理商なのか商業使用人なのか、あるいは、そこに委任契約があるのか雇用契約があるのかその判別が難しい場合も少なくない。その場合には、代理店などの名称は必ずしも決定的な意味を有しない(2)。

たとえば、大審院昭和一七年五月一六日判決（判決全集九輯一九号三頁）が参考になる。Y_1はX会社との間に保険代理店契約を締結し、その付随契約としてY_2とY_3とが保証人となる保証契約を締結した。ところが、Y_1は自己が集めた保険料を費消してしまい、X会社に納めることができなくなった。X会社はY_1、Y_2、Y_3を相手に代理店勘定の請求を行った。この事件で、XとY_1との間が雇用契約であれば「身元保証ニ関スル法律」の適用を受けることになるので、両者の間にあるのが雇用契約なのか委任契約なのかが問題となった。大審院は、事務取扱いに関する費用はすべてY_1の負担であること、手数料は歩合制でとっていたこと、X会社の指揮・監督をY_1は受けていないこと、Y_1は自己の計算で代理店を営むことなどから、Y_1は独立の営業者であって、身元保証ニ関スル法律の適用を受けない旨を判示した。

代理商制度は、特定の商人を補助するものであり、商人にとっては以下の利点がある。

第一に、企業の営業範囲を拡大したいときに、代理商を使えばこれが可能となるばかりか、逆に営業規模を縮小したいときにも代理商との契約関係を終了させることでこれが可能であり、営業規模が伸縮自在となる。

第二に、代理商のもっている専門的な知識や経験を利用することができる。

第三に、定額の俸給制度を使うことなく手数料制度が使えるので、コストの削減ができる。

第四に、使用人であれば営業主はたえず監督する義務を負うが、代理商では直接の監督を行う必要がない。

（1） 札幌地判平成三〇年九月二八日労判一一八八号五頁は、「代理店」と呼ばれた個人商人が使用人ではなく代理商であるとされた事例である。判旨では、使用人とは、その商人に従属し、その者に使用されて労務を提供する者と解するのが相当であり、これに該当するか否かは、当該商人との間の契約の形式にかかわらず、実質的にみて、当該商人から使用されて労務を提供しているといえるか否かによって判断すべきであるとされた。その上で、本件では、具体的な労務の遂行方法や労務の時間、場所については個人商人に一定程度の裁量があったことが考慮された。

（2） 大判昭和一五年三月一二日新聞四五五六号七頁は、代理店の名を付けたものは、必ずしも法律上の代理商と一致するとは限らないし、代理商でありながら代理店の名称をもたないものもある旨を判示する。

第二節　代理商の法的性格

代理商は特定の商人の補助者である。従来この特定の商人のことは本人と呼ばれており、本人は商人である必要がある。本人が商人でない場合には民事代理商となり、商法における代理商とは異なることになる。ただし、実際には民事代理商にも商法の規定が類推適用される場面は少なくないであろう。なお、相互会社のために取引の代理または媒介をする民事代理商に会社法の代理商の規定が準用されている（保険業二一条一項）。特定の商人は一人である必要はないが、すでに特定の商人の代理商となっている者が、別の商人の代理商にもなろうとする場合には、競業避止義務違反となる場合も考えられるので、その場合には当該商人の承諾が必要となる（二八条一項）。

代理商は、特定の商人のために取引の代理を行う締約代理商と、特定の商人のために取引の媒介を行う媒介代理商(1)とに分かれる。ただし後者は代理商という名前にもかかわらず代理を行う者ではない。

代理商は商行為の代理または媒介を引き受けることを業とする者であるから、商人である（五〇二条一一号・一二号）。このことは、一人の商人と一つの代理商契約の下に代理または媒介を行っていても、変わらない。なぜならば、実質的には反復継続して代理または媒介を引き受けることになるからである。

商人と商業使用人との間には通常雇用契約が存在するが、商人と代理商との間には、締約代理商であれば委任契約が存在し、媒介代理商であれば準委任契約が存在する。いずれも民法の委任に関する規定（たとえば民法六四四条の善管注意義務）が適用・準用されるが、商法に特則がありこちらが優先的に適用される。

（1）　金融商品取引法の定める金融商品仲介業者は、金融商品取引業者等と顧客との間の媒介等をする者（金商二条一一項）であり、ここでいう媒介代理商の一つである。

第三節　代理商の権利と義務

一　通知義務（二七条）

代理商は取引の代理または媒介を行ったときには、遅滞なく商人に対してその旨の通知を発しなければならない。民法六四五条も受任者の報告義務を規定するが、これは委任者の請求があるときにいつでも報告しなければならないとするにすぎない。商法二七条はこの特則である。

二　競業避止義務（二八条）

代理商は、商人の許可を受けない場合には、自己または第三者のためにその商人の営業の部類に属する取引をなしたり、その商人の営業と同種の事業を行う会社の取締役、執行役または業務を執行する社員となることができない（二八条一項）。このような義務は、当該商人の利益保護を狙ったものであり、支配人の義務と類似している。しかし、代理商には支配人のような営業禁止義務はなく、ここでは商人と代理商との利益相反行為規制に限定されている。代理商は独立の商人であることから、支配人の場合に比べてその義務の範囲が狭くなっているのである。しかし、ここでの義務違反の結果については、支配人の場合と全く同じであり、当該行為によって代理商または第三者が得た利益の額は、商人に生じた損害の額を推定される（同条二項）。

三 留置権（三一条）

三一条は代理商の留置権について定めている。代理商と特定の商人とは継続的な関係を有しており、仲介業務の特質から、特別の留置権が認められている。すなわち代理商の業務の性質から、商人の所有となっていない物を第三者から得て商人のために占有することが少なくないことが配慮されているのである。その意味から、代理商の留置権は、同様の業務の性質をもつ問屋にも準用されている（五五七条）。

この留置権は民法の留置権（民二九五条）と異なり、被担保債権と留置物との牽連関係を要求していない。ただし、被担保債権は、本人のために取引の代理または媒介によって生じたことが要件となる。留置物については、特に要件はない。商人間の留置権においては、留置物の占有取得の原因が債務者との間における商行為によって自己の占有に帰したこと、留置物の所有権が債務者にあることという要件があるが（五二一条）、これらの点で代理商の留置権と大きく異なっている。

ただし、この留置権は別段の意思表示によって排除することも可能である（三一条ただし書）。

留置権の効力は民法の一般原則に従うことになる。すなわち代理商は債権の弁済を受けるまでその物を留置することができるし（民二九五条）、そこから生じる果実についても優先弁済に充てられる（同法二九七条）。また、競売権もある（民執一九五条）。

なお、代理商の留置権も商法上の留置権の一つとして、破産法上（破六六条一項）、および会社更生法上（会社更生二条一〇項）特別の保護を受けることになる。

四　通知を受ける権限

商法二九条は、物品の販売またはその媒介の委託を受けた代理商について、通知を受ける権限を定める。この点については、後で論じる。

第四節　代理商契約の終了

代理商契約は、締約代理商であれば委任に当たり、媒介代理商であれば準委任に当たる。いずれも民法の委任に関する規定が適用・準用されるから、契約の終了についても民法六五一条および六五三条によって終了することになるはずである。しかし、継続的信頼関係を基礎として成立している代理商契約において、民法の原則通りに解除（民六五一条）を認めることは適切でない。

そこで、代理商契約の終了について、商法三〇条一項は、当事者が契約期間を定めていないときには、二カ月前に予告することで契約の解除をなすことを認めている。これは、民法のように即時解除を認めるのは適切ではないからである。ただし、予告をしないで解除した場合であっても、二カ月が経過すれば解除の効果が発生すると考えることができる。この点で民法六五一条の適用が排除されているわけである。そこで、解約告知によって一方当事者に損害が生じても、同条二項の適用は排除され、損害賠償請求は認められていない（大阪地判昭和五四年六月二九日金商五八三号四八頁）。

もちろん、契約でこれと異なることを定めることは可能であり、契約期間を定めたり、民法のような即時解除を定めておくことも可能である（横浜地判昭和五〇年五月二八日判タ三二七号三一三頁）。しかし、契約期間を定めたときであっても、やむを得ない事由があるときには、各当事者はいつでも契約を解除することができる（三〇条二項）。やむを得ない事由とは、代理商が重病にかかったときや債務不履行や不誠実な行為を行ったとき、または本人が営業上重大な失敗をしたときなど、信頼関係が崩れ代理商契約を継続することが社会通念上著しく不当な場合をいう。この場合に損害賠償責任が生じるかどうかについては争いがある。帰責事由に応じて損害賠償を請求できると解すべきであろう（民六五二条・六二〇条）。

このほか民法では委任の終了原因として委任者の死亡または破産手続開始決定と、受任者の死亡、破産手続開始決定、後見開始の審判を挙げている（民六五三条）。しかし、本人の破産手続開始決定と、代理商の破産手続開始決定や死亡、後見開始の審判によって代理商契約は終了するが、本人の死亡によっては契約は終了しないと考えられている。これは、締約代理商については商法五〇六条を適用し、媒介代理商についても同条を準用して本人の死亡を契約の終了原因と解さないからである。支配人の終任の場合と同様、営業譲渡については争いがあるが、これも終任事由と解すべきである。

第五節　代理商と第三者との関係

代理商が第三者とどのような関係に立つかは、代理商契約に定められた代理権によって判断されることになろう。

たとえば商人間の売買において、担保責任を追及するには、遅滞なく目的物を検査し契約内容に適合していないことを売主に通知する義務があるが（五二六条）、この場合相手方はこの売買に代理権をもつ締約代理商に対して通知すればよいことになろう。

しかし、媒介代理商については代理権が与えられていないことから、相手方としては、代理商に通知をしたとしても本人に通知したことにならないはずである。この点については、商法は二九条により、受働代理権を擬制している。すなわち同条では、物品の販売またはその媒介の委託を受けた代理商は、五二六条二項の売買の目的物の種類、品質または数量に関して契約不適合の通知、その他の売買に関する通知を受ける権限を有すると定めている。

これに対して、売買に関する通知以外については、媒介代理商には受け取る権限はない。そこで本人から授権がある場合を除き、本人のために代金を受け取ることもできない。しかし、これでは民法の表見代理が成立する場合を除き、取引の安全保護に大きく欠けることになろう。そこで立法論的には、明文規定によって代理商の代理権を明確にすることが主張されている（服部・二三二頁、鴻・一九二頁）。さらに、二九条は物品の販売またはその媒介の委託を受けた代理商に適用対象を限定しているが、これ以外の代理商についても通知を受ける権利を認めるべきであろう。

第六節　会社の代理商

会社法においても、商法総則の代理商に対応する規定が置かれている（会社一六条〜二〇条）。「商人」が「会社」に変わっているだけで、内容はほぼ同じである。

まず、代理商を、会社のためにその平常の事業の部類に属する取引の代理または媒介をする者で、その会社の使用人でないものと定義した上で、取引の代理または媒介をしたときの通知義務を規定する（会社一六条）。つぎに、代理商の競業の禁止を定める（同法一七条）。そして、物品の販売またはその媒介の委託を受けた代理商は、商法五二六条第二項の通知その他の売買に関する通知を受ける権限を有すると規定する（同法一八条）。さらに、契約の解除（同法一九条）と代理商の留置権（同法二〇条）も商法総則と同様に規定している。

第八章　営　　業

第一節　営業の意義

営業とはなにか。これには二つの意味があり、一つは主観的意義の営業と呼ばれるものであり、商人の営利活動を意味する。これはいわば活動面から営業をとらえたものである。このような見地から営業に関する規定を置いているのが、二三条や二七条である。もう一つは客観的意義の営業であり、商人が営利活動を行うことを目的に有する財産としての営業である。これは、組織面から営業をとらえたものである。このような見地から営業を規定するものとして一六条がある。

このように考えると両者は全く別のものにも思えるが、客観的意義の営業を離れて主観的意義の営業を行うことはできないし、主観的意義の営業を行うことで単なる財産が客観的意義の営業に変ずるのである。商法は営業のもつ二面をおさえて、企業の人的要素と物的要素を併せたものとして営業について規定している。

なお、個人商人は一つの営業ごとに別の商号を用いることができるのに対し、会社法では会社は一つの商号しかもちえず、その下で行うものについては「営業」という用語ではなく、「事業」という用語が使われている（ただし、営業所や営業時間（会社一二五条一項・二項、三七一条二項）等は例外である）。たとえば個人商人の営業譲渡に対応する会社の行為は事業譲渡と呼ばれている（同法二一条および四六七条一項等参照）。

第二節　営　業　活　動

一　営業の自由の制限

営業の自由は憲法二二条一項が規定するところである。すなわち、何人も職業選択の自由が認められている。ただし、これには公共の福祉に反しない限りという制約が課せられている。商法では、営業の自由に対する制限としては、第一に競業を制限する規定がある（一六条・二三条・二八条）。第二に、商号使用の制限の形で規定するものがある（一二条）。このほか、営業を始めるにあたり許可や免許を必要とするという形での制約は公法上みられる。また不正競争防止法や独占禁止法は公正な競争を確保すべく営業の態様に対して規制を行っている。

二　営業能力

営業能力とは、自分で営業活動を行う能力のことをいう。これと紛らわしいのは営業の権利能力である。これは、営業に関する権利義務について帰属主体となりうるかどうかを問題にするものである。自然人であれば当然に営業について帰属主体になりうるのであり特にこれは問題とならない。これに対して、自然人であっても誰でもが当然に営業能力を有するわけではない。民法の行為能力に関する一般原則に従って判断することになる。ただし、商取引においては取引の安全が特に重視されることから、営業能力の公示を中心に商法に特則も存している。

(1)　未成年者　　未成年者については、民法五条は原則として法定代理人の同意がなければ法律行為を行えないとしている。しかし同法六条によれば、法定代理人が一種または数種の営業を許可しておけば、この未成年者はそれぞれの営業については成年者と同一の行為能力を有し、いちいち法定代理人の同意を得なくてもよいことになる。ただし営業の許可は営業の種類ごとに特定して行う必要があり、特定の種類の営業の中のある行為だけを許可するということはできない。このような許可の仕方では、取引の相手方を害するおそれが生じうるからである。

これを受けて、商法は未成年者が自己で営業を行う場合には登記をなすことを要求している（五条）。これは、第三者にとっては当該未成年者について営業の許可があるのかどうかを知っておくことが重要だからである。この登記は、商業登記簿のうち未成年者登記簿に行う。なお、持分会社の無限責任社員となることを許された未成年者は、社員の資格に基づいて行う行為に関しては行為能力者とみなされる（会社五八四条）。

もちろん営業に関しない行為については、民法の原則通りに、未成年者は法定代理人の同意が必要となる。未成年者も、次に述べる成年被後見人と同様、登記をした上で法定代理人によって営業を行わせることが可能である（民八二四条・八二五条・八五九条）。

(2)　成年被後見人　　成年被後見人の法律行為は取り消すことができるから（民九条）、自ら営業を行うことができない。未成年者や成年被後見人の法定代理人である後見人は、未成年者や成年被後見人のために営業をなすことができるが、その場合にはその旨の登記（後見人登記簿に行う）が必要となる（六条一項）。このとき代理権に制限をおいても善意の第三者に対抗することはできない（同条二項）。

なぜ登記が必要か。法定代理人である後見人が営業活動を行うことができるのは当然のようではあるが、後見監督人がいる場合にはその者の同意が必要であり、同意がなければ営業行為が取り消されることになる（民八六四条・八六五条）。したがって、後見監督人の有無によって取引の効力が変わってくることから、取引の安全を害するおそれがある。そこで、後見人の営業について適法な代理であることを公示させる目的で登記をさせているのである。これに対して、親権者が未成年者に代わって営業を行う場合は、当然に未成年者を代理して営業を行うことができるのであり（民八二四条・八二五条）、登記も要求されていない。

(3) 被保佐人　被保佐人における保佐人は法定代理人ではないから（民一三条参照）、被保佐人のために営業を行うことはできない。

被保佐人の営業行為は、保佐人の同意がなければ取り消しうることになる可能性が高いことから（民一三条一項参照）、そのまま営業を行えば取引の安全を害する結果となろう。そこで、被保佐人が保佐人の同意を得て支配人を選任し、自己に代わって営業を行わしめるのが適当であるという見解が有力である（服部・二三三頁）。

三　営業所

(1) 商法において営業所とは、単に取引などの営業活動が行われる場所のことではなく、内部的にはそこで指揮命令が発せられており、意思決定を含め主要な営業行為がなされ、営業活動の中心となる場所のことである。対外的にも、そのような場所として現われていなければならない。したがって、右の要件を満たしていれば営業所とみなされ、この場合商人がどのような意思をもっていたかということは必ずしも決定的な意味をもたない。取引の相手方を保護する意味からこのことは当然であろう。

(2) ある場所が営業所とされる効果としては、第一に、商行為によって生じた債務の履行場所が決まる（五一六条）。第二に、裁判管轄が決まる（民訴五条五号）。第三に、商業登記について管轄する登記所が決まる（商登一条の三）。第四に、民事訴訟法上の書類の送達場所が決まる（民訴一〇三条）。第五に、破産事件、民事再生事件、会社更生事件においては、管轄する裁判所が決まる（破五条一項、民再五条一項、会社更生五条一項）。最後に、前述のように反対説もあるが、営業所としての実態をもてば表見支配人が認められることになる（二四条）。

第三節　営業組織

一　営業組織の意義

客観的意義の営業は、商人が営業活動をすることによって、単なる個々の財産の総和以上の価値を有するようになる組織的な財産のことをいう。この中には、土地、建物、機械、製品等のような動産および不動産のほかに、特許権や商標権のような無体財産権および営業上の秘訣、得意先などといった価値のある事実関係（暖簾）も含まれる。さらに以上のような積極財産以外にも、消極財産である営業上の債務も含まれる。

このような客観的意義の営業は、他の財産と区別される特別性を有するのであろうか。言い換えると、次のような問題がある。会社とは異なり、個人商人においては私的な活動と営業活動とをともにもつことになる。そこで個人商人に営業とは無関係に有する財産がある場合に、営業上の債権者はこの商人のもつ私的財産にもかかっていけるのか、あるいは営業財産にかかっていけるだけなのかが問題となる。逆に、商人が営業とは無関係に債務を負担した場合に、債権者は営業財産にかかっていけるのかという問題がある。この点については、個人商人は有限責任ではなく、債権者はどちらの財産にもかかっていけるということになる。すなわち法的には営業の特別財産性は否定されているということになる。

また、あとで述べるように、営業を担保化することも認められていない。営業に特別財産性がない以上、営業を構成する個々の財産について担保権を設定することになる。ただし例外的に特別法により、財団抵当や企業担保が認められている。このように物権的処分行為の対象としては営業をとらえることができないが、次に述べる営業譲渡や営業の賃貸借のように、債権法上営業を一体として取り扱うことは可能である。

二 営業譲渡

(1) 営業譲渡とは、組織的一体としての営業、すなわち客観的意義における営業を一個の契約によって移転することである。

最高裁（最大判昭和四〇年九月二二日民集一九巻六号一六〇〇頁〔百選15〕）は、商法旧二四五条における営業譲渡（会社四六七条一項一号二号にいう事業譲渡）に当たるかどうかを論じた事件で、商法旧二四五条一項一号における営業譲渡（会社四六七条一項一号二号にいう事業譲渡）とは、商法旧二四条（現一五条）以下にいう営業の譲渡と同一意義であって、一定の営業目的のため組織化され、有機的一体として機能する財産（得意先関係等の経済的価値のある事実関係を含む）の全部または重要な一部を譲渡し、これによって法律上当然に同法旧二五条（現一六条）に定める競業避止義務を負う結果をともなうものをいうとしている。

この判旨からも明らかなように、たといどんなに重要な財産であっても、単なる営業財産の譲渡は営業譲渡ではなく、ここでの営業譲渡となるためには事実関係等の移転も含むものでなければならない。また、積極財産のみならず、負債という消極財産も合わせて譲渡されることになる。具体的な事案においては、それが営業譲渡に当たるのか否か問題になるケースがでてくる。その場合には、価値ある事実関係の移転があるかどうかがその判断にとって重要となる。

このように、営業譲渡は事実関係を含めた組織的営業財産の一括譲渡であると解されるが、一部の学説は、営業譲渡を企業の経営者の地位の交代を目的とする行為であると解している（西原・講義一〇〇～一〇一頁）。たしかに営業譲渡は経営者の交代をもたらす場合がほとんどであろうが、それは営業すなわち一定の営業目的のため組織化され、有機的一体として機能する財産を移転した結果にすぎないのであり、これを営業譲渡の要件と考えるのは適切ではない。

(2)　商法は営業譲渡に関して、第一に、譲渡人と譲受人との関係を規定する（一五条・一六条）。第二に、譲渡の当事者と譲渡人の債権者または債務者との関係を規定する（一七条・一八条）。

(3)　営業譲渡（会社の事業譲渡を含めて）はどのような場合に多く利用されてきたのであろうか。

その一つは、企業の再編成にともなうものである。経済状況の変動にともない、あるいは複雑化してきた社会へうまく適用できるように、企業は常にその形態を最適なものに変えることを検討しなければならない。このような企業の再編成にあたり、合併などと同様に、営業譲渡が利用されてきたのである。

もう一つは、企業の経営破綻にともなうものである。これは正当なものとはいえないが、債権者の執行を免れることを目的に、他の商人に従来の商号や営業目的、営業財産を承継させるが、債務は承継させないものである。このような営業譲渡がなされると、従来の企業の債権者は、債権回収ができなくなるおそれがある。商法一七条に関する従来（旧二六条）の裁判例はほとんどがこのような事例であり、裁判所はこの場合における債権者の保護を図ろうとしてきた。

(4)　営業譲渡の効果として、特約がない限り、客観的意義の営業に属する一切の構成要素が譲渡人から譲受人へと移転することになる。しかし、営業譲渡は合併のような包括承継ではないから、個別的な構成要素の移転手続をとる必要がある。すなわち営業譲渡契約は営業を移転する義務を負う債権契約にすぎないのである。

そこで引渡しや登記といった対抗要件（たとえば，民一七七条・一七八条・四六七条など）を満たしたり，賃貸借契約のように相手方のある権利についてはその相手方の同意を得ることが必要となってくる。暖簾については，それぞれに適した処理が必要であり，たとえば得意先関係への紹介が必要となる。

(5) 営業譲渡が行われた場合には，譲渡人は原則として競業避止義務を負うことになる。これは，譲渡人が従来通りに営業を行えば，営業譲渡の経済的価値を譲受人は得られないことになるからである。ただし，広くこれを禁止すれば，譲渡人は営業活動を完全にやめざるをえないことになってしまうことから，商法はこの義務を課すにあたり一定の範囲を定める。まず当事者が別段の意思表示をしない限り，譲渡人は同一および隣接市町村の区域内においては二〇年間同一の営業を行うことができない（一六条一項）。

さらに，これを広げる特約も可能である。ただし，同一の営業を行わない旨の特約は，営業を譲渡した日から三〇年という期間内に限り効力を有する（一六条二項）。これは，営業譲渡人の営業の自由を不当に制約しないためである。したがって，逆に義務の範囲を狭めること，あるいは完全に義務をなくすることについては，制限が置かれていない。いずれにしても，一般に競業が禁止される期間は特約で定めることが多い。

次に，不正競争を目的（たとえば譲受人の顧客を奪う目的）に譲渡人が同一の営業を行うことは，地域や期間の如何を問わず認められない（一六条三項）[1]。

なお，ここでいう市については，東京都の特別区のみならず，政令指定都市における区または総合区も，その中に含まれることになる（一六条一項かっこ書）。

(6) 営業譲渡の当事者と債権者との関係については，一七条が規定する。営業譲渡がなされたとしても，債務の移転的手続をとらない限り，譲受人は営業上の債務についても当然にはその債務者とはならない。しかし，一七条一項は、営業譲受人が譲渡人の商号を引き続き使用する場合には、譲渡人の営業によって生じ債務が譲渡人と譲受人との不真正連帯債務となる旨を定める。

① 一七条の立法趣旨——通説　通説によれば、本条の立法趣旨を次のように理解する。営業譲渡がなされた場合において、営業の譲受人が譲渡人の商号をなお続用しているときには、営業譲渡人の債権者としては、営業主が交代したことを知らないか、またはこれを知っているときでも譲受人が債務を引き受けているものと考えることが予想される。そこで、譲渡人の営業活動によって生じた債務については、譲渡人のみならず譲受人も弁済責任を負うことになる。裁判例も、多くはこの立場に立っている（水戸地判昭和五四年一月一六日判時九三〇号九六頁、東京地判昭和五四年七月一九日下民集三〇巻五～八号三五三頁等）。(2)

これに対して、次に述べる有力説からは、以下のような批判が寄せられている。債権者が営業主の交代を知りえない場合についても、依然として債権者としては、譲渡人を債務者と解すればよいのであり、譲受人を自己の債務者として信頼しているわけではない。したがって、わざわざ譲受人に弁済責任を負わせなくともよいはずである。また、債権者が譲受人を自己の債務者であると信頼したとしても、営業主の交代を知りえないのに譲受人を自己の債務者として信じるわけはなく、むしろ債権者は商号を通じて営業の同一性を信頼しているだけであり、これは権利外観の信頼とはいえない。債権者が営業譲渡の事実を知っている場合については、債務引受がなされたという信頼があるかどうかは疑問である。商号の続用からは債務引受の外観は生じない。さらに、一七条一項を外観信頼の規定と解するならば、同項はなぜ債権者の保護を債権者の善意の場合に限定していないのか。もしも、悪意の場合に保護を与えないという解釈をとれば、企業の倒産時に営業譲渡がなされるときには、営業譲渡を知っている債権者はこの規定による保護を受けられないことになる。(3)

② 一七条の立法趣旨——有力説(4)　通説に対して右のような批判を行う立場によれば、一七条一項は、外観信頼保護に基づく規定ではなく、営業上の債務は営業財産が担保となっていると認められることから、債権者を保護するために営業譲受人に債務引受を義務づけたと解する。営業上の債務は企業財産が担保となっているので、新商号を使用したり、債務引受をしない旨を積極的に示さない限り、譲受人が債務引受をしたものとみなして、企業財産の現在の所有者である譲受人にも責任を負わしめたと解するのである。

ここでいう営業上の債務とは、営業上の一切の債務であり、不法行為による損害賠償債務も含まれる。譲渡人が有していた抗弁は譲受人も主張することができる。(5)

③ 商号の続用　商号の続用（引き続き使用すること）という要件については、厳格に同一の商号が使用された場合に限られるのであろうか。判例には、これを厳格に解し、譲渡人の商号とは会社の種類を異にし、かつ従来の商号に「新」の文字を付加した商号を使用した譲受人について、商号の続用を否定したものがある。(6)しかし、一般に裁判例としては、厳格には解さないものが少なくない。自然人の称号に「株式会社」を付加して商号とした場合（東京地判昭和三四年八月五日下民集一〇巻八号一六三四頁）、単に会社の種類が変更になった場合（大阪地判昭和四六年三月五日判タ二六五号二五六頁）には商号の続用が認められるのは当然であるが、主に商号の字句から判断するといいながら、譲渡人と譲受人との営業主体の人的構成の関連性、営業目的、得意先に対する通知、その引継の有無、営業譲渡の動機等の諸般の事情も斟酌してよいとする判決もある。(7)

営業譲受人は、このような責任を免れたいと思えば、商号の続用をやめるか、譲渡後遅滞なく譲渡人の債務については責任を負わない旨を登記するか、(8)あるいは、譲渡後遅滞なく、譲渡人および譲受人から第三者に対して、その旨を通知すればよい（一七条二項）。

屋号が商取引上当事者を特定する上で、重要な機能を営んでいる場合には、屋号の続用に一七条が類推適用される余地がある[9]。さらにゴルフクラブの名称のように、営業上使用され、営業の主体を表示する機能を有するものにも、一七条の類推適用を認めた裁判例もある[10]。

④　譲渡人の責任　一七条によって譲受人が責任を負う場合においても、譲渡人が責任を免除されるわけではない。ただし、このような譲渡人の責任については、譲受人が一七条一項により責任を負う場合には、営業を譲渡した日後二年以内に請求または請求の予告をしない債権者に対しては、その期間を経過したときに消滅する（一七条三項）。このような除斥期間経過後は、譲受人のみが責任を負うことになる。これは、譲渡人の地位の安定を図ったものである。

⑤　債務引受けの広告　譲受人が商号を続用しない場合であっても、営業によって生じた債務を引き受ける旨を広告するときには、債権者は譲受人に対して弁済の請求を行うことができる（一八条一項）。問題は、ここでいう債務引受けの広告に当たるかどうかである。広告の中に「債務引受け」という文字がなければいけないということには必ずしもならない。事業の譲受という文字から債務引受けの広告と解した例もある（最判昭和二九年一〇月七日民集八巻一〇号一七九五頁）。

しかし、本条が禁反言の法理に立つとしても、営業譲渡の事実を示すにすぎないような広告まで拡大するのは適当ではない。社会通念からみて当該広告の趣旨が、譲受人が営業によって生じた債務を引き受けるものと一般に債権者が信頼するであろうようなものである必要がある。ここでは広告といっているが、その対象が不特定多数の債権者に宛てたものであれば、個別的な通知であっても同様に解されることになる。ただし、単なる挨拶状は、債務引受けの広告に当たらない[11]（最判昭和三六年一〇月一三日民集一五巻九号二三二〇頁〔百選20〕）。

本条で譲受人が弁済責任を負う場合においても、譲渡人の責任が免除されるわけではないが、債務引受けの広告があった日後二年以内に請求または請求の予告をしない債権者に対しては、その期間を経過した時に消滅する（一八条二項）。

⑥　債務者との関係　営業譲渡と債務者の関係については、一七条四項が規定する。すなわち、営業の譲受人が商号を続用する場合においては、債務者が譲受人を債権者と誤認するおそれがある。そこで、譲渡人の営業によって生じた債権について、譲受人になした弁済は、弁済者が善意で重過失がないときは有効となると定めている。これは外観法理に基づくものであり、善意（営業譲渡が行われたことを知らないこと）の弁済者を二重払いさせられる危険から保護したものである。

ただし、民法四六七条の対抗要件を満たしたときや、指図証券および無記名証券については適用がない。これらの証券の場合、債権者であるかどうかについては、商号が考慮されることはなく、主に証券の所持によって決まるからである。証券を所持しない者に対して、商号から誤認して弁済したとしても債務者は保護されないことになる。

(7)　商号の続用がなされていないため一七条が適用されない場合であっても、債務者である商人が営業譲渡を悪用して債権者を害することが予想される。とりわけ詐害的な営業譲渡が行われた場合には、債権者を保護する必要性が高いことから、債権者には譲受人に対する履行請求が認められている。一般に、営業譲渡が行われる場合には、債権・債務関係の包括的な承継はなされず、譲受人に承継されない債務の債権者（これを残存債権者と呼ぶ）が生じる可能性がある。しかし、商人があえて不利な条件で業績の良い営業や優良な資産を第三者に譲渡しながら、営業上の債務を移転させない場合には、商人の債権者は十分な債務の弁済を受けられなくなるおそれが生じる。商人の営業活動を信頼して貸付を行った債権者としては、その不利益は明らかである。そこで、譲渡人が譲受人に承継されない債務の債権者を害することを知って営業を譲渡した場合については、残存債権者は、営業譲渡の譲受人に対して、承継した財産の価額を限度として、当該債務の履行を請求することができると定められている（一八条の二第一項）。ただし、営業譲渡の効力が生じた時点において、譲受人が残存債権者を害することを知らなかったときは、このような請求は認められない（同項ただし書）。

譲受人がこの規定により債務を履行する責任を負う場合でも、残存債権者が、譲渡人が詐害的な営業譲渡をしたことを知った時から二年以内に、請求または請求の予告をしないときには、その期間を経過した時点で残存債権者に対する責任は消滅する（一八条の二第二項）。営業譲渡の効力が生じた日から一〇年を経過したときも、同様である（同項）。

なお、譲渡人について破産手続開始の決定または再生手続開始の決定があったときは、残存債権者は、譲受人に対して請求をする権利を行使することができない（一八条の二第三項）。

（1） 同趣旨を定める会社法二一条三項に違反した場合に、譲受人からの損害賠償の請求だけではなく、差止めを認めた裁判例が見られる。知財高判平成二九年六月一五日判時二三五五号六二頁。

（2） 営業の実質的支配が移転しても、当該営業に官庁の認可が必要な場合に、未だ認可を得ていないときは、営業譲渡がなされたといえるのか。認可を得るまでは旧二六条の適用がないとする裁判例がある。横浜地判平成七年三月三一日金商九七五号三七頁。

（3） 宇都宮地判平成二二年三月一五日判タ一三二四号二三一頁は、債権者の認識を要件とせず、悪意者に対しても責任を負うと解する。

（4） このような立場としては、服部・四一八頁、志村治美『現物出資の研究』二四一頁（昭和五〇）、小橋一郎「商号を続用する営業譲受人の責任」上柳克郎先生還暦記念『商事法の解釈と展望』一六頁（昭和五九）、近藤光男「営業譲渡に関する一考察」神戸法学年報三号七八頁（昭和六二）。

(5) 一七条は、個人商人の営業譲渡に関する条文であるが、会社法では同趣旨のことが会社による事業譲渡についても規定されている（会社二二条一項）。この場合会社の設立にあたって営業・事業を現物出資する場合にも、商号の続用があれば同条の類推適用が認められる（最判昭和四七年三月二日民集二六巻二号一八三頁）。営業譲渡の場合と同様、債務者が債務を免れることを狙って現物出資の形を使って新会社を設立する場合にも、債権者保護の必要性は高いからである。また、営業・事業の賃貸借についても類推適用が認められるであろう（東京高判平成一三年一〇月一日判時一七七二号一三九頁）。なお、会社分割にともない事業が承継される場合にも会社法二二条一項が類推適用される（最判平成二〇年六月一〇日判時二〇一四号一五〇頁〔百選19〕）。また、詐害的な会社分割については、本文(7)に述べたのと同様、残存債権者を保護する規定が置かれている（会社七五九条四項～六項・七六四条四項～六項）。

(6) 最判昭和三八年三月一日民集一七巻二号二八〇頁〔百選17〕。このほか、商号の続用が認められなかった例としては、「いせ屋家具マート」と「有限会社四日市いせ屋家具」（大阪地判昭和四三年八月三日判タ二二六号一八一頁）、「モトブシーサイドプラザ」と「シーサイドプラザ運営株式会社」（那覇地判昭和五四年二月二〇日判時九三四号一〇五頁）、「協同組合肉の宝屋チエーン」と「株式会社肉の宝屋」（東京地判昭和六〇年一一月二六日金商七五六号二五頁）等がある。

(7) 東京地判昭和四二年七月一二日下民集一八巻七・八号八一四頁（「第一化成株式会社」と「第一化成工業株式会社」）。このほか商号の続用が認められた例としては、「丸大運送株式会社」と「丸大自動車運送店」（水戸地判昭和五三年三月一四日判時九〇四号九六頁）、「有限会社笠間電化センター」と「株式会社笠間家庭電化センター」（水戸地判昭和五四年一月一六日判時九三〇号九六頁、東京高判昭和五六年六月一八日下民集三二巻五～八号四一九頁）、「株式会社キャロン」と「株式会社キャロン製靴」（神戸地判昭和五四年八月一〇日判時九六四号一一六頁）等がある。

(8) この場合の登記については、九条一項は適用されない。青竹・一〇七頁。

(9) ただし、東京地判平成二九年一〇月二四日LEX/DB25548835は類推適用の場面を狭く解する。すなわち、屋号と商号とは法的には全く別個のものであり、屋号については公示制度がなく、会社法二二条二項前段の免責登記ができないことを考慮すると、屋号の続用について同条一項を類推適用する余地はなく、事業主体が交代していないものと信頼し、または事業譲渡人の債務が事業譲受人に承継されたと信頼した場合であって、事業譲渡会社の商号またはその重要な構成部分を事業譲受会社がそのまま屋号として続用するなど、そのように信頼したことがやむを得ないといえる特段の事情が認められる場合に限り、同条一項の類推適用の余地があると判示する。

(10) 最判平成一六年二月二〇日民集五八巻二号三六七頁〔百選18〕は、預託金会員制のゴルフクラブの名称がゴルフ場の営業主体を表示するものとして用いられている場合において、ゴルフ場の営業の譲渡がされ、譲渡人が用いていたゴルフクラブの名称を譲受人が継続して使用しているときには、譲受人が譲受後遅滞なく当該ゴルフクラブの会員によるゴルフ場施設の優先的利用を拒否したなどの特段の事情がない限り、会員において、同一の営業主体による営業が継続しているものと信じたり、営業主体の変更があったけれども譲受人により譲渡人の債務の引受けがされたと信じたりすることは、無理からぬものというべきであるから、譲受人は、そのような事情がない限り、商法旧二六条一項（現一七条一項）の類推適用により、会員が譲渡人に交付した預託金の返還義務を負う旨を判示する。さらに、東京地判平成二七年一〇月二日判時二二九二号九四頁は、商号の続用は認められなかったものの、事業を譲り受けた会社が、譲渡会社の略称を商号に使い、譲渡会社の標章を使った事案について、商号を続用した場合に準ずるものというべきであるとして、会社法二二条の類推適用を認めた。ここでは、本条による外観保護を重視し、その適用範囲を広げようとする裁判所の立場が見られる。また、東京地判平成三一年一月二九日金商一五六六号四五頁は、標章の使用等について、会社法二二条一項の類推適用を認めた。

(11) もっとも挨拶状が債務引受けの広告に当たるかどうかは個別具体的に判断すべきである。否定例として東京高判平成一〇年一一月二六日判時一六七一号一四四頁、肯定例として東京地判平成九年七月三〇日判時一六三八号一五〇頁がある。

三　営業の担保化

営業の上に一個の質権や抵当権を設定することは、公示方法もなく、認められていない。したがって、譲渡担保を利用するか、営業を構成する財産について個別に質権や抵当権を設定することになる。ただし、企業に属する財産を一括して抵当権を設定する財団抵当や、株式会社の総財産を一体として企業担保の目的とする企業担保という制度があるが、前者はそれぞれの財団抵当を定めた特別法がある場合に限定されており、後者は企業担保法に定められた場合に限られている。その結果、これらが利用できるのは大企業に限られることになる。

四　営業に対する強制執行

強制執行においても、営業を一体として行うことは認められていない。したがって、個別の営業財産について執行を行うほかはない。しかし、このことは、一体としての営業の価値が生かされないことを意味するのであって、債権者にとっても、債務者にとっても、不利であるといえよう。

五　会社法における事業の譲渡

会社法においても、商法総則の営業譲渡に関する規定（一六条～一八条の二）に対応する規定が置かれている（会社二一条～二四条）。「商人」が「会社」に変わっていることと会社に関しては「営業」がすべて「事業」と言い換えられていることが差異であるが、実質的な規制の趣旨内容はほぼ同じである。

まず、会社法二一条は、譲渡会社の競業の禁止について規定する。これは商法一六条に対応する。事業を譲渡した会社は、当事者の別段の意思表示がない限り、同一の市町村の区域内およびこれに隣接する市町村の区域内においては、その事業を譲渡した日から二〇年間は、同一の事業を行ってはならない（一項）。もし、譲渡会社が同一の事業を行わない旨の特約をした場合には、その特約は、その事業を譲渡した日から三〇年の期間内に限り、その効力を有する（二項）。ただし、譲渡会社は、不正の競争の目的をもって同一の事業を行ってはならない（三項）。ここでいう市町村の区域の範囲は商法総則の場合と同様である。次に、会社法二二条は、事業を譲り受けた会社が譲渡会社の商号を引き続き使用する場合には、その譲受会社も、譲渡会社の事業によって生じた債務を弁済する責任を負う（一項）。ただし、事業を譲り受けた後遅滞なく、譲受会社がその本店の所在地において譲渡会社の債務を弁済する責任を負わない旨を登記した場合には、責任を負わない（二項前段）。事業を譲り受けた後、遅滞なく、譲受会社および譲渡会社から第三者に対しその旨の通知をした場合において、その通知を受けた第三者についても、責任を負わない（二項後段）。

譲受会社が上記により譲渡会社の債務を弁済する責任を負う場合には、譲渡会社の責任は、事業を譲渡した日後二年以内に請求または請求の予告をしない債権者に対しては、その期間を経過した時に消滅する（三項）。

譲受会社が譲渡会社の商号を続用する場合に、譲渡会社の事業によって生じた債権について、譲受会社にした弁済は、弁済者が善意でかつ重大な過失がないときは、その効力を有する（四項）。

会社法二三条では、譲受会社が譲渡会社の商号を引き続き使用しない場合においても、譲渡会社の事業によって生じた債務を引き受ける旨の広告をしたときは、譲渡会社の債権者は、その譲受会社に対して弁済の請求をすることができる（一項）。譲受会社が上記により譲渡会社の債務を弁済する責任を負う場合には、譲渡会社の責任は、同項の広告があった日後二年以内に請求または請求の予告をしない債権者に対しては、その期間を経過した時に消滅する（二項）。

詐害的な事業譲渡がなされたときについては、残存債権者を保護する規定が置かれている（会社二三条の二）。

このように会社相互間の事業譲渡については、会社法に規定され、商人（会社以外）相互間の営業譲渡については商法総則に規定されているが、会社と商人（会社以外）間の営業または事業の譲渡に関しては、会社法二四条が規定している。すなわち、会社が商人に事業譲渡をする場合においては、当該会社を商法一六条一項に規定する譲渡人とみなして、同法一七条から一八条の二の規定を適用する（会社二四条一項）。また、会社が商人の営業を譲り受けた場合には、当該商人を譲渡会社とみなして、会社法二二条から二三条の二の規定を適用することとしている（同法二四条二項）。

第二編　商行為法

第一章　商行為法総則

商法典第二編「商行為」の規定の中で、商行為に関する総則的規定は、五〇一条から五二一条までである。このうち、五〇一条、五〇二条、および五〇三条は、商行為法の適用を明らかにするための規定であるが、これらの規定については、すでに解説してきた。そこで以下では、これらの規定を除いた商行為法総則の規定について、契約の成立に関する規定、債権の担保に関する規定、代理および委任に関する規定、商行為の営利性を重視する規定の四種類に分けて論じることにする。

これらの規定は、原則として民法の特則であると理解することができる。

しかしながら、これらの商法の規定のなかには、企業取引にのみ当てはまるのか、あるいは企業取引においても必ずしも当てはまらないのではないか、疑わしい規定もある。もっともこれらの規定は原則任意規定であり、特約で排除することができる。

第一節　契約の成立に関する規定

一般に、契約は申込者による申込みに対して、相手方が承諾することによって成立する。したがって、承諾しなければ契約は成立しないし、逆に承諾すれば申込みが取り消されない限り必ず契約は成立するはずである。しかし、商法は迅速性を重視して、このような一般原則を修正している。このほか商法には商人間の信義を高める規定も置かれている。

一　隔地者間における申込みの効力（五〇八条）

本条では、商人である隔地者間において承諾期間の定めがないまま、契約の申込みを受けた場合、申込みを受けた者が相当の期間内に承諾する旨の通知を発しないときには、申込みの効力がなくなると規定されている（一項）。これに対して民法五二五条一項によれば、一般に承諾の期間を定めないでした申込みは、申込者が承諾の通知を受けるのに相当な期間を経過するまでは、撤回することができない。ただし、申込者が撤回をする権利を留保したときは、この限りでないと定められている。すなわち両者の違いは商人間の場合には、申込者の撤回の意思表示なく期間経過だけで申込みの効力が失われることにある。このような規定が設けられたのは、商人の取引においてはその迅速性を図る必要性があることが考慮されたものと考えられる。

ここで言う隔地者間における申込みかどうかについては、地理的な遠近ではなく、直接意思の交換ができるかどうかが問題であり、相手方が遠隔地にあっても電話等で直接交渉している場合は、隔地者間ではなく対話者間の申込みとなる。

相当の期間はどの程度の長さがあればよいか。この点については、一律に決めることはできない。そこで、相当の期間であるかどうかは、売買目的物の価格変動の激しさや、当事者間の過去の取引の態様、当該取引における申込者の態度等から個別具体的に判断することになろう（江頭・一一二頁注(1)）。

もしも、相当期間経過後にもかかわらず承諾を行った場合には、民法五二四条が準用され、この承諾は新たな申込みとみなすことができる（二項）。ただしそれは、このような規定がなくても当然のことであり、二項は注意的規定にすぎない。

なお、承諾期間の定めのない対話者間の申込みの効力については、商人であるかどうかにかかわらず、対話が継続している間は、いつでも撤回することができる（民五二五条二項）。また、申込みに対して対話が継続している間に申込者が承諾の通知を受けなかったときは、その申込みは、その効力を失う（同条三項）。ただし、申込者が対話の終了後もその申込みが効力を失わない旨を表示したときは、この限りでない（同項ただし書）。

以上に対して、承諾期間の定めがある申込みについては、民法五二三条が適用される。

二　申込みに対する諾否通知義務（五〇九条）

本来契約の申込みに対しては、明示的にせよ黙示的にせよ、承諾をしない限り契約は成立するものではない。これに対して、本条においては、商人について、まず従来から一定の継続的取引関係にあって、今後も取引が継続されるであろうと予想される相手方から申込みを受けた場合に、遅滞なく承諾するか否かを通知する義務を課している（一項）。その上で、もしもこの商人が通知を行わないときには承諾が擬制されると規定している（二項）。本条が適用されるには、取引関係が従来あれば十分であり、当該申込みのなされた事項について取引関係があったことまでをも要するものではない（石井＝鴻・商行為六八〜六九頁）。

この規定は商人の継続的取引関係、商行為の迅速性から取引の相手方を保護し、商人の義務を課したものである。その意味で、商人が営業として行う基本的な取引に関係する契約に限られる。たとえば金物商である商人が所有する宅地の借地権を放棄するような契約には適用の余地はない。(1) これに対して、必ずしも営業として行う基本的な商行為に限らず、営業のために行う附属的商行為でもよいが、日常の業務として行われないものは本条から除くという見解もみられる（平出・一一九頁）。通常は代理店を通して契約を申し込むのが一般的な場合に直接本人に申込みをしても、本条は適用されない。(2)

なお、申込みを受ける者は商人である必要があるが、申込みを行う者は商人でなくともよい。

（1） 最判昭和二八年一〇月九日民集七巻一〇号一〇七二頁〔百選32〕。

このほか、判例上本条の適用ないし類推適用が否定された事例として、銀行取引先のための保証人が被保証人を通じて銀行に保証人変更を申し込んだ場合（最判昭和五九年一一月一六日金法一〇八八号八〇頁）、同様に銀行取引における保証人の脱退申込（最判昭和五九年五月二九日金法一〇六九号三一頁）等がある。これは、申込みに対して諾否を容易に決められるような日常的集団的反復的に行われる契約の申込みではないことが理由になっているようである。

（2） 東京地判平成三年一一月二六日判時一四二〇号九二頁。

三　物品保管義務（五一〇条）

すでに述べたように、商法は契約の成立に関して商人が商取引を円滑かつ迅速に進められるようにいくつかの規定を置いているが、さらに商人間の信義を守らせるためにいくつかの規定を置いている。その一つが本条である。すなわち、商人が営業として行う基本的な取引に関係する契約の申込みと同時に商品を受け取ったときには、申込みを拒絶するときであっても物品を保管しなければならない義務を課している。

このような義務は民法にはない。民法の原則では、契約の申込みを受けた者は、申込みと同時に物品の送付を受けても、単に申込者の返還請求に応じるだけでよく、物品を返送したり保管する義務はない。しかしながら、商取引においては、申込者が相手方の承諾を予期して、契約の申込みと同時に物品の全部または一部を送ることも多く、これを保管させることは、商取引を迅速かつ円滑に進め、取引界の信用を高めるゆえんであると考えられることから、申込みを受けた者に右のような物品を保管する義務が課せられている（大阪地判昭和六三年三月二四日判時一三二〇号一四六頁参照）。保管に要する費用は、申込者が負担することになる。

申込みを受ける者は商人に限られるが、申込みを行う者は商人には限られない。ただし、申込者は隔地者に限られよう。条文上明らかではないが、これを隔地者に限る理由は、そうでない場合には、申込者自身が適切な処置をとることができると考えられるからである。

保管は自ら行わなくともよく、たとえば倉庫営業者に任せることも可能であり、その場合の費用も申込者が負担することになる。ただし申込みを受ける者が商人であったとしても、このような義務を一律に課すのはやや厳しすぎるのであって、立法論としては平常取引をなす者からの申込みに限るべきであろう。

ただし、物品の価額が保管費用を支払うのに足りないようなときには、このような保管義務を課すことは商人に酷である。また、保管によって商人に損害を与えるときにまで保管の義務を課すのは適当ではない。そこで、そのような場合には保管義務が否定される（五一〇条ただし書）。

第二節　債務の履行・債権担保に関する規定

一　多数債務者間の連帯（五一一条一項）

数人の債務者がいるときには、民法四二七条によれば、別段の意思表示がなければ各債務者は平等の割合で義務を負うことになる（分割債務の原則）。これに対して商法は信用を強化するために債務者の責任を重くして連帯債務とした。(1) これは債務者にとって商行為となる場合に限られる。債権者のためにのみ商行為であるときには本条は適用されない（大判明治四五年二月二九日民録一八輯一四八頁ほか）。債権者にとって商行為だからといって非商人の責任を強化するのは適当でないからである。ただし、債務者にとって商行為となるならば、これと同一性のある債務すなわち損害賠償義務や解除の際の原状回復義務についてもこの規定が適用される。

(1)　たとえば、建築工事の請負を目的とする会社が共同企業体を結成して、その企業体が事業を行うために第三者に対して債務を負担した場合には、共同企業体の構成員である会社は、この債務につき連帯債務を負うことになる（最判平成一〇年四月一四日民集五二巻三号八一三頁〔百選33〕）。

二　保証人の連帯（五一一条二項）

右と同じ理由から、一定の要件を満たす場合には、保証債務については、すべて連帯保証となる旨が規定されている。すなわち民法においては、保証人は、特に連帯保証とする旨の意思表示をしない限り、催告の抗弁権（民四五二条）、検索の抗弁権（同法四五三条）、分別の利益（同法四五六条）をもつことになっている。しかし、商法五一一条二項が適用される場合には、これらの民法の規定が適用されないこととなり、その結果、保証人の責任が強化されることとなる。このように責任が強化される場合としては、主たる債務が債務者にとって商行為となる債務である場合のほか、保証が商行為となる場合であるとされている。

ただし、後者の意味については争いがある。すなわち、①銀行が取引先のために保証する場合のように、保証する行為が商行為であるときのみか、②銀行が貸付にあたり非商人に保証人となってもらう場合のように、保証させる行為が商行為である場合を含むと解するかで学説が分かれている。大審院の判例は②の立場をとる（大判昭和一四年一二月二七日民集一八巻一六八一頁）。商法は債務の履行を確保することを意図しているとして、これを支持する見解もある。これに対して、一項の場合との均衡や、商事保証の信用を高めるのが目的であれば商人が保証する場合だけで十分であることから①の立場を支持する見解が多い。

手形債務が約束手形の振出人の商行為によって生じた場合に、この手形債務について保証した者は、各自連帯して手形債務を支払う義務があることになる（東京地判昭和四九年六月二六日金法七四四号三五頁）。

三　契約による質物の処分の許容（五一五条）

民法三四九条は、契約による質物の処分を禁止する。すなわち、質権設定者が質権設定行為または債務の弁済期前の契約において、債務不履行の場合に、質権者が質物の所有権を取得しまたは法律に定める方法によらないで任意に売却する旨を定めることが禁止されている。このような契約を禁止する民法の規定は、債権者の暴利行為を防ぐことを狙ったものである。しかし、商人であれば冷静に利害計算を行う能力をもっているため、このような保護は必要でないと考えられる。また、このような規定があるとかえって商人にとっては、せっかくの金融の道が閉ざされることにもなりかねない。

本条では、法文から、適用されるのは商行為によって生じた債権の場合ということになる。しかし、ここでも立法趣旨から制限的に解して、債務者にとって商行為であるときに限り民法三四九条を適用しないと考えるべきであろう。もっとも、譲渡担保が利用されている現代においては、本条はあまり意味がない規定ともいえる。

四　商人間の留置権（五二一条）

継続的取引が行われている商人間において、お互いの債権を保全するには、流動的に担保を相互に取得させるのが便利である。商人間において個別に担保権を設定しなければならないのであれば、迅速性を重視する商取引にとっては、不便である。そこで、五二一条は商人間における特別の留置権を規定する。

同条は、留置権が認められる要件として以下の点を挙げる。

① 被担保債権は双方にとって商行為となる行為から生じた債権であり、かつ弁済期の到来しているものでなければならない。取引が当事者双方にとって営業行為として行われる場合に留置権を認めるのが本条の典型的な場面である。問題は商人が営業を離れて絶対的商行為を行ったときに、本条が適用されるかである。絶対的商行為に当たるときは、その行為が当事者双方にとって営業としてまたは営業のためになす行為である場合に限られるという見解（平出・一四一頁）もあるが、そのような限定をすべきであるか疑問である。

② 留置物は債務者所有の物または有価証券でなければならない。しかし、被担保債権と担保物の牽連性は不要とされており、この点が民法二九五条と異なるわけである。

③ ただし、担保物は商行為により自己の占有に帰したものでなければならない。自己の占有に移す行為は、債権

者にとって商行為であればよい。[1]

なお、債権・債務関係が意図的に作られる場合には、商人間の信用取引を確保するという本条の趣旨に反することになってしまう。このことから、被担保債権は他人から譲り受けた債権であってはならないと解されている。ただし、無記名債権や指図債権は、もともと輾転移転が予定されており、また証券上の行為は商行為性が認められるので、このような債権を譲り受けた場合でも留置権を認めてよいであろう。

この留置権は特約によって排除することも可能である。この特約は、明示であっても、黙示であっても構わない。

留置権の効力については、民法の一般原則に従うことになるが、ここでの留置権を含め、商事留置権は破産法（六六条一項）および会社更生法（二条一〇項）で特別に効力が強化されている。[2][3]

本条の留置権については、不動産をも対象とするかどうかで争いがある。かつてこれを否定する下級審判決もあった（東京高判平成八年五月二八日判時一五七〇号一一八頁）。たしかに不動産については占有を要件とせず登記の前後により優先権が決まる抵当権制度がある。ここに目的物との牽連性をも要件としない商人間の留置権を認めることは、抵当権との競合が生じ、その結果不動産取引の安全を著しく害するともいえる。しかし、条文上物または有価証券を対象としており、物には動産と不動産が含まれるとするのが通常の解釈である。商人間で不動産の取引が活発になされている現代において、商人間の不動産をめぐる継続的信用取引の安全、迅速性のためには、これを肯定すべきであろう（最判平成二九年一二月一四日民集七一巻一〇号二一八四頁〔百選35〕）。

ただし、建物の建築請負人が建築請負代金について建物の敷地をいつでも当然に留置できるわけではない（東京高決平成一〇年一二月一一日判時一六六六号一四一頁、同平成一一年七月二三日判時一六八九号八二頁〔百選36〕、東京高決平成二二年九月九日判タ一三三八号二六六頁参照）。

(1) 商人の行為は商行為とされる場合が多いから(五〇三条)、この要件が否定されることは多くないが、銀行が相手方の錯誤に乗じて手形を不法に取得したことを理由に、商事留置権を否定した事例がある。東京地判平成一一年二月二五日金法一五七四号四八頁。

(2) 債務者について破産手続開始決定後、民法上の留置権は効力を失うのに対して(破六六条三項)、商人間の留置権は特別の先取特権とみなされ(同条一項)、別除権(同法六五条二項)として破産手続によらず行使ができる(同条一項)。この場合、留置的効力は存続するかが争われてきた。平成一六年の破産法改正前の判例であるが、最判平成一〇年七月一四日民集五二巻五号一二六一頁〔百選37〕では、破産手続開始決定は当然には商事留置権者の有していた留置権能を消滅させるものではないとした。消滅により特別の先取特権の実行が困難となる事態に陥ることを法が予定しているものとは考えられないからであるとした。平成一六年の破産法改正では、商事留置権の消滅制度(同法一九二条)が設けられたが、上記判例の立場が否定されるものではないと解される。

(3) これに対して民事再生法においては、商事留置権を特別の先取特権とみなす旨やその他優先弁済権を付与する定めがないことから、再生手続において、商事留置権には優先弁済権が付与されていないか争われた。最判平成二三年一二月一五日民集六五巻九号三五一一頁〔百選38〕は、会社から取立委任を受けた約束手形につき商事留置権を有する銀行は、当該約束手形の取立てに係る取立金を留置することができるとし、会社の再生手続開始後の取立てに係る取立金を、法定の手続によらず会社の債務の弁済に充当しうる旨を定める銀行取引約定にもとづき、会社の債務の弁済に充当することができると判示している。

五　債務履行の場所(五一六条)

債務の履行の場所については、民法四八四条一項によれば、特定物の引渡しについては、債権発生当時その物が存在していた場所であり、その他の債務については、持参債務の原則がとられている。これに対して商行為によって生じた債務についての履行場所も、持参債務を原則としておりほぼ民法と同じであるが、特定物の引渡しについては、行為時その物が存在していた場所で行うとする（五一六条）。ここで、民法と商法とで異なる結果となるのは、債務が停止条件付、始期付の場合である。本条では特に限定がないから、商行為によって生じた債務とは、債権者にとってであれ、債務者にとってであれ、当事者の一方にとって商行為でありさえすれば、本条が適用されることになる。なお同じく持参債務といっても、民法では履行されるのは債権者の住所においてであるが、商法では債権者の営業所、営業所がないときには住所で行われることになる。

一方、指図証券、記名式所持人払証券、無記名証券については、民法において取立債務と規定されている（民五二〇条の八・五二〇条の一八・五二〇条の二〇）。これは輾転移転するこの種の債権にあっては、債務者は弁済時に誰が債権者か知らないことが多いためである。なお、手形や小切手では第三者方払の記載が多く用いられる（手四条・七七条二項、小八条等参照）。この場合も判例によれば、手形の支払呈示期間が経過したときには、支払の呈示は、支払地における主たる債務者の営業所または住所でなければならないとされている（最大判昭和四二年一一月八日民集二一巻九号二三〇〇頁）。

もちろん、商取引とは全く関係ない不法行為にもとづく損害賠償債務については、本条は適用される余地はない（浦和地決平成五年六月一四日判時一四八六号一〇七頁）。

第三節　代理および委任に関する規定

一　本人の死亡（五〇六条）

民法一一一条一項一号によれば、本人が死亡すれば代理権は消滅することになる。しかし、商人が代理人を選任し営業行為を行わせているときには、商人が死亡しても、企業の営業活動を中断させるべきではない。むしろそのまま営業活動を継続させるのが適切である。また、そうすることで取引の安全にもつながるといえる。そこで本条は、本人が死亡しても商行為の委任による代理権は消滅しないとした。このことはたとえ相続人が営業を承継し継続する意思がなく、かつ現実に営業を承継していなくても同様である（東京高判平成一〇年八月二七日高民集五一巻二号一〇二頁）。しかし、商人でもない者が絶対的商行為を委任する場合についてすべてこのような処理をすることは適切ではない。そこで商行為を委任する代理権ではなく、商人がたとえば支配人のような代理人を選任するといった場合、すなわち代理権授与が委任者にとって商行為となる場合に本条の適用範囲を限定すべきである（大判昭和一三年八月一日民集一七巻一五九七頁）。

二　顕名主義の例外（五〇四条）

民法によれば、代理人が本人のためにすることを示すか（顕名）、相手方が本人のためにすることを知りまたは知りうべき場合でなければ代理の効果が発生しない（民九九条・一〇〇条）。これに対して、商法では、本人にとって商行為となる契約において、代理人が顕名をしなくても、代理人の行為の効果が本人に帰属する。もしも相手方が代理行為であると知らなかったときには代理人に履行を請求できると規定されている（五〇四条）。ただし相手方に過失があったときには相手方は保護されない。これは、商行為においては大量継続的取引が多く、顕名は煩雑であり、相手方も本人が誰かを知っていたり、誰が当事者かを重視しないこともあることなどから、商法は顕名主義の例外を定めたものであるといわれてきた。

本条については従来から学説上の争いが多い。たとえば代理人が本人のために第三者と売買契約を締結したとすれば、従来からの多数説によれば、代理人が顕名をしなくても、相手方と本人との間に契約は成立する。ただし、代理関係を知らなかった相手方は、代理人の責任をも追及できて、この場合代理人は本人の債務について不真正連帯債務の関係に立つと解される（石井＝鴻・商行為五八頁）。この見解は条文に忠実な解釈ではある。しかし、相手方が代理人を本人であると誤解して代理人に代金を弁済したときに、これを抗弁として本人に対抗できないことになるため、相手方は十分保護されないこととなる。

そこで、一部の有力説は、本条ただし書が適用される場合には、代理人が相手方に対して契約関係に立ち権利を有し義務を負うが、本人も相手方に対して代理人の債務につき不真正連帯債務の関係に立つと解される（神崎克郎「商事代理における非顕名主義」神戸法学一五巻二号二九四頁〔昭和四〇〕、菅原菊志・判批・法学三一巻二号二四二頁〔昭和四二〕）。この立場は先の説のように相手方に不測の損害を与えない意味ですぐれているが、何よりも条文の文言に反するし、代理人を本人であると信じていた相手方に対して、本人が債務を負担する理由に乏しい。

これに対して、判例（最大判昭和四三年四月二四日民集二二巻四号一〇四三頁〔百選30〕）によれば、契約は、相手方・代理人間および相手方・本人間に成立しているが、相手方の選択によりどちらかを主張でき、一方を選択するときには、他方は主張できなくなると解する（同旨、大隅・商行為三三頁）。しかし、この見解も問題がないわけではない。それは相手方に選択権を与えるのは保護しすぎであるともいえるからである。選択できるとすると、相手方がいつまででも選択を延ばすことができるのか、相手方は本人と代理人の資力をみて決めてよいのかという問題が生じる。結局どの説も欠点はある。むしろ民法一〇〇条だけあれば十分であり、立法論的には本条の廃止が望ましい。

なお、相手方が本人のためにすることを知らなかったことについて過失がある場合については、五〇四条ただし書の適用はないものと解すべきであろう（前掲最大判昭和四三年四月二四日）。

本条が適用されるのは、商行為の代理人についてであるが、これは、本人のために商行為となる行為についての代理行為の意味である（最判昭和五一年二月二六日金法七八四号三三頁）。

また、本条は代表取締役が会社のためにすることを示さないで行為を行う場合にも適用される（東京地判昭和五六年九月二五日判タ四六三号一四〇頁等）。

三　受任者の権限（五〇五条）

商行為の受任者は、委任の本旨に反しない範囲では、委任されていない行為も行うことができる旨が本条で定められている。この規定は、受任者の対外的な代理権を拡大するような規定にも思えるが、単に、委任者と受任者との内部関係において受任者の権限の範囲を規定するものにすぎない。

本条は単なる注意的規定と解される。なぜならば、民法六四四条における委任の本旨については、これを広く解するのが多数説であることや、同条の善管注意義務の趣旨から考えてみても、商法五〇五条は民法六四四条が狙っていることと同じことを規定したにすぎないと考えられるからである。その意味で、本条における「商行為の委任」の意味については、五〇六条における「商行為の委任」のように狭く解する必要はない。

第四節　商行為の営利性が重視された規定

一　報酬請求権（五一二条）

契約して他人のために法律行為を行ったり、物を保管しても、特に契約で定めていない場合には、民法では報酬を請求することはできない（民六四八条一項・六五六条・六六五条）。これに対して、営利を目的として継続的組織的に行動する商人については特則が定められている。すなわち商法五一二条は、商人が営業の範囲内で他人のために行為するとき、それが法律行為であれ事実行為であれ、また結果的には本人の利益とはならない場合であっても、商人はその者から相当の報酬を請求することができると定めている。[1] ここでいう営業の範囲内とは、広い概念であり、営業行為そのものでなくとも営業のために行われた行為であれば、本条が適用される。もちろん、報酬を請求する相手方は商人である必要はない。

さらに学説によれば、契約に従って商人が行動した場合に限らず、義務なく他人のために事務を行う事務管理（民六九七条以下）の場合であっても、商人は報酬を請求できると解されている。しかし、この場合報酬請求権が発生するかどうかを、他人のために事務管理を始めたかということで判断するのであれば、相手方にとって不測の損害が生じる事態も考えられる。このような結果には疑問も感じる。そこで、相手方のために行うことが客観的に認められることを要件とすべきであろう。

具体的には次のような問題が生じる。[2] 商人である不動産仲介業者（民事仲立人であり五五〇条が適用されない場合）が不動産売買契約を成立させたときには、本条にもとづき依頼者に対して、不動産仲介業者は報酬を請求することができる。しかし、依頼を受けなかった契約の他方当事者に対して報酬を請求できるのであろうか。この点についても、客観的にみてこの当事者のためにする意思をもって仲介行為をしたものと認められることを要するのであり、(3) 単に委託者のためにする意思をもってした仲介行為によって契約が成立し、その仲介行為の反射的利益が相手方当事者にも及ぶというだけでは足りないと解すべきである。

(1) 「相当の報酬」について判示した裁判例として、東京地判平成二八年五月一三日判時二三四〇号八三頁がある。この事件では、株式譲渡による企業買収の業務を受託した会社のために各種の作業を行った者について、相当の報酬が争点となっている。

(2) 売買契約が成立すれば、あとから契約を解除されても報酬請求権は消滅しない。ただし、仲介業者の義務違反による契約解除の場合には消滅する。東京高判平成六年七月一九日金商九六四号三八頁、東京地判平成六年九月一日判時一五三三号六〇頁参照。不動産仲介業者の媒介により土地の売買契約が成立した後、買主が手付金を放棄して当該売買契約を解除した場合、不動産仲介業者は売主に対し約定報酬額を当然に請求することができるか問題となる。特約がない限り、手付金放棄によって売買契約が解除された場合には媒介契約における報酬額についての合意は適用されないと解すべきであるが、仲介業者は五一二条にもとづき相当額の報酬を請求することはできよう（福岡高那覇支判平成一五年一二月二五日判時一八五九号七三頁）。

(3) 最判昭和五〇年一二月二六日民集二九巻一一号一八九〇頁。また、同昭和四四年六月二六日民集二三巻七号一二六四頁〔百選34〕も、宅地建物取引業者が売主から委託されたのではなく、または売主のためにする意思をもって売買の媒介を行ったのではないことから、五一二条による宅地建物取引業者の報酬請求権を否定した。

二　利息請求権（五一三条）

民法では消費貸借契約は無償を原則としている（民五八七条）。しかし商人間の消費貸借については、商人である貸主は営利を目的として活動しているし、貸主としてはもしもここで貸付をしていなければ、金銭を他で有利に運用していたはずである。そこで特に約定しなくても、商人である貸主は、法定利息（同法四〇四条）を請求できる旨が定められている（五一三条一項）。その趣旨は五一二条に類似している。ただし、本条一項が適用範囲を商人間に限っていることには批判がある。立法論としては、商人が営業の範囲で貸付を行ったときに適用されるように規定し、その適用範囲を拡げるように改めるべきである。

商人が営業の範囲内において他人のために金銭を立て替えたときにも、本来商人はこの金銭を他に運用できたはずであるから、立替日以後の法定利息を請求できると定められている（五一三条二項）。

第二章　売　　買

企業をめぐる取引において、売買はきわめて重要な役割をもっている。商法は、企業が当事者となる売買のうち、両当事者が商人である場合、すなわち企業間の売買について民法の特則を置いている。これに対して、一方当事者が企業であり、他方当事者が消費者である売買については、商法は特則を置いていない。この場面においては、特に消費者の利益を保護する消費者保護の規定が必要である。現在このような役割を特に果たしているのが、割賦販売法、特定商取引法および消費者契約法である。さらに金融商品に関しては金融サービスの提供に関する法律等がある。

そこで以下では、まずはじめに商人間の売買に関する商法の規定を解説し、次に、これらの消費者売買に関する法律について概説することにする。

第一節　商　事　売　買

商法は商事売買という章を建てて規定を置くが、条文の数はわずか五カ条である。このように条文の数が少ないのは、売買についてはすでに詳細な条文が民法にあることや、契約自由を尊重すべきであり、商法としては必要最小限の規定を置けば十分であると考えられたためである。したがって、ここで規定されていない場合については、民法の売買に関する規定が適用されることになる。

商事売買に関する商法の規定は、売主保護の立場が貫かれている。このように買主ではなく売主だけを保護することには疑問が生じうるかもしれない。しかし、商人間の取引であれば、相互に売主となったり買主になったりする可能性があるわけであり、いわば立場の互換性があるのである。その意味で売主側のみを保護することに大きな問題はない。しかも、取引の円滑化のためその必要性があるといえるのである。このことから、五二五条を含めて商事売買の商法の規定は、立場の互換性がある商人間に限って適用すべきであるといえよう。これに対して、商人が消費者に対して物を販売する場合に、売主を保護することは適当ではなく、本章の規定が適用されないことはいうまでもない。このような消費者を相手とする消費者売買については、のちに論じる。

なお、ここでの売買の目的物は動産、不動産を問わない。

(1)　ただし、企業間取引においては継続的取引が多いため、別の考慮が必要な場合もある。すなわち、取引交渉コストの削減、安定供給および長期間計画の必要性等から、契約関係の終了を制約して相手方を保護すべき場面もある。

一　売主の供託・競売権（五二四条）

商人間の売買において、たとえば買主が目的物を受け取らない場合には、売主を契約上の義務から早く免れさせることが適当である。そこで、このような場合に、商法では、売主が目的物を供託するか、または、相当の期間を定めて催告しそれでも受け取らない場合には競売に付することによって（代価を供託）、売主は引渡義務から免除される旨が定められている。このような売主の権利は、自助売却権とも呼ばれている。売主は、目的物の供託の方法をとっても、競売の方法（代価を供託）をとってもよく、選択権が与えられている。同様のことは、民法四九四条、四九七条にも定められてはいるが、商法との違いは、民法では目的物の供託という方法が原則であり、競売（代価を供託）という方法が例外となっていることである。すなわち民法では、競売を行うには目的物が供託に適しないかまたは価格の低落のおそれがあるとき等に、裁判所の許可を得た上でなさなければならないことである（民四九七条）。

本条が適用されるために、いくつかの要件が置かれている。

第一に、商人間の売買であること。ただし、商人の代理人と称するものが無権代理人でかつ非商人であるときに、相手方がこの者に民法一一七条の無権代理人の責任を追及する場合にも本条を適用すべきである。

第二に、買主が目的物の受領を拒むか、受領不能であること。受領を拒絶しているか受領が不能であるとの事実があればよく、売主は履行の提供（民四九三条）をしなくてもよい。ただし、履行の提供は必要であるとの見解もある。受領不能は、買主の責めに帰すべき事由によらない場合をも含むと解される。

第三に、競売に付するには、催告を行わなければならない。この場合の催告の内容は目的物の受領についてであり、競売にまで言及しなくてもよい。催告は口頭でもよい。もちろん当事者間の特約によって、催告を不要にしておくことも可能である。

さらに、損傷その他の事由による価格の低落のおそれがある物は催告することなく競売できる（五二四条二項）。ここで価格の低落のおそれとは、物理的な品質等のことだけを意味するのではなく、たとえば市場での価格の変動が激しく、放置しておけば暴落するような場合も含まれる。なお、競売は売主の権利であり、売主は競売を行うことなく契約を解除して、受領拒絶により目的物の市場価格が下落した損害について買主に損害賠償を請求することもできる。

供託・競売を行った場合には、売主は遅滞なく買主に対して通知を発しなければならないが（五二四条一項後段）、たとえ通知がなされなかったとしても供託・競売が無効となるわけではなく、それによって被った損害について売主の買主に対する損害賠償義務が発生するだけである。

本条は商取引の迅速性にもとづき、売主に契約上の義務を早期に免れさせることを目的としている。買主が支払代金をすでに支払っているかどうかによって区別はしないが、契約上の義務を免れされるのが目的であるから、契約を解除したときには本条の適用はない。

競売の代金については、供託するのが原則であるが、売主に充足権があり（五二四条三項）、代金の弁済期が到来していれば全部または一部を代金に充当することができる。この場合代金に不足額があれば、もちろんその分は買主に請求できる。

二 定期売買の解除（五二五条）

定期売買（確定期売買ともいう）とは、たとえば印刷した年賀状や暑中見舞い用の団扇《うちわ》の売買のように、売買の性質上一定の日時や期間に履行されなければ意味をなさない場合や、あるいは契約当事者の意思表示により一定の日時や期間に履行されなければ意味をなさない旨が合意されていた場合における売買のことをいうものである。商人間におけるこのような売買契約において、契約当事者の一方が履行をなさずにその時期を経過したときについて（帰責事由を問わず）、商法は、相手方がすぐに履行の請求をしないときには、契約は当然解除されたものとみなされると規定する。

民法にも、これと類似した規定が置かれている。しかし、一定時期の経過により当然解除をなしたものとする商法五二五条と異なり、民法五四二条一項四号は、契約の履行をなすことなく履行時期を経過した場合に、相手方が催告なく解除できる旨だけを定めている。そこで、民法では相手方としては解除の意思表示を行う必要があるわけである。

また相手方は、この時点で履行の請求を行うことも可能である。

このような相違は、次のことを意味する。民法の適用される場面では、売主が目的物を期限までに提供できなかったときに、買主の意思いかんで解除が決まることとなり、売主に不利な結果となる。たとえば市場価格が上昇傾向にあるときには買主は履行の請求を行い、下降傾向にあるときには買主は解除を求めることが可能である。この結果、一方で買主は売主の負担で投機ができることになる。他方で売主は履行の準備もしておかなければならず、他に転売してしまうわけにはいかない。

この点で、本条は商取引の迅速性に配慮し、売主保護を図った規定といえる。売主保護が当てはまるのは、立場の互換性が認められる商人間の場合である。消費者との売買にはこのような立場の互換性はない。買主が商人でなければ本条を適用すべきではない。そこで規定上は、商人間の売買という要件が置かれている。

なお、定期売買というためには期限が経過するとものの役に立たない場合に限られるのであり、ただ単に当事者が契約の履行について期限厳守といっただけで本条にいう定期売買となるわけではない（最判昭和四四年八月二九日判時五七〇号四九頁〔百選39〕参照）。

三　買主の検査通知義務（五二六条）

売主は買主に対して、物の種類・品質・数量に関して契約の内容に適合した物を引き渡すべき義務を負っており、これに反する場合には（契約不適合が買主の責めに帰すべき事由による場合を除く）、買主は民法の規定によって、売主に対して一定の期間、履行の追完請求、代金の減額請求、損害賠償の請求および契約の解除をすることができる（民五六二条〜五六六条）。

しかし、これは売主としては長期間不安定な立場に立たされることを意味する。売主としては、すぐに通知してもらえば、仕入先に交換を求めるなどの請求を行ったり、これを他に転売する措置をとるといった対処を考えることが可能であったからである。一方買主は、責任追及できる期間が長ければ、市場の動向をみて自己に有利なときを選んで契約不適合による担保責任を追及することができる。その結果は売主のリスクの下に買主が利益を得ることを意味する。

そこで、商法は、商人間の売買については、買主に目的物の検査（五二六条一項）と契約不適合の通知（同条二項）の義務を課しているのである。すなわち、買主は、目的物を受領したときは遅滞なくその物を検査し、検査の結果売買の目的物が種類、品質または数量に関して契約の内容に適合しないことを発見したときは、直ちに売主に対してその旨の通知を発しなければ、その不適合を理由とする履行の追完の請求、代金の減額の請求、損害賠償の請求および契約の解除をすることができない。もっとも当事者の合意により検査通知義務を排除することは可能である（東京地判平成二三年一月二〇日判時二一一一号四八頁〔百選40〕）。

本条でいう「直ちに」の意味としては、当該取引において買主が取引常識からみて当該目的物を検査するのに要すると思われる時間や、通知が遅れたことによって売主が損害を被る危険性、さらには売主に早期に契約内容に適合しているかどうかについて調査の機会を与える必要性を比較検討して決めることになる（東京地判昭和五二年四月二二日下民集二八巻一〜四号三九九頁）。さらに、目的物の種類や数量によっても、遅滞したといえるかどうかは、変わってくることになろう。

売買の目的物が種類または品質に関して契約の内容に適合しないこと（数量不足は除かれる）を直ちに発見することができないときには(1)、直ちに通知することは当然要求されないが、買主が六カ月以内にその不適合を発見したときには、やはり通知の義務が発生する（五二六条二項後段）。この通知義務に反すると売主に対する民法にもとづく契約不適合による担保責任の追及ができなくなる。商品の契約不適合が発見の困難なものであったとしても同様である（東京地判平成二三年一二月二二日判時二一一八号五〇頁）。

検査としてとるべき方法については、目的物の種類や数量等によって、自ずから異なるので一般的に述べることは難しい。しかし、いずれにしても、売買の目的物が契約の内容に適合しないかどうか判断できるような相当の検査を行わなければならないであろう(2)。

通知の内容としては、売主が善後策をとれるように、契約不適合の種類および大体の範囲を明らかにすれば足り、詳細かつ正確な内容の通知であることを要しない（東京地判昭和五六年八月一九日判時一〇三五号一二三頁）。

本条でいう「受領」の意味は、買主が目的物を検査することが事実上可能になることをいうのであるから、売主が占有改定により商品を引き渡したときにも、買主がいつでも商品を返還請求して検査できるのであれば、占有改定のときから商品を受領したと解することができる（東京地判平成三年三月二二日判時一四〇二号一一三頁）。

ただし、売主が、売買の目的物が種類、品質または数量に関して契約の内容に適合しないことについて、悪意であるときには、売主を保護する必要はないから、右の規定は適用されない（五二六条三項）。

なお、本条は民法にもとづく責任を追及するための前提条件を課したものであり、民法とは別に売主の責任を定めたものではない（最判昭和二九年一月二二日民集八巻一号一九八頁）。したがって、買主の行使しうる権利の内容やその消長については、民法の一般原則によって決まる（最判平成四年一〇月二〇日民集四六巻七号一一二九頁〔百選42〕）。

(1) そのような場合の例として、東京地判平成二五年一月二二日判時二二〇二号四五頁がある。この事件では、売買の目的物が鳴門産わかめであったところ、それとは異なるわかめが納品された。判旨は、外観上の検査ではその判断が著しく難しく、特殊な手法を用いなければ判別できないとして、直ちに発見することができない場合に該当するとした。

(2) ただし、たとえば中古自動車の売買で目的物が盗難車であった場合に、目的物自体の調査だけではなく、過去の権利者等に対する調査も必要となるとは解されていない。東京地判平成二五年六月六日判時二二〇七号五〇頁。

四 買主の保管・供託義務（五二七条・五二八条）

商法は、商人間の売買において、売買契約の目的物が種類、品質または数量に関して契約の内容に適合しないときに、買主がそれを理由に五二六条にもとづき売買契約を解除した場合であっても、買主は売主の指示があるまで商品の保管・供託を行うべき義務を負うとしている（五二七条一項本文）。本来買主が売買契約を解除したときには、買主は原状回復の義務を負うことになる。しかし、売主としては、商品を返還してもらうと時間がかかるような場合には、その間に転売の機会を失うおそれもあり、むしろ商品の返送よりも直接転売先への転送を望むことが考えられる。あるいは商品が腐りやすい物であるときにも、商品の返還が適当でないことになる。そこで商法は、買主が売買契約を解除した場合に、買主は売主の指示があるまで、商品の保管・供託を行うべき義務を負うとしたのである。

保管を行うか供託を行うかは買主が自由に選択できる。

買主が保管をする場合に、保管の費用は売主が負担することになるが、五一〇条ただし書と比較すれば明らかなように、たとえ保管費用の方が価額よりも高い場合であっても、このような保管の義務がある。

目的物に滅失または損傷のおそれがある場合には、裁判所の許可を得てその物を競売に付して、その代価を保管または供託しなければならない（五二七条一項ただし書）。買主が売買の目的物を競売に付したときには遅滞なく売主にその旨を通知しなければならない（同条三項）。これらの行為については、条文で「しなければならない」となっており、これらを行うことは買主の権利ではなく義務である。

五二七条は五二六条を受けていることから、本条が適用されるのは商人間の売買に限られる。しかし、商人間の売買であっても、以下の場合については売主を保護するまでもなく、五二七条による保管・供託義務が買主に課されることはないとされている。

第一に、売主に悪意がある場合である。これは、五二七条が五二六条を前提としているからである。解除されるような商品であることを知りながら提供した売主までも五二七条で保護すべきではないことは当然である。

第二に、売主と買主の営業所・住所が同一市町村の区域内にある場合である（五二七条四項）。これは、営業所・住所が同一市町村の区域内にあるならば、商品をすぐに引き渡すことで原状回復が図られるからである。しかし、商品が買主の営業所・住所に送られているとは限らないから、本来は、商品をどこに送ったかを問題にすべきものであろう。すなわち売主と買主の営業所・住所が同一市町村の区域内にない場合であっても、売主の営業所と同一市町村の区域に商品を送った場合については、保管・供託義務を認めるべきではないであろう。逆に、売主と買主の営業所・住所が同一市町村の区域内にある場合であっても、商品をこれとは異なるところに送付した場合には、このような義務を適用すべきであろう（平出・二四二頁）。

なお、買主は売主に費用のみならず五一二条により報酬も請求できることになる。

さらに、以上の保管および供託の義務は、買主に渡された物品が注文した物品と異なる場合における売主から買主に引き渡した物品や、物品の注文した数量を超過している場合における超過分にも、同様に買主に課されている（五二八条）。

以上の保管および供託の義務に違反した買主は、売主に対して債務不履行により損害賠償責任を負うことになる。なお、五二七条による競売の許可に係る事件は、売買の目的物の所在地を管轄する地方裁判所の管轄となる（五二七条二項）。

第二節　消費者売買

売買の一方の当事者である売主が商人であっても、他方の当事者である買主が商人ではなく消費者(1)である場合には、後者が商品や契約に関する知識および交渉力において劣っていることが少なくなく、また消費者が悪質な商人の行為から被害を受けることもあり、消費者を保護すべき特別法が必要になってくる。そのような立法として、ここでは割賦販売法と特定商取引法の消費者保護規定を中心に論じることとする。これらの法律は、消費者の保護を狙っているものであり、買主にとって営業の行為となる場合については、適用除外となることがある（特商五九条二項）。

（1）　消費者とは何かが問題となる。竹内昭夫『消費者保護法の理論』一二頁（平成七）では、他人が供給する物資や役務を自己の生活のために購入し消費する者とする。また、消費者契約法における消費者とは、事業としてまたは事業のために契約の当事者となるものを除く、個人をいうとする（消費契約二条一項）。

一　割賦販売法

割賦販売は、現金売買と異なり契約内容、とりわけ代金支払が複雑で、これについて消費者が明確に理解することは難しいことから、消費者を保護するための特別な規定を必要とする。

この法律の適用対象は、定型的な条件で販売するのに適する商品であって政令で定める「指定商品」（割販令一条一項・別表第一）、施設を利用しまたは役務を受ける権利のうち国民の日常生活に係る取引において販売されるものであって政令で定める「指定権利」（同令一条二項・別表第一の二）、および国民の日常生活に係る取引において有償で提供される役務で政令で定める「指定役務」（同令一条三項・四項・別表第一の三・第二）である（割販二条五項。以下、指定商品等と呼ぶ）。

(1) 割賦販売とは、購入者から代金を二カ月以上の期間にわたり、かつ三回以上に分割して受領することを条件として指定商品等を販売・提供すること、またはリボルビング方式による指定商品の販売をいう（割販二条一項）。ここでリボルビング方式による販売とは、あらかじめ利用者にカード等やＩＤやパスワード等の記号（以下、証票等と呼ぶ）を交付または付与し、所定の期間ごとにカード等の証票の呈示を受ける等の方法で販売し、その代金の合計額をあらかじめ定められた方法で支払の受領をすることを条件として販売するものである（同項二号）。

(2) ローン提携販売とは、販売業者による指定商品等の販売であり、販売業者がカード等を利用者に交付・付与し、利用者はそのカード等を提示するなどして、購入した指定商品等の対価に充てるために金融機関から金銭を借り入れ、これに販売業者が購入者等の債務の保証をして販売することである。ただし、借入れは二カ月以上の期間にわたり、かつ、三回以上に分割して返還することを条件とすること、保証については業として保証を行う信販会社に当該債務の保証を委託する場合も含まれる旨が規定されている（割販二条二項一号）。またリボルビング方式も含まれる（同項二号）。

(3) 包括信用購入あっせんとは、あっせん業者が利用者にカード等を交付し、利用者がそれを提示するなどして特定の販売業者から商品等もしくは権利を購入した場合に、あっせん業者が当該販売業者等に商品の代金を支払い、利用者から代金に相当する額をあらかじめ定められた時期までに受領することである（割販二条三項一号）。ただし、購入する契約を締結した時から二カ月を超えない範囲内においてあらかじめ定められた時期までに受領する場合は対象外とされており、二カ月以上の与信が要件となる（同項一号かっこ書）。またリボルビング方式も含まれる（同項二号）。

(4) 個別信用購入あっせんとは、カード等を利用することなく、特定の販売業者が行う購入者への商品の販売等を条件として、当該商品の代金等の全部または一部に相当する金額をあっせん業者が当該販売業者等へ支払い、あっせん業者は、当該購入者等からあらかじめ定められた時期までに当該金額を受領することである（割販二条四項）。この場合も二カ月以上の与信が要件となる（同項かっこ書）。リボルビング方式での支払は認められていない。

(5) 前払式特定取引とは、商品の売買の取次ぎで、購入者に対する商品の引渡しに先立ってその者から当該商品の代金の全部または一部を二カ月以上の期間にわたり、かつ、三回以上に分割して受領するものをいう（割販二条六項）。また、指定役務の提供等も含まれる。これは、経済産業大臣の許可を受けた者でなければ、業として営んではならない（同法一一条）。

(6) 同法ではまずはじめに開示規制がなされている。割賦販売業者が割賦販売の方法で指定商品等を販売（カード等を交付しない一般割賦販売）するときには、販売条件の開示として、現金販売価格、割賦販売価格、代金支払期間および回数、割賦手数料の料率（後払式のとき）、商品の引渡時期（前払式のとき）の開示が求められている（割販三条）。さらに、契約を締結したときには、割賦販売業者は、契約の内容を明らかにした書面を購入者に交付すべきことが求められている（同法四条）。次に、契約内容に関する規制がある。割賦販売業者による契約解除について履行の催告の期間・方法の法定（同法五条一項）や、契約解除にともなう損害賠償額の制限（同法六条一項）が定められている。

そして、ローン提携販売業者にも取引条件の開示（割販二九条の二）、書面の交付（同法二九条の三）が規定されている。また、包括信用購入あっせん業者には、取引条件に関する情報の開示（同法三〇条）、書面の交付（同法三〇条の二の三）、契約の解除制限（同法三〇条の二の四）、解除にともなう損害賠償額の上限（同法三〇条の三）が規定され、個別信用購入あっせん業者にも、取引条件の開示（同法三五条の三の二）、書面の交付（同法三五条の三の九）、契約の解除制限（同法三五条の三の一七）、解除にともなう損害賠償額の上限（同法三五条の三の一八）が規定されている。

また、過剰の与信を防止するため、以下の規制が置かれている。包括信用購入あっせん業者は、カード等を利用者に交付しようとする場合等に、交付に先立って、年収、預貯金、信用購入あっせんに係る債務の支払の状況、借入れの状況その他の当該利用者の包括支払可能見込額を算定するために必要な事項として経済産業省令・内閣府令で定めるものを調査しなければならない（割販三〇条の二第一項）。調査により得られた事項を基礎として算定した額により、カードの交付等が制限されることになる（同法三〇条の二の二）。個別信用購入あっせん業者の場合も同様な点から与信が制限される（同法三五条の三の三、三五条の三の四）。

個別信用購入あっせんに係る契約を締結した販売業者が、訪問販売や電話勧誘販売により販売する場合には、与信契約を申し込んだ者は、書面により、申込みの撤回等を行うことができる（割販三五条の三の一〇）。クーリングオフの制度である。ただし、これが可能なのは、原則として個別信用購入あっせん業者が交付する書面（同法三五条の三の九第三項）を受領した日から起算して八日以内に限られる。申込みの撤回等があった場合においては、個別信用購入あっせん業者は、申込みの撤回等にともなう損害賠償または違約金の支払を請求することができない（同法三五条の三の一〇第三項）。申込者等が申込みの撤回等を行った場合には、当該申込みの撤回等に係る個別信用購入あっせん関係販売契約は、申込者等が書面を発した時に、撤回または解除されたものとみなされる（同条五項）。この場合、個別信用購入あっせん関係販売業者は、撤回・解除にともなう損害賠償または違約金の支払を請求することができない（同条六項）。

また、販売業者はすでに販売契約にもとづき引き渡された商品が使用されていても、その商品の使用により得られた利益に相当する金銭の支払を請求することができない（同条一一項）。なお、販売契約に係る商品の引渡しがすでにされているときは、その引取りまたは返還に要する費用は、個別信用購入あっせん関係販売業者の負担となる（同条一〇項）。

このほか、個別信用購入あっせんが訪問販売等に係る場合には、通常必要とされる分量を著しく超える商品の販売契約等に係る与信契約の申込みの撤回・解除を認める規定が置かれている（割販三五条の三の一二）。また、販売業者に不実告知があった場合等について、個別信用購入あっせん関係受領契約（与信契約）の申込みまたはその承諾の意思表示を取り消すことができる旨が規定されている（同法三五条の三の一三〜三五条の三の一六）。

(7)　割賦販売をめぐっては抗弁の接続が議論されてきた。これは、たとえば購入者が、包括信用購入あっせんに係る商品についての代金支払の請求を受けたが、当該商品に欠陥があったり、売買契約に無効原因があったりするような場合に、このような抗弁を販売業者だけではなく、購入あっせん業者に対抗することができるのかという問題である。購入者・販売業者間の売買契約と購入者・あっせん業者間の与信契約とは別々の契約であり、そのような抗弁の対抗は認められないと考えられなくもないが、それでは消費者保護に欠けることになる。そこで、割賦販売法は、販売業者に対して生じている事由をもって、当該支払の請求をする包括信用購入あっせん業者に対抗することができるとしている（割販三〇条の四第一項）。個別信用購入あっせんについても同様であり（同法三五条の三の一九第一項）、ローン提携販売の場合にも準用されている（同法二九条の四第二項）。もっとも信用購入あっせんは、割賦販売法上二カ月以上の与信が要件となるため、この要件の満たされない場合には抗弁の接続が認められない。しかしその場合であっても、契約当事者の意思から、売買契約が発生・存続しなければ立替払契約（与信契約）も発生・存続しないとする見解がみられる（青竹・二九三頁）。

(8) 近時、クレジットカードをめぐるトラブルが続出している。特に販売業者におけるクレジットカード番号等の漏えい事件や不正使用被害が増えている。また、販売業者と契約を締結する会社がカード発行会社とは別の会社となる場合も見られており、その場合にはクレジットカードを取り扱う販売業者の管理が十分にできない事態も見られている。そこで平成二八年の割賦販売法の改正ではこうした状況を踏まえ、安全・安心なクレジットカード利用環境を実現するための必要な措置を講じている（経済産業省「割賦販売法の一部を改正する法律案の概要」）。具体的には、販売業者に対し、クレジットカード番号等の適切な管理および不正使用の防止（決済端末のＩＣ対応化等）を義務づけている（割販三五条の一六・三五条の一七の一五参照）。また、クレジットカード番号等の取扱いを認める契約を締結する事業者に登録制度を設け、その契約を締結した販売業者に対する調査および調査結果にもとづいた必要な措置を行うこと等を義務づけている（同法三五条の一七の二〜三五条の一七の一四参照）。さらに、類型的にカード番号を大量に保有する事業者にも適切管理義務を課している（同法三五条の一六第一項四号〜七号）。

二　特定商取引法（特定商取引に関する法律）

特定商取引法は、訪問販売、通信販売、電話勧誘販売、連鎖販売取引、特定継続的役務提供、業務提供誘引販売取引および訪問購入に係る取引を規制する。

(1) 訪問販売および通信販売は、無店舗販売と呼ばれる。これらについて、本法は次のような考え方から消費者を保護するために規定されている。

消費者が、販売業者から営業所等以外の場所で突然販売の勧誘を受けた場合、契約内容について十分確認することもなく、軽率に契約を締結してしまうおそれがある。とりわけ強引な販売員から勧誘を受けると、消費者がそのような契約を締結してしまう可能性が高い。しかも、営業所等がない場合には、消費者としては後から交渉する方法も場所も見つけられないこととなる。

これには、営業所等以外の場所で契約の申込みを受けたり、契約の締結を行う場合だけではなく、いわゆるキャッチ・セールスのように、営業所等以外の場所で消費者を呼び止めて、この者を営業所に連れて行き、そこで契約の申込みを受けたり、契約の締結を行う場合をも含むものと規定されている（特商二条一項一号・二号）。

割賦販売法と異なり、訪問販売、通信販売、電話勧誘販売においては、「指定商品」、「指定役務」の概念により適用対象を限定するようになっていない。ただし権利は「特定権利」（特商二条四項）に限定される。特定権利とは、①施設を利用しまたは役務の提供を受ける権利のうち国民の日常生活に係る取引において販売されるものであって政令で定めるもの、②社債その他の金銭債権、③株式会社の株式、合同会社、合名会社もしくは合資会社の社員の持分もしくはその他の社団法人の社員権または外国法人の社員権でこれらの権利の性質を有するものである。ただし、金融商品取引法の規制対象は対象外である（同法二六条一項）。

訪問販売については、割賦販売の場合と同様、契約内容を記載した申込書面や契約書面を顧客に交付することといった開示規制（特商四条・五条）、クーリングオフ（同法九条）、契約解除にともなう損害賠償等の額の制限（同法一〇条）に関する規定が置かれている。クーリングオフは、契約締結後八日を経過していない場合に限られる（同法九条一項ただし書）。ただしクーリングオフが妨害された場合には期間が延長される。また、日常生活において通常必要とされる分量を著しく超える商品の売買契約等については、契約の申込みの撤回、または売買契約の解除ができる（同法九条の二）。

一方通信販売については、契約条件について広告するときには、一一条の列挙する事項を表示することや、誇大広告の禁止（特商一二条）が規定されている。通信販売の場合には、購入者に契約について熟考する機会がないとはいえないことから、従来クーリングオフの規定はなかった。しかし、近時インターネットを使った販売が増加するとともに種々の問題が生じてきたことから、同様の制度が設けられるに至っている。すなわち通信販売の購入者は、その売買契約に係る商品の引渡しまたは特定権利の移転を受けた日から起算して八日以内であれば、その売買契約の申込みの撤回またはその売買契約の解除を行うことができる（特約を広告していた場合を除く）（同法一五条の三第一項）。また、請求や承諾をしていない消費者に対する電子メール広告の提供が禁止されている（同法一二条の三）。また承諾をしていない者に対するファクシミリ広告の提供も禁止されている（同法一二条の五）。

また、書面または映像面に表示する手続に従って顧客が行う通信販売の契約の申込みを特定申込みと定義し、販売業者等は、特定申込みに係る書面（申込み画面）または手続が表示される映像面（最終確認画面）において、一定の事項を表示しなければならないし、一定の事項につき人を誤認させるような表示をしてはならないとされており（特商一二条の六）、特定申込みをした者が、販売業者等が当該特定申込みを受けるに際し不実の表示をする行為等をしたことにより、当該表示が事実である等との誤認をし、それによって当該特定申込みの意思表示をしたときは、特定申込みをした者はこれを取り消すことができる（同法一五条の四）。いわゆるサブスク契約に関連して、たとえば定期購入であるのに初回の一回だけの購入であるかのように誤認させる表示を行う場合には、消費者に取消権が与えられるわけである。

さらに、販売業者等が、通信販売に係る契約の申込みの撤回等を妨げるため、当該契約の申込みの撤回等に関する事項または顧客が当該契約の締結を必要とする事情に関する事項につき、不実のことを告げる行為をしてはならない旨が規定されている（特商一三条の二）。

(2)　電話勧誘販売は、取引の対象商品が不明確だったり、販売業者等について顧客が明確な認識をもつことなく契約を締結してしまうおそれがあることから、この種の勧誘を受けた顧客を保護する規定が必要となる。そこで、特定商取引法では販売業者等が電話勧誘販売をしようとするときには、相手方に対して業者の氏名・名称および商品・権利・役務の種類等を明示することを求めている（特商一六条）。電話勧誘の結果申込みが郵便等によってなされたときは、契約締結前に遅滞なく、業者は商品等の対価や対価の支払方法・時期といった契約内容を示す書面を交付することが求められる（同法一八条）。あるいは申込みを受けて業者が契約を締結したときは、直ちに成立した契約内容を示す書面を交付しなければならない（同法一九条）。また、顧客の判断を誤らせるような不実のことを告げたり、契約を締結させたり申込みの撤回や解除を妨げたりするために威迫して困惑させることが禁じられている（同法二一条）。また、クーリングオフ（同法二四条）および解除にともなう損害賠償額の制限（同法二五条）が規定されている。また、訪問販売と同様、日常生活において通常必要とされる分量を著しく超える商品の売買契約等については、その申込みの撤回または契約の解除ができる（同法二四条の二）。

以上(1)と(2)の規定は、申込者、購入者、役務の提供を受ける者が営業のためもしくは営業として契約を締結する場合には適用されない（特商二六条一項一号）。

(3)　連鎖販売取引は、いわゆるマルチ商法と呼ばれるもので、加入者がさらに他人を取引に加入させることで大きな利益を得られるものと誤解させるものであり、末端で加入する者に被害を与える性格をもった取引である。このような取引については、契約について勧誘するに際し、あるいは契約解除を妨げるために、取引の相手方の判断に影響を及ぼすことになる重要な事項につき、故意に事実を告げず、または不実のことを告げることが禁止されている（特商三四条一項）。この結果、この種の取引を行いにくくさせている。このほか商品・役務や特定利益の計算方法等の表示を求めた広告規制（同法三五条・三六条）や、契約にあたって書面を交付すべきこと（同法三七条）、およびクーリングオフ（同法四〇条）が規定されている。なお、クーリングオフ期間は右の書面を受領した日から起算して二〇日以内とされているが、この期間経過後も加入者は将来に向かって契約解除はできるし、解除にともなう損害賠償額に上限も定められている（同法四〇条の二）。

(4)　特定継続的役務提供契約は、特定継続的役務を一定期間有償で提供するものであり、特定継続的役務とは、国民の日常生活に係る取引において有償で継続的に提供される役務であって、提供を受ける者の身体の美化または知識もしくは技能の向上といった心身または身上に関する目的を実現させることをもって誘引されるもので、性質上その目的が実現するかどうか確実でないもののことである（特商四一条）。この種の契約では、役務の効果の客観的な判断は難しく、継続的な契約なので、顧客の事情が変わってもやめるのが難しいという特質がある。この場合にも契約内容を示す書面の交付義務（同法四二条）、誇大広告の禁止（同法四三条）が定められている。また、顧客の判断を誤らせるような不実のことを告げたり、契約を締結させたり解除を妨げたりするために威迫して困惑させることが禁じられている（同法四四条）。クーリングオフも規定されている（同法四八条）。この場合、役務提供に際して顧客が購入する必要のあった関連商品についての販売契約もクーリングオフの対象となる（同条二項）。さらに、顧客はクーリングオフの期間経過後であっても将来に向かって契約を解除できるし、その場合の業者が請求できる損害賠償額については上限が置かれている（同法四九条）。不実のことを告げられて誤認をした顧客は申込み・承諾の意思表示を取り消すことができる（同法四九条の二）。

(5)　業務提供誘引販売取引は、いわゆる内職・モニター商法と呼ばれるもので、高収入のビジネスに就くことを誘引し、そのために必要であるとして高価な商品を売りつけるものである。特定商取引法では、これを物品の販売または有償で行う役務の提供の事業であって、物品またはその提供される役務を利用する業務に従事することにより得られる利益を収受しうることをもって相手方を誘引し、その者と特定負担（対価の支払または取引料の提供）をともなう商品の販売等に係る取引と定義する（特商五一条一項）。このような取引では顧客が提供される利益にのみ目が行ってしまうため、自己の負担に必ずしも注意しないおそれがある。そこで、同法はこの種の取引についても、契約締結前では、事業の概要を示した文書の交付を、契約締結後は、契約内容を明らかにした書面の交付を義務づけている（同法五五条）。また、顧客を勧誘するためあるいは契約の解除を妨げるために、不実のことを告げたり、威迫して困惑させることが禁じられており（同法五二条）、さらに誇大広告も禁じられている（同法五四条）。そして、これらに違反する業者に対しては、主務大臣が必要な措置をとるべきことの指示を行うことや業務提供誘引販売取引の停止命令を発することができる旨を定めている（同法五六条・五七条）。また、この種の取引についても、クーリングオフが規定されている（同法五八条）。

(6)　特定商取引法では、その雑則でいわゆるネガティブ・オプションに関して規定する（特商五九条）。

ネガティブ・オプションは、販売業者が売買契約の締結も申込みも行っていない者に対して突然商品を送付して、契約の申込みに承諾するか商品を返送するか求めるような行為である。このような行為はいわば押付け販売に類するものであり、消費者保護の見地からの立法が必要とされた。この点について特定商取引法では、売買契約にもとづかないで送付された商品について、販売業者は商品の返還請求はできない旨が規定されている（特商五九条一項）。この場合、送付を受けた者は直ちにその商品を処分してよいし、販売業者は商品を受け取った者に対して不当利得返還請求はできないと解される。ただし、この規定は、その商品の送付を受けた者が営業のためにまたは営業として締結することとなる売買契約の申込みについては[1]、適用されない（同条二項）。この場合には商法五一〇条の適用問題となる。

また、販売業者は、売買契約の成立を偽ってその売買契約に係る商品を送付した場合には、その送付した商品の返還を請求することができない（同法五九条の二）。

(7) 訪問購入とは、物品の購入を業として営む者が営業所等以外の場所において、売買契約の申込みを受け、または売買契約を締結して行う物品（政令の指定する適用除外物品がある）の購入をいうと定義されている（特商五八条の四）。これは、貴金属等の買取業者による自宅への強引な訪問買取から消費者を保護するために規定されたものであり、近年、購入業者が不要なものを買い取ると言って消費者宅を訪問し、強引に貴金属を買い取るというトラブルが続出したことを受けて立法化されたものである。他の類型とは異なり、売主としての消費者（このため同法五八条の一七に適用除外となる場合が規定されている）を保護する。一般に押し買いとも呼ばれる。

ここでも不当な勧誘を規制する目的でいくつかの規定が置かれている。購入業者は、訪問購入をしようとするときは、その勧誘に先立って、その相手方に対し、購入業者の氏名または名称、売買契約の締結について勧誘をする目的である旨および当該勧誘に係る物品の種類を明らかにしなければならない（特商五八条の五）。勧誘の要請をしていない者に対する勧誘の禁止等が定められている（同法五八条の六）。不実のことを告げる行為、人を威迫して困惑させることなどが禁止される（同法五八条の一〇）。契約書面等の交付義務が課せられている（同法五八条の七・五八条の八）。

書面を受け取ってから八日間に限りクーリングオフも認められている（特商五八条の一四）。もっとも解除としての実効性もたせるためには、売主が物品を取り戻せなければならないことから、この期間中は売主はそもそも物品の引渡しの拒絶ができるとされている（同法五八条の一五）。仮に購入業者から転売されていた場合であっても、売買契約の解除をもって、第三者に対抗することができるとされ、売主は第三者に対して物品の所有権を主張できる（同法五八条の一四第三項）。ただし、第三者が善意であり、かつ、過失がないときは、この限りでない（同項ただし書）。

（1）令和三年改正までは、本条が適用されない場合として、「その商品の送付を受けた者のために商行為となる売買契約の申込みについて」を挙げていたが、この規定の下では、消費者が高値で転売することを狙って商品を購入する場合（五〇一条一号）は適用除外となると解する余地もあった。そこで、「その商品の送付を受けた者が営業のために又は営業として締結することとなる売買契約の申込みについて」と修正された。絶対的商行為の存在によりもたらされる問題が現われた一例であろう。

三　その他の消費者保護法

平成一二年には消費者を保護する法制度の進展がみられた。すなわち、消費者契約法と金融商品販売法（現在の金融サービスの提供に関する法律）の制定である。

消費者契約法は、消費者と事業者との間の情報・交渉力の格差を背景に消費者と事業者との契約に関するトラブルが増加していたことから、この種の契約において消費者が契約の取消しや契約条項の無効を主張できる場合を民法よりも拡大したものである。すなわち、以下のような事業者による消費者契約の勧誘については、消費者は契約を取り消すことができる。①重要事項について事実と異なることを告げられたり、消費者契約の目的物に関し将来における変動が不確実な事項について断定的判断を提供したり、消費者の利益になる旨を告げた上で、重要事項について消費者の不利益となる事実を故意に告げないといったことにより、消費者が誤認する場合（消費契約四条一項・二項）。②消費者が事業者に対し、退去すべき旨の意思表示をしたにもかかわらず退去しなかったり、事業者が勧誘している場所から消費者が退去する旨の意思を示したにもかかわらず消費者を退去させなかったり、消費者の不安をあおる告知をしたりすることで、消費者が困惑する場合等（同条三項）。③事業者が消費者契約の締結について勧誘をするに際し、消費者にとっての通常の分量等を著しく超える内容の契約であることを知っていた場合（同条四項）。このほか、消費者が事業者と結んだ契約に、事業者の債務不履行責任または不法行為責任を全部免除する等の条項があった場合には、当該条項は無効となる（同法八条一項）。責任の一部を免除する条項も、軽過失による行為にのみ適用されることを明らかにしていないものは無効とされる（同条三項）。また消費者が支払う損害賠償の額を予定する条項等も一定範囲で無効となる（同法九条）。民法、商法、その他の法律の任意規定の適用による場合に比べ、消費者の権利を制限しまたは義務を加重する条項であって、信義誠実原則（民一条二項）に反して消費者の利益を一方的に害するものは無効である（消費契約一〇条）。

内閣総理大臣の認定した適格消費者団体（消費契約一三条以下参照）は、不特定多数の消費者の利益擁護のために、消費者契約法に違反する事業者の不当な行為に対して、差止請求権が与えられる（同法一二条一項・二項）。これは、消費者契約に関連した被害は同種の被害が多発することから、消費者被害の未然防止、拡大の防止を目的とするものである。なお、特定商取引法において、適格消費者団体による差止請求が規定されている（特商五八条の一八以下参照）。

一方、金融サービスの提供に関する法律は、主として、金融商品販売業者等が金融商品の販売等に際し顧客に対して説明をすべき事項を定め、また、顧客に対して当該事項について説明をしなかったこと等により顧客に損害が生じた場合における金融商品販売業者等の損害賠償の責任その他の金融商品の販売等に関する事項を定めることで、金融サービスの提供を受ける顧客の保護を図り、もって国民経済の健全な発展に資することを目的とする法律である（金提一条）。金融商品取引法等では、投資者の私法上の救済が不十分であると考えられ、金融サービスに対する信頼を確保し、取引の円滑化を図るために、説明義務違反等の損害賠償要件を明確化する必要があると考えられた。金融商品の販売業者が顧客に重要事項を説明しなかったとき、または不確実な事項について断定的判断の提供等を行ったときは、元本欠損額をその損害として推定した上で（金提七条）、損害賠償責任が課される（同法六条）。同法の下では、顧客が金融商品販売業者に対する説明義務違反等にもとづく損害賠償を請求する場合には、説明義務違反または断定的判断の提供等を立証すれば、損害額との因果関係の立証の負担を軽減されるので、民法の不法行為責任を追及する場合に比べて、顧客に有利であり、これにより裁判の迅速化も進む結果、迅速な紛争処理が可能となる。

さらに、近時急速に発達してきたインターネット等を通じた契約についても、消費者保護を図るために、電子消費者契約法（電子消費者契約に関する民法の特例に関する法律）が制定されている。同法は消費者による錯誤による取消しを広く認めている（電子契約特三条）。

第三章　交互計算

第一節　交互計算の意義

交互計算とは、契約で一定期間を定め、その期間内に当事者相互に取引から生じた複数の債権・債務について、そのつど決済することをせずに、期末に一括して決済する制度である。すなわち債権を個別に行使させたり処分させないところに交互計算の特質がある。

特に継続的な取引を行っている商人間においては、支払をなすための費用、手間、送金の危険をなくしたいと商人は考えるが、交互計算はお互いに支払を猶予して、期末に差額の支払だけをすることで、決済を簡易化することを狙った制度といえよう。さらにその上、残額のみを支払うだけでよいから、随時の支出に備えて現金を用意しておかなくてもよい。また、当事者はお互いの債権がいわば担保としての機能を有するので安心していられるのである。とりわけ当事者が離れたところにいる場合には、送金のリスクやその時間を減らす意味は大きいといえよう。

このように、交互計算の主たる機能は、決済の簡易化と担保的機能であるといえよう。

顧客が銀行と締結する当座勘定契約では、期間中の顧客から銀行への入金および顧客が振り出した手形・小切手による銀行の支払を、その度ごとに計算して残額債権を発生させていく。これは段階交互計算と呼ばれるもので、債権・債務が発生するとその段階で自動的に相殺されることから、通常の交互計算のように担保的機能をもたない交互計算である。つまり、この場合後で述べる交互計算不可分の原則は適用されない。

第二節　交互計算の定義

商法五二九条は、少なくとも当事者の一方が商人であって、当事者間に平常取引があること、すなわち継続的取引関係があることを要件としている。商人であれば小商人であってもかまわない。ただし、一方が商人であればよいとするが、非商人が小売商から継続的に商品を買う場合のように、本来的に一方の債務しか発生しないような関係にある場合については、交互計算は成り立たないものと解される。もちろん双方に債務が発生する可能性があればよいのであって、結果的にたまたま一方当事者にのみ債務が発生する場合であっても、交互計算は成立する。

同条は、一定期間内の取引から生じた債権・債務について、総額を相殺し差額の支払をすることを約することにより交互計算が成立するとしている。この一定期間のことを交互計算期間と呼ぶ。交互計算期間については当事者で決めればよいが、特に定めないときには、六カ月とされる（五三一条）。

交互計算に組み入れられる債務は、この期間内に生じたすべての債務であるが、以下のように特に除外されるものがある。それは、一括して相殺することが不適当と考えられるものである。

① 金銭債権以外の債権。これはそもそも相殺の対象としては適切でないからである。

② 取引によって生じたのではなく第三者から譲り受けた債権、不法行為、不当利得、事務管理のように取引自体から生じたのではない債権。

③　消費貸借の予約による債権のように現実に履行されなければならない債権。
④　特殊な権利行使を必要とするもの。たとえば、手形をはじめとする有価証券上の債権がこれに当たる。ただし、手形の割引債務は、有価証券を対象とした取引による債務であるから、除外されない（五三〇条参照）。
⑤　担保つき債権。特約のない限り、これを相殺の対象とすることは債権者の期待に反することになる。残額債権に担保権は移動せず、被担保債権の消滅とともに担保権が消滅するからである。ただし、当事者が特に担保権を設定した場合に限られるのであり、五二一条によって生じる留置権のようなものはここでの担保権に含まれない。

第三節　交互計算の効果

一　消極的効果――交互計算不可分の原則

交互計算期間中に相互に発生した債権・債務は、その独立性および個性を喪失し、不可分の全体に融合し、以後総額において一括相殺され決済される。したがって、個々の債権を行使することはもはやできない。個々の債権は、支払猶予の状態に置かれるから、その時効消滅とか、履行遅滞の問題も生じないこととなる。もちろん、交互計算に組み入れられていない債権との相殺も認められない。また交互計算に組み入れられた債権を任意に取り出すこともできない。したがって、これを譲渡することもできない。

ただし、交互計算に組み入れられても、それだけで債権が消滅するわけではないから、確認の訴えを提起したり、基礎となっている契約を解除してその債権を消滅させることは可能である。

しかし、問題は、このような不可分の原則は交互計算の当事者間にのみいえることであって、第三者には対抗できないのではないかということである。また、債権の譲渡禁止の特約（民法四六六条二項にいう譲渡制限の意思表示）との関係も問題となってくる。

有力な見解では、交互計算はそもそも当事者間の契約関係にすぎないのであって、交互計算不可分の原則は当事者のみを拘束し、第三者に対抗できないと解する。したがってこの立場によれば、当事者がこれに違反して債権を勝手に処分した場合であっても、一方当事者は損害賠償を請求できるだけということになる（大隅・商行為法七五頁、田中・商行為法一五二頁）。

これに対して従来からの通説の立場は、交互計算は契約関係といっても、商法上の一つの制度であり、単なる債権譲渡禁止の特約とは異なると解する。もちろん、交互計算期間が終了した後は、債権者は残額債権を差し押さえることはできるが、交互計算期間中にあっては交互計算に組み入れた債権は、民法四六六条一項ただし書にいうその性質上譲渡性を有しないものであり、これを譲渡、質入しても無効であり、差押えもできないと解されている（鈴木・二四頁、石井＝鴻・商行為八九頁、江頭・三九頁注(3)）。このような立場に立つ見解は、継続的取引関係にある当事者間において、相互に相手方に負うであろう債務を自己の相手方に対する債権の担保としてみているという状態を保護すべきであることを主張している。

もっとも、交互計算不可分の原則があっても、債権者としては、債権者代位権を行使して交互計算契約を解除した上で、残額債権を確定させ、残額債権について支払を請求するという方法をとりえないわけではない。

判例（大判昭和一一年三月一一日民集一五巻三二〇頁〔百選64〕）は、交互計算に組み入れられた債権に対する差押えを無効としている。その理由は、次のように述べる。このような債権が譲渡できないことは、当事者間の譲渡禁止の特約によるものと解すべきではなく、当該債権を交互計算契約の下における取引より生じたことの当然の結果である。

したがって、第三者の善意・悪意を問わず対抗できるとしている。段階交互計算では、先に述べたように、担保的機能が期待されていないことから、民法四六六条二項以下が適用されることとなろう。

交互計算に組み入れた債権は相手方の同意がなければ、交互計算の枠から出すことはできないという原則にも例外がある。それは、手形等の商業証券において証券の債務者が弁済をしないときである。たとえば、乙と丙との間に交互計算が成立しており、甲を振出人、乙を受取人とする約束手形を、乙が丙に譲渡して乙が丙に対して割引代金債権を取得し、その後で乙が破産手続開始の決定を受けた場合を考える。丙がもしもこの手形につき甲から支払拒絶を受けたときには、丙は乙に遡求することになるが、丙は破産債権者であり遡求金額（手七七条一項・四八条）の全額について弁済を受けることはほとんど期待できない。一方乙の有する割引代金債権は交互計算に組み入れられ全額について決済される（他の債務と相殺される）ことになる。このような結果は不公正であり、丙がこの割引代金債務を交互計算から除去することを認めるべきであろう（五三〇条）。そうすれば、丙は割引代金債務と遡求にもとづく債権との相殺が可能となる。

五三〇条では、証券の債務者が弁済しないときに交互計算から当該項目を除去できると定めているが、これは、証券上の主たる債務者である約束手形の振出人や為替手形の引受人が支払をしない場合だけではなく、小切手の支払人が支払をしないときや為替手形の支払人が引受を拒絶するときをも含めて適用されると解すべきである。

二　積極的効果

交互計算期間が満了すると、組み入れられている債権・債務の総額について一括相殺が行われ、残額債権へと更改される。その際残額債権については計算書を作成し承認を行うことで確定することになる。言い換えると、計算書の承認によって、組み入れられた債権・債務の消滅が生じ、新たな残額債権が発生することとなる。

五三二条は、さらにこの計算書の承認が行われたときには、計算書の記載に錯誤・脱漏ない限り当事者は異議を述べられないことになる旨を規定する。つまり計算間違いがあっても、承認した以上は残額債権について争えないのである。

逆に錯誤・脱漏があれば異議を述べられる。この場合の錯誤・脱漏とは、債権・債務の各項目についての錯誤・脱漏であるが、異議を述べられるという効果については争いがある。残額債権そのものも争えるという説もある。これに対して、通説によれば、交互計算関係の中で争うことではなく、そのほかでたとえば不当利得で争うことを意味していると解されている。ただしそうなると、不当利得で争うことは別にこのような条文がなくてもできると考えられるから、同条ただし書は注意的に規定したにすぎないことになる。また、計算書の承認行為そのものに錯誤、詐欺、強迫があれば承認行為の取消しを主張することはできると解される。

残額債権は新たに更改（民五一三条）によって生じたものであると考えることが原則である。したがって、特約がない限り個々の債権についていた担保や保証は残額債権に引き継がれないし、消滅時効についても新たに進行することになる。さらに五三三条は、残額債権について計算閉鎖の日から法定利息を請求できるとしている。この場合にも組み入れられた個々の債権について利息が付いていたならば、民法四〇五条の利息の元本組入れについての規定に反することにならないかという問題が生じるが、商法は同条に対する例外として利息を付すことを許容している（五三三条二項）。

このように交互計算においては、計算書の承認をもって残額債権が発生するが、問題は、一方当事者が計算書の承認をしなかった場合である。この場合、債務不履行を理由として交互計算契約そのものを解約するほかはないであろう。ただし、これに対して、交互計算期間の満了により、交互計算契約そのものの積極的効果として、期末に各個の債権・債務が消滅し、これらとは別個の残額債権がその差額について当然に成立するものであって、計算書の承認は成立している残額債権を争いえないものとして確定する効力を有するにとどまり、計算書の承認によってはじめて残額債権が成立すると解すべきではないとの立場もある（平出・三一五頁）。

第四節　交互計算の終了

交互計算期間が終了しても、特約がなければそれだけで交互計算契約は終了するわけではなく、むしろ残額債権から始まる新たな交互計算期間が開始する。すなわち交互計算期間の終了と交互計算契約の終了とは別のものである。そこで交互計算期間が終了しても、別にそこで交互計算契約が終了しているかどうかについて考える必要がある。

交互計算契約は、存続期間の満了およびその他契約の一般終了原因（民五四一条・五四二条）で終了する。このほか、当事者はいつでも交互計算契約の解除をなしうる（五三四条）。これは交互計算は継続的取引関係にあるお互いの信用にもとづいたものであり、相手方の信用状態の変化に対処することを可能にしたものである。したがって、たとえ交互計算契約の存続期間について定めていても、当事者は任意に計算を終了できる。ただし当事者間で特にこの解除権を制限する旨の特約を置けば、それは有効である。

信用状態の変化に関連して、破産法（五九条）は当事者の一方に破産手続が開始されたとき、会社更生法（六三条）は当事者の一方に更生手続の開始決定があったときには、交互計算が終了する旨を定めている。

交互計算契約が終了した場合には、計算は閉鎖され、残額債権が成立することになる。交互計算期間の満了の場合と異なり、この場合には、計算書の承認を経ることなく、残額債権が成立することになる。

第四章　匿名組合

第一節　匿名組合の意義

匿名組合は資本と人との結合を図るもので、経済的には、共同企業ということになる。しかし商法は、匿名組合契約を、出資を行う匿名組合員と、営業行為を行いそこから生じる利益を分配する営業者との契約であるとする（五三五条）。そして、匿名組合員は営業上の取引について直接第三者の前に出てこないのであり（五三六条三項）、匿名組合員の出資は営業者の財産に帰属するのである（同条一項）。すなわち法律上は匿名組合は営業者のみの事業という形をとっている。匿名組合契約における営業は、営業者の営業であり、匿名組合の営業ではないのである（大判大正六年五月二三日民録二三輯九一七頁）。

匿名組合契約は、二当事者すなわち営業者と匿名組合員による契約である。民法上の組合のように多数の当事者が存在するのではない。ただし、営業者は多数の匿名組合員と同一内容の匿名組合契約を締結することができる。このことは、匿名組合員相互の間には法的関係が存しないことをも意味している。この点は、会社形態と大きく異なるところである。

営業者は商人（擬制商人でも小商人でもよい）でなければならないが、匿名組合員は商人でなくてもよい。営業者にとっては匿名組合契約は常に附属的商行為となる。

近時は、事業者、出資者にとっての有利性が見直され、匿名組合を利用した事業形態が広く見られる。たとえば、不動産特定共同事業法では、匿名組合型の契約が定められている（不動産共事二条三項二号）。その他商品ファンドの組成、債権等の小口化にも利用されている。さらに、そこで行われる事業によっては、投資家を保護するために、匿名組合契約にもとづく権利について、有価証券とみなされ金融商品取引法の規制を受ける場合がある（金商二条二項五号）。

第二節　民法の組合との違い

匿名組合と呼ばれているが、民法上の組合とは次のようにいくつかの重要な相違点がみられる。組合員が組合を離れる場合に、民法の組合では、脱退という言葉が使われるのに対して（民六七八条）、匿名組合では、組合員といっても団体の構成員となるのではないから、解除と呼ばれている（五四〇条）。民法では、組合財産は総組合員の共有（民六六八条）となるが、匿名組合では、そもそも組合財産なるものはなく、営業者の財産だけとなる（五三六条一項）。このため、民法の組合と異なり、組合員の持分という概念もない。また民法の組合のような組合の営業というものはなく、営業者の営業があるだけである。さらに、匿名組合員は営業者の行為については、第三者に対して権利・義務をもたない（同条四項）。匿名組合員は、民法上の組合員が無限責任を負い、企業経営のリスクを直接かぶるのとは、大きく異なることになる。

第三節　匿名組合員の義務

匿名組合員は、出資の義務を負うことになる。この場合の出資は、金銭その他の財産の出資でなければならず、信用や労務の出資は認められていない（五三六条二項）。

出資した財産は、組合財産を形成するのではなく、営業者の財産に帰属する。すなわち、この財産について匿名組合員が共有したり持分を有するということにはならないのである。そして、このような出資されたものを含めて、営業者は自己のすべての財産をもって営業を行うことになる。しかし、この場合営業者が出資したというようには解さない。

前に述べたように、匿名組合員は第三者に対しては権利・義務をもたないが、匿名組合員の氏または氏名を営業者の商号中に使うことを許諾した場合は、その使用以後に生じた債務について、この匿名組合員は、営業者と連帯債務を負うこととなる（五三七条）。これは、名板貸等と同じく禁反言の法理・外観法理にもとづくものである。したがって、第三者が悪意の場合には、匿名組合員の責任は生じないと解すべきである。なお、氏名使用の許諾は、明示であっても黙示であってもかまわない。匿名組合員が自己の商号を営業者の商号として使用することを許諾したときも同様である。

第四節　匿名組合員の権利

匿名組合員は、営業者に営業を行わせる請求権をもち、営業者から利益分配を受ける権利を有する。しかし、匿名組合契約は消費貸借契約と異なり、確定した金額（利息）を受ける権利を有するものではない。営業によって生じた利益を分配することになるが、特に定めていないときは、出資の割合に応じて匿名組合員に分配することになる（民六七四条一項）。

出資に損失が生じてきた場合には、営業によって生じた利益で補塡していき、出資がプラスに転じるまで匿名組合員は利益配当を得られない（五三八条）。しかし、このような場合であっても、匿名組合員は配当を受けられないだけであり、損失が出ても出資して補塡する義務はない。このことは、出資がマイナスのまま匿名組合契約が終了した場合でも同じである。もちろん特約によって、匿名組合員は損失を一切分担しないと定めることも認められる。

また、消費貸借契約と異なり、匿名組合契約では匿名組合員は、営業年度の終了時において営業者の営業時間内に、営業者の貸借対照表の閲覧・謄写の請求ができる（五三九条一項一号）。営業者の貸借対照表が電磁的記録（商施規九条一項の定めるもの）によって作成されているときは、記録された事項を紙面または映像面に表示するものの閲覧・謄写の請求ができる（五三九条一項二号、商施規九条二項）。また匿名組合員は、重要な事由があるときは、いつでも裁判所の許可を得て、営業者の業務および財産の状況を検査することができる（五三九条二項）。この場合営業者の営業所の所在地を管轄する地方裁判所が管轄する（同条三項）。なお、営業者の同意がない限り、組合員の地位の譲渡はできない。これは、匿名組合契約が組合員と営業者との間の信頼にもとづく契約関係だからである。

第五節　営業者の義務

匿名組合の事業は商法上営業者単独の事業となる。営業者は匿名組合における事業を運営する義務を負っている。

営業にあたっては、営業者は善良なる管理者の注意を尽くす義務を負う[(1)]（民六七一条類推、同法六四四条）。また、通説によれば、特約がない限り、営業者は競業避止義務を負うと解されている。これに違反した場合には、匿名組合員は、営業者に対して損害賠償責任を追及できるだけである。なお、匿名組合員は、営業者の業務を執行したり、営業者を代表したりすることはできない（五三六条三項）。

（1）　最判平成二八年九月六日判時二三二七号八二頁〔百選65〕では、営業者が新たに設立されたA会社に営業として出資するなどした後で、A会社が、営業者の代表者等からB会社の株式（非上場株式）を売買により取得した事案について、一連の行為は営業者と匿名組合員との間に実質的な利益相反関係が生じ、匿名組合員の利益を害する危険性が高く、営業者はこの行為について匿名組合員の承諾を得ることが求められるのであり、承諾を得ない場合には善管注意義務違反が認められる旨が判示されている。

第六節　匿名組合契約の終了

当事者の意思による終了としては、一方的解除が定められている。すなわち、組合の存続期間を特に契約で定めていないときには、六カ月前に解約告知をした上で、営業年度の終わりに各当事者が契約を解除できる（五四〇条一項）。なお終身間契約が存続する旨を定めている場合も、存続期間を全く定めていない場合と同じ扱いを受ける。これに対して、契約について一定の存続期間を定めているときには、それに従うことになるが、やむを得ない事由が生じたときには、各当事者はいつでも解除することができる（同条二項）。

当事者の意思によらない終了事由としては、五四一条が以下の三つの事由を列挙している。

① 組合の目的としていた事業が成功した場合または成功できなくなった場合。しかし、いかなる場合が事業の成功であり、または成功不能であるのかは不明確であり、立法論的にはこれを削除すべきであるとの見解も有力である（平出・三四二頁）。

② 営業者が死亡したり後見開始の審判を受けた場合。これは、匿名組合員としては営業者の個人的な能力や信用にもとづいて出資している以上当然であろう。

③ 営業者または匿名組合員が破産手続の開始の決定を受けた場合。営業者が破産手続の開始の決定を受けたならば営業を行う能力が失われるし、匿名組合員が破産手続の開始の決定を受けた場合には、債権債務関係を清算する必要性が生じることから匿名組合の契約関係を終了させなければならない。

持分会社の社員の持分差押債権者は、退社請求権をもっているが（会社六〇九条）、匿名組合員の債権者はこのような権利をもってはいない。

匿名組合契約が終了したときは、営業者は、匿名組合員に出資した金額を返還することになる（五四二条）。現金出資のときは当然であるが、現物出資のときでも、特約がない限り金銭で評価して返還することになる。すなわち組合員は、出資した財産そのものを返還することを請求することはできない（名古屋地判昭和五三年一一月二一日判タ三七五号一二二頁）。組合に損失が出ていれば、特約で匿名組合員がそのような損失を負担しない旨を定めている場合を除き、出資額からこれを減額して残額を返還することになる。計算の結果マイナスが生じ、かつ匿名組合員の出資が未履行であった場合には、この者は残額を上限としてマイナス部分の払込みをしなければならない。

なお、営業者がその地位を第三者に譲渡することは認められていない。これは、匿名組合員は営業者の個人的な信用にもとづき出資を行っているからである。

第五章　仲介営業

企業による取引について、企業の外からその成立に関与するものが仲介営業である。いわば企業取引の補助者とも呼ぶことができる。仲介業者はこれにより報酬を受ける一方、企業は仲介業者を利用することで、その信用や能力を活用できるので、取引活動を拡大することが可能となる。商法では、このようなものとして、仲立営業、問屋営業、代理商について規定している。特定の商人のために継続して補助する代理商については、すでに述べたように商法総則に規定されている。なお、以下本章では「契約」とは仲介の対象となる契約を指し、仲介契約は、「仲立契約」等と記すことにする。

第一節　仲立営業

一　仲立営業の意義

仲立人は、他人間の商行為の媒介をすることを業とする者と定義されている（五四三条）。すなわち、自己が契約当事者となることなく、他人の間で法律行為が成立することに尽力するのが仲立人である。たとえば、旅行業者は、旅行者と宿泊業者との間で宿泊契約が成立するよう尽力することを業として行うが、このような場合の旅行業者が仲立人の例である。仲立人が業とする「媒介」とは、法律行為の成立に尽力することを意味するのであり、この点で、仲立人は、自ら法律行為の当事者となる問屋や、自己が代理人となる締約代理商とは異なるわけである。仲立人でありながら同時に代理人として契約を締結することは認められない（大判大正四年一〇月九日民録二一輯一六二四頁）。

媒介をすることを業とするとは、媒介を引き受けることを営業とすることであり、仲立に関する行為は、営業的商行為であるから（五〇二条一一号）、仲立人は商人である（四条一項）。一方媒介される行為は、契約の一方当事者にとって商行為であればよい。

もしも当事者双方どちらにとっても商行為でないときには、その媒介は商行為の媒介とはならない。これは、ここで論じている商事仲立に対して、民事仲立と呼ばれるものである。非商人が投機を目的とせずに不動産取引を行う場合の媒介を行う宅地建物取引業者等がこれに当たる。このほか結婚仲介業者も民事仲立人である。しかし、民事仲立人も、営業的商行為である媒介を引き受けること（五〇二条一一号）を業とする限り、商人であることに変わりない。ただし、商法五四三条以下の仲立営業の規定が、当然には適用されないだけである。

仲立人に媒介を委託する者は、仲立人にとって特定の者でもよいし、不特定の者でもよい。特定の者である場合には媒介代理商と類似することになる。

二　仲立契約

仲立契約には、双方的仲立契約と一方的仲立契約とがある。

双方的仲立契約は、仲立人が委託者のために法律行為の成立に尽力する義務を負うもので、委託者は契約が成立した場合に、仲立人に報酬を支払わなければならない。その性質は準委任である（民六五六条）。

一方的仲立契約では、仲立人は委託者のために法律行為の成立に尽力する義務を負っていない。ただし、尽力した結果法律行為が成立した場合には、委託者が報酬を支払う。そこでこちらは請負類似の契約ということになる（民六三二条参照）。

仲立人は委託者と仲立契約をするが、媒介される法律行為の相手方当事者とは契約関係はない。つまり相手方は仲立契約の当事者ではない。しかし、仲立人はこの相手方の利益をも考慮することが求められ（たとえば次に述べる見本保管義務や結約書作成・交付義務）、その代わりに仲立人は当事者双方から報酬を請求できるとされる（五五〇条二項）。

この規定が、民事仲立人にも適用があるかどうかについては議論がある。非商人の一回限りの行為の媒介にもこれと同じ考え方をとるのは適切ではないと思える。前述したように（第二編第一章第四節参照）、判例は、事務管理が成立している場合には、五一二条により報酬請求権が認められる余地があると考えているようである（最判昭和四四年六月二六日民集二三巻七号一二六四頁〔百選34〕、同昭和五〇年一二月二六日民集二九巻一一号一八九〇頁）。しかしながら、相手方当事者のためにする意思をもって媒介を行ったかどうかというような曖昧な基準によって、報酬請求権の発生の有無が決まることに対しては、批判的な見解も少なくない。客観的にみて相手方当事者のためにする意思をもって媒介を行っていた場合に適用を限るべきであろう。

いずれにしても、仲立契約においては、民法の委任に関する規定だけでは解決できないいくつかの問題点が生じているのである。

三　仲立人の義務

双方的仲立契約における仲立人は、契約の成立に向けて善良なる管理者の注意を払う義務がある（民六五六条・六四四条）が、このほか、一般に仲立人は以下の義務を負うことが商法上規定されている。

(1)　見本保管義務　　見本売買において、仲立人が委託者からであろうと相手方からであろうと、見本を受け取った場合には、行為が完了するまでこれを保管する義務を負う（五四五条）。

これは、見本を保管することにより、売買の目的物が見本と同一性質のものであることを立証することが可能となることから、このことによって、後日取引の目的物をめぐって争いが生じないようにすることを意図するものである。したがって、行為の完了とは単に契約が履行されることを意味するのではなく、当事者間に和解が成立した場合のように、売買の目的物をめぐる紛争が生じないことが確実となった時点を指すものと考えられる。

もっとも条文上は、見本売買に限るとはしておらず、仲立人が媒介する行為について見本を受け取ったときには、となっているだけである。このため、本条は見本売買に限られていないと解する余地もあるが、右に述べたような立法趣旨から考えると、これを見本売買に限るのが適切であろう（平出・三五六頁）。

なお、この義務は法律上当然の義務であり、仲立人は保管に関する報酬を委託者にも相手方にも請求できない。保管は必ずしも自分自身でなさなければならないものではない。

(2)　結約書に関する義務　　媒介に係る行為が成立した場合、仲立人は、結約書を遅滞なく作成し、各当事者に交付する義務を負っている（五四六条一項。なお、商施規一〇条・一一条により、書面交付に代わり、電磁的方法も可能）。これは、各当事者の氏名・名称や行為の年月日をはじめとした行為の内容の要領を記載し、仲立人が署名または記名押印した書類である。この義務も媒介した行為の条件をめぐって後日紛争が生じるのを避けることを目的としている。したがって、結約書は証拠書類であって媒介した行為の成立の要件ではない。仲立人は、結約書を正確に記載する義務を負い、もしも、不実の記載がなされた場合については、損害賠償責任を負うことになる。

媒介に係る行為が直ちに履行するものでないとき、たとえば媒介した契約が期限付や条件付である結果、その履行が後日になる場合には、仲立人は各当事者にも結約書に署名または記名押印をさせなければならない（五四六条二項）。もしも当事者の一方が結約書の受領や署名または記名押印を拒否したならば、それは結約書の記載に異議があることを意味するものと考えられ、他方の当事者に速やかな処置をとらせる必要があるので、受領や署名または記名押印の拒否については他方の当事者に通知しなければならない（同条三項）。

(3) 帳簿に関する義務　仲立人は帳簿を作成し、結約書の記載事項を記載しなければならない（五四七条一項）。この帳簿は仲立人日記帳と呼ばれるものである。

この帳簿は、仲立人の財産・営業を明らかにするためのものではなく、仲立人が媒介した他人間の行為について記載し、証拠保全を図るものである。したがって、商法一九条二項の規定する商業帳簿には当たらないことになる。その結果、七条の定める小商人についての適用除外が及ばないことになるから、小商人たる仲立人もここでいう帳簿を作成する義務を負うことになる。

帳簿の保存期間については、特に定められていないが、一九条三項の類推適用により一〇年と解するのが通説である。

当事者はいつでも仲立人に対して、媒介で成立した行為についてこの帳簿の謄本の交付を請求することができる（五四七条二項）。なお、帳簿そのものについての閲覧請求は認められていない。このことは、次に述べる氏名黙秘の場合に意味がある。

(4) 氏名黙秘義務　商取引においては、個性を重視することなく契約がなされることが通常である。また、相手方に自己の氏名や名称を隠すことによって、自己に有利な契約交渉が展開できるという可能性もある。このように商取引においては、商人が氏名や名称を黙秘するという必要性をもつという場面が考えられる。そこで商法は、当事者が相手方に氏名や名称を示さないように仲立人に命じるときには、仲立人はこれに従うべき旨を規定した（五四八条）。

この場合、結約書や仲立人日記帳の謄本に氏名や名称は記載できないこととなる。ただし、このときでも仲立人日記帳自体には氏名・名称が記載される。そこで、氏名黙秘義務の趣旨を生かすために、五四七条二項においては、帳簿（仲立人日記帳）について、その謄本交付請求が当事者に認められながら、その閲覧請求は認められていないのである。

このように、商法は当事者の氏名や名称を隠したいという利益を保護しようとしている。しかし、契約交渉の初期の段階には、いわゆる駆引きのために氏名を隠すことは十分に考えられるし、意味のあることではあるが、商法は、媒介により契約が成立した後に至ってまでも、氏名を隠すことをも認めており、この点の実用性は疑問であるという見解がみられている（江頭・二四六頁）。

(5)　介入義務　仲立人が当事者の一方の氏名・名称を隠して媒介を行った場合、仲立人は成立した契約を自ら履行する義務（介入義務と呼ぶ）を負わなければならない（五四九条）。これは、五四八条の場合すなわち当事者から氏名等を隠すように要求されている場合と、そうでない場合とで異ならない。ただし仲立人が介入義務を負うときであっても、契約が仲立人と他方の当事者との間に成立するわけではなく、匿名の当事者と他方当事者との間に契約が成立する。本来匿名の当事者が契約上の債務を負担するべきものではあるが、商法は、特に契約の履行に不安を感じる相手方を保護するために、このような義務を仲立人に課したわけである。

この義務は、氏名・名称を隠された相手方当事者を保護して仲立人の責任を規定したものであるから、仲立人が請求されもしないのに、自ら進んで契約の履行を行うことは認められない。また、仲立人が契約成立後に当事者の氏名・名称を明らかにしても、仲立人の介入義務は消滅しない。

もちろん、仲立人が介入義務を履行した場合には、氏名・名称を隠した当事者に対し仲立人が求償することは可能である。しかし、この場合であっても、仲立人が媒介で成立した契約の当事者になるわけではない。したがって、仲立人は、契約当事者として、契約上の権利を相手方に主張することはできない。

当事者による五四八条の命令があると当然に仲立人がこのような義務を負担することについては、これを疑問視する見解がある（江頭・二四七頁）。

四　仲立人の権利

仲立人は、結約書の手続が終わったならば、特約がなくても報酬（仲立料）を当事者双方から請求することができる（五五〇条一項）。もちろん、そのためには仲立人の尽力により契約が成立したということが前提となる。[1]ただし、たとえば、途中まで仲立人を使っておいて、間もなく契約についての当事者の合意ができるまでに至っていながら、媒介契約を解除し、直接当事者間で契約を成立させた場合には、停止条件の成就を妨げたものとして民法一三〇条一項にもとづき、仲立人は報酬を請求することができると考えられる（最判昭和四五年一〇月二二日民集二四巻一一号一五九九頁〔百選66〕）。

媒介により契約が成立した場合、仲立人はそれで報酬を請求できるのであって、当事者が契約を履行するかどうかということとは関係がない。

仲立人が請求できる報酬は当事者双方に等しい割合によると規定されている（五五〇条二項）。もちろんこの規定は、当事者間の内部関係を定めているものではないから、当事者間で報酬の分担をこれとは別に定めることも可能であるが、仲立人には対抗できず、仲立人は当事者双方に半額ずつ請求できる。この規定から、商法は、仲立人が委託者のみならず相手方の利益をも公平に図らねばならないことを前提としていることが明らかである。ただし、これは商事仲立人に関してである。

仲立人は媒介にあたり多額の費用を要したとしても、特約がない限り費用を委託者に請求することはできない。費用も報酬に含まれていると考えられるからである。

(1) 大阪高判平成三一年一月三一日（原審：大阪地判平成三〇年六月二一日）裁判所ウェブサイトでは、実質的に仲立営業としての性質を有する行為について、五五〇条の趣旨に照らして、契約締結に至ってはじめて報酬を請求しうると解するのが相当であるとし、契約締結に至ったと認められない本件において、五一二条を根拠として請求することはできないと判示されている。

五　給付受領代理権

仲立人は、すでに述べたように、契約当事者となるわけではなく、契約の成立に尽力するという媒介行為を行うだけである。そこで、別段の意思表示や慣習がない限り、媒介した行為について、当事者のために支払やその他の給付を受けることはできない（五四四条）。

第二節　問屋営業

一　問屋の意義

問屋（といや）とは、物品の販売または買入れの取次ぎを行うことを業とする者のことである（五五一条）。取次ぎとは、自己の名をもって他人のために行うこと、つまり自らが法律行為の権利義務の帰属主体となって行うが、その経済的な損益は他人に帰属させる行為のことである。その意味で、日常的に使われる卸売商のことを指す問屋（とんや）とは全く異なる。これは、自己商だからである。

取次ぎも営業的商行為であり（五〇二条一一号）、取次ぎの引受けを業として行う問屋は商人である。委託者については商人である必要はない。物品には有価証券が含まれる（最判昭和三二年五月三〇日民集一一巻五号八五四頁）。証券会社が問屋の例である。すなわち、顧客の売り注文・買い注文を受けて、証券会社は自己の名をもって金融商品取引所等で有価証券の売買を行うが、その売買の経済的損益は顧客に帰属させるのである。

問屋を利用することの利点としては、次のことが考えられている。

第一に、遠隔地で取引するのに便利である。わざわざ支店を設置する必要がないばかりか、問屋のもっている知識・経験を利用できるのである。

第二に、委託者は匿名でいられるから、真の契約当事者が誰であるかを相手方に知られないですむ。

第三に、問屋の信用を利用できる。

第四に、相手方としても利点がある。つまり、問屋が当事者であるから、代理人の場合のように代理権の有無や、相手方の資力などについて調査をしなくてよいからである。

なお、広告の取次ぎやホテル宿泊の取次ぎのように、販売または買入れ以外の取次ぎを業とする者については、五五八条はこれを準問屋と呼び、問屋の規定を準用している（五五八条）。物品以外の販売または買入れの取次ぎを業とする者についいては直接条文はないが、これも問屋の規定を準用すべきであろう。また運送に関する取次ぎについて商法は、運送取扱営業として、別個に規定する（五五九条以下）。これについては、別に後で論じる。

二　問屋の内部関係

(1)　問屋と代理　問屋と委託者との関係はまさしく委任であることは疑いない。しかし、商法は委任および代理に関する規定を準用すると規定する（五五二条二項）。これは、委任の規定を適用し[1]、代理の規定を準用する趣旨であるといわれる（最判昭和三一年一〇月一二日民集一〇巻一〇号一二六〇頁）。

本来取次ぎと代理とでは、法形式上全く異なるものである。しかし、経済的実質および当事者が達成しようと意図するところを考えると、代理と全く異なる扱いをするのが適当ではない場合もあり、内部関係に限ってみれば、その場合には代理と取次ぎが類似するという実質を重視すべきであろう。問屋を間接代理と呼ぶのもこのような実質があればこそである。その意味で、問屋と委託者との関係については委任の規定を適用し、代理の規定を準用する必要がある。問屋においては、売買が問屋自身の名によって行われる。したがって、問屋によるなんらかの行為がない限り、売買の法的効果は委託者に帰属しないことになる（民六四六条二項参照）。しかし、委託者と問屋という内部関係に限っては、五五二条二項により民法九九条の準用を認めて、問屋の取得した権利は特別の権利移転行為がなくても委託者に移転すると解することができるのである。

これに対して、民法一〇六条二項の準用は否定すべきである。すなわち物品の販売の委託を受けた問屋がさらに別の問屋に販売を再委託した場合、はじめの委託者は、民法一〇六条二項を準用して、再委託を受けた問屋に対して直接権利を主張することはできない（前掲最判昭和三一年一〇月一二日）。これは、本質が単なる委任であって、代理権をともなわない問屋の本質にもとづく。つまり、問屋は委託者の名において再委託を行うわけではなく、法律効果が直接委託者に生じると解する理由がないからである。

なお、問屋が自己の名で売買取引をした場合に、それが委託者の指図にもとづかないときについては、委託者は問屋との関係ではその取引による計算が自己に帰属することを否認することはできるが、取引自体は法律上効力を生じており、委託者は取引自体を無効にすることはできない（最判昭和四九年一〇月一五日金法七四四号三〇頁）。

(2)　問屋の破産手続　問題は、問屋の債権者との関係においては右のようなことがいえるかどうかである。たとえば、委託者から物品の買入れを委託され、売買契約を締結したのちに問屋が破産手続開始の決定を受けた場合に、委託者は、問屋が取得した物品については破産財団にとりこまれ、権利者としての主張ができないのであろうか。法形式からいくと、委託者が債権者に対して権利を主張するためには、問屋からその権利移転を受けなければならない。そこで委託者は取戻権（破六二条）ももたないし、第三者異議の訴え（民執三八条）も起こせないことになる。(2)

五五二条二項はたしかに、問屋と委託者との間についてのみ民法の代理規定の準用を考えているのであり、債権者との関係では、準用は問題とならないようにみえる。また委託者としては、そのようなことを避けようと思えば、代理を使えばよいのであり、問屋を使う以上保護されないのはやむを得ないとも考えられる。しかし、委託者が問屋を利用するのは、先に述べたような事情（遠隔地で取引するのに便利である。問屋の知識・経験を利用できる。真の契約当事者が誰であるかを相手方に知られないですむ。問屋の信用を利用できる）があるからにすぎない。それ以上に、経済的実質と法的形式とをはっきり区別することの妥当性が問題になろう。一方債権者にしても委託者の財産にまでも、問屋に対する債権の担保として期待させることが妥当であろうか疑問となる。

諸外国の法制では、委託者の実質的利益を保護するための規定があるが、わが国にはそのような明文の規定がない（大塚龍児「問屋の破産と委託者の取戻権」商法の争点Ⅱ二三八頁〔平成五〕）。

判例（最判昭和四三年七月一一日民集二二巻七号一四六二頁〔百選70〕）は、問屋が委託により実行した売買については、その権利について実質的利益を有するのは問屋ではなく委託者であり、問屋の債権者はこの権利についてまで自己の債権の一般的担保として期待すべきではなく、問屋が破産手続開始の決定を受けた場合に委託者は右権利につき取戻権を有すると解している。

この点については、次のように解するのが現在の有力説である。五五二条二項で問屋と委託者との関係という意味は、売買契約の相手方と委託者との関係に対比させる意味で使われたものと解すべきである。したがってこの規定は、問屋の債権者と委託者との関係には代理の規定が準用されないことを意味しているのではなく、問屋の債権者も同項にいう問屋の中に一体として含めて準用を考えるべきであろう。

（1） 最判平成二一年七月一六日民集六三巻六号一二八〇頁〔百選69〕では、商品先物取引を受託する商品取引員は、商法上の問屋であり（五五一条）、委託者との間には、委任に関する規定が準用されるから（五五二条二項）、商品取引員は、委託者に対し、委託の本旨に従い、善良な管理者の注意をもって、誠実かつ公正に、その業務を遂行する義務を負う（民六四四条）とされ、商品取引員が専門的な知識を有しない委託者との間で商品先物取引委託契約を締結した場合には、商品取引員は十分説明を行う義務があると判示されている。

（2） 逆に委託者について破産手続が開始した場合はどうか。破産法六三条三項は以下のように定めている。物品の買入れの委託を受けた問屋がその物品を委託者に発送した場合において、委託者がまだ代金の全額を弁済せず、かつ、到達地でその物品を受け取らない間に、委託者について破産手続開始の決定があったときは、問屋は、その物品を取り戻すことができる。ただし、破産管財人が報酬・費用の全額を支払ってその物品の引渡しを請求することを妨げない。

三 問屋の対外関係

(1) 意思表示の瑕疵　内部関係と異なり、対外関係においては経済的実質よりも法的形式が重視されることとなる。すなわち委託者は、委託にもとづく物品の販売または買入れの契約について、相手方に対して直接権利・義務を有しない。

また、契約の成立やその効力に関する事情については、原則として問屋の事情を考慮し、委託者の事情を考慮しないものと解される。たとえば、委託者が相手方に対して詐欺や強迫を行ったり、相手方が委託者に詐欺や強迫を行っても、影響を受けることはない（詐欺の場合には民法九六条二項の規定する第三者の詐欺となる）。ただし、委託者が相手方に対して詐欺を行った場合については、第三者の詐欺としてではなく、契約当事者の詐欺とすべきであるという見解がある（江頭・二七八頁）。

委託者の指図にもとづき問屋が契約をしたという場合には、たとえ問屋が契約の効力や成立に影響のある事情について善意（不知）であっても、委託者の悪意や過失による不知を考慮すべきである（民法一〇一条三項の類推適用）。

(2)　相手方の債務不履行による損害賠償請求　　契約の相手方が債務を履行しないときには、契約の当事者となっている問屋には、次に述べる五五三条の義務を負う場合や手数料についての損害を除けば、損害が生じない。一方委託者には損害が生じるが、委託者は相手方と直接の法律関係を有しないために、損害賠償請求ができない。この場合、問屋が相手方に損害賠償の請求を行うことを認めるべきであろう。なぜならば、この場合の損害賠償は契約の履行に代替するものであって、委託にもとづき問屋が契約の履行を請求すべきものだからである。

四　問屋の義務

問屋は善良なる管理者の注意をもって（民六四四条）委任事務を処理しなければならない。これは、問屋と委託者との関係が委任であり、民法の委任に関する規定が適用されるからである。このような一般的な義務に加えて、商法は、特に以下の義務を問屋に課している。

(1)　履行担保義務　相手方が契約上の債務を履行しない場合には、委託者は相手方に損害賠償請求を行うことができない。なぜならば、委託者と相手方との間には、直接の法律関係がないからである。そこで委託者としては、問屋に対して、相手方へ履行を促すよう求めたり、前述の損害賠償請求を行うように求めたりするほかはない。しかし商法は、さらに委託者を保護し、問屋制度の信用を維持するために、委託者に対して問屋が自ら履行すべき責任を課している（五五三条）。

この場合の責任の内容は、相手方が問屋との間で契約上負担するのと同一の責任である。そのために、代替給付が可能な債務がその対象となるのである。もしも、相手方が問屋に対して主張しうる抗弁を有する場合には、問屋は委託者に対してもこの抗弁を主張することができる。ただし、その抗弁が問屋の委託者に対する善管注意義務（民六四四条）違反によって生じたものである場合には、問屋は抗弁の対抗ができないものと解される（平出・三九六頁）。

このような責任は、別段の意思表示や別段の慣習があるときには、問屋に課されない（五五三条ただし書）。

(2)　通知義務　問屋が委託者のために物品の販売または買入れを行ったときには、問屋は遅滞なく、委託者に対してその通知を発することが要求されている（五五七条・二七条）。

民法六四五条によれば、受任者は委任者の請求があるときには、いつでも委任者に委任事務の処理について報告する義務がある。これに対して、取引の迅速性の要請から、問屋はそのような委託者からの請求がなくても通知する義務を負うわけである。

(3)　指値遵守義務　問屋は善管注意義務を負っており、委託者からの指図がある場合にはそれに従って委任事務を行わなければならない。そこで委託者が販売または買入れについて指値、すなわち価格を指定した場合には、問屋はこれに従う必要がある。これに反して、もしも指値よりも安く販売したり、指値よりも高く買い入れたならば、委託者としてはそのような売買の効果を自己に帰属させることを拒否することができる。ただし、指値というからには、特定の価格で売買すべきであることを委託者が特に要求している場合でなければならず、希望価格すなわち単に希望的に特定の価格を示した場合はここでいう指値ではない。

しかし、もしも問屋の方で指値との差額について支払う旨の意思表示をした場合（⑵の通知までに委託者に到達する必要がある）については、委託者としてはその売買の自己への帰属を拒否することはできなくなる（五五四条）。問屋が差額を負担する場合には、委託者としては当初の目的を達成できるし、問屋としても報酬の方が差額よりも多ければ差額を負担しても利益になるからである。また一般には、委託者は売買の相手方が誰であるかという個性についてはそれほど重要視していないことが多いと思われる。

ただし、問屋は指値を守る義務はあるが、いつでも差額を負担する義務があるというわけではない。したがって、委託者の方から問屋に差額負担を要求することはできない。言い換えれば、問屋が指値に反する契約を締結した場合に、委託者は自己への帰属を否定することと、善管注意義務違反による損害賠償を問屋に請求することができるだけである。なお、たとい問屋が差額を負担する場合であっても、損害が発生していれば委託者は損害賠償請求を行うことができる。

指値よりも高い販売、指値よりも安い買入れといった有利な契約については、もちろん委託者は、これを自己に帰属させることを拒否できない(1)。

（1） 指定した価格より安ければ販売するという指図、あるいは指定した価格より高ければ買うという指図（逆指値という）については、商法五五四条の適用はない。有価証券についての逆指値については、金融商品取引法一六二条一項二号が規制している。六参照。

五　問屋の権利

(1)　報酬請求権・費用償還請求権　民法六四八条一項では受任者は特約がなければ報酬を請求できないとされているが、問屋は商人であるから、営業の範囲内で行った行為について報酬請求権を有する（五一二条）。ただし、報酬の請求は、委託の目的を履行した後に請求することになる（民六四八条二項）。

また、委任事務を処理するために要した費用や利息についても、問屋は委託者に請求することができる（民六四九条・六五〇条、商五一三条二項）。

(2)　留置権　問屋は委託者に対して、報酬請求権と費用償還請求権を有することになるが、この債権を担保するために留置権が認められている。すなわち債権が弁済期にあるときは、弁済を受けるまで問屋が委託者のために占有する物または有価証券を留置することができる（五五七条・三一条）。

問屋は商人であるが、委託者は商人でないこともありうるので、五二一条の商人間の留置権を使うことができない場合も考えられることから、特にここで留置権について規定した意味がある。しかも、商行為により債権者の占有に帰したものでなくともよい点、および留置物が債務者の所有でなくてもよい点で、問屋の留置権は商人間の留置権よりも問屋にとって有利である。

(3)　供託・競売権　問屋が物品の買入れを委託された場合に、委託者が買い入れた物品を受け取らないときまたは受け取ることが不能なときには、商人間の売買の場合と同様に供託・競売の権利を有する。すなわち、これらの場合に、問屋はその物品を供託し、またはその物品を競売してその代価を供託する権利を有するのである（五五六条・五二四条）。

(4)　介入権　物品の販売または買入れについては、誰が売買の相手方となるかについては、特に問題とならない場合も少なくない。そこで、委託を受けた問屋自身が、同時に契約の相手方の地位に立って契約を成立させることが考えられる。(1) このように問屋が自ら契約の相手方を兼ねることによって契約を成立させる権利を介入権と呼ぶ。

本来このような契約は委託者と問屋との間の利益相反を招き、委託者の利益が犠牲にされるおそれがある（民一〇八条参照）。しかし、当該物品に取引所の相場のような客観的な基準があるときには、このような弊害を防止することができるし、このような形でも契約を成立させた方が当事者の利益となることから、商法は介入権を認めたのである（五五五条）。もちろんこれは、問屋の義務ではなく権利である。

(5) 介入権行使の要件　介入権行使の要件は、以下の通りである。

① 当該物品に取引所の相場があること　これは、介入の時点において相場があることが必要である。また、委託にあたって売買をなすべき地が指定されているときには、その地に取引所の相場があること、売買地を指定していないときには、問屋の営業所所在地に取引所の相場があることが必要である。

② 委託者が特約で介入を禁止する旨を示していないこと　たとえば、委託者が販売先や買入先を指定しているような場合がこれに当たる。

③ 問屋が未だ第三者と売買契約を締結していないこと　すでに第三者と契約を締結したあとでは、問屋と委託者との内部関係においては、物品および権利は問屋ではなく委託者に帰属するものとなっているはずだからである。

介入は、問屋の一方的意思表示によってその効力を生じる。すなわち、問屋からその旨の意思表示が委託者に到達することで効力が発生する。売買価格は、この通知を発したときにおける取引所の相場によって決定される（五五五条一項）。商法は、介入の時期については特に規定していない。しかし、問屋としては、善良なる管理者の注意をもって、介入すべきである。

介入は、商法の定めた委託の実行の一つの方法であるから、問屋としては、介入権を行使した場合であっても、報酬や費用を委託者に対して請求できる（五五五条二項）。

（1）もっとも、この場合、問屋は売主・買主と同一の地位に立つにすぎないのであり、文字通り売主・買主となるわけではない（大隅・商行為一〇八頁）。これに対して文字通り売主・買主となるという見解もある（田邊・二七三頁）。この点については、問屋が倒産したときに、委託者を不利にしない処理が求められる。

六　問屋と有価証券取引

有価証券の売買は、その多くが金融商品取引所（証券取引所）において行われている。ところが金融商品取引所では会員等（金商八一条一項三号により会員または取引参加者を指す）でなければ、取引を行うことができない（同法一一一条一項）。そこで、一般投資家は、会員または取引参加者である金融商品取引業者（証券会社）を問屋として利用して取引することになる。証券会社が投資家から有価証券の売買の委託を受けるにあたっては、金融商品取引所の定める受託契約準則によらなければならない（同法一三三条一項）。この受託契約準則も普通取引約款の一つであるが、その内容については、審査をはじめ行政機関が関与する場面が少なくない（同法八二条・一四九条一項・一五三条）。

一般に顧客が証券会社に売買注文を行う際には、売買の別、銘柄、数量、価格を指定して行う。取引所においては競争売買（たとえば、高い買付けが低い買付けよりも優先し、低い売付けが高い売付けよりも優先する）が行われており、顧客の希望する売買が成立するかどうかは、注文の際の価格の指示によって大きく影響する。

顧客が特定の金額を指示する指値注文を行った場合に、証券会社がそれよりも低い買付けまたはそれよりも高い売付けで売買しても、これを自己に帰属させることを顧客は拒否できない。このような売買は、顧客に不利益を与えないからである。これに対して、顧客が指値よりも高ければ買付けを命じ、あるいは指値よりも低ければ売付けを命じるいわゆる逆指値は、金融商品取引法によって禁じられている（金商一六二条一項二号）。これは、相場の乱高下をもたらす危険が高いことから禁じられたものである。顧客が価格について特に指示することなく注文するのを成行注文という。成行注文は取引が成立する可能性が高い反面、顧客にとってはいくらで売買が成立するか不安である。そこで、取引所では、一日の値幅制限を定め、その範囲を超えた価格での売買が成立しないようにしている。

顧客の指示にもとづかない無断売買は、その効果を顧客に帰属させることはできない（最判平成四年二月二八日判時一四一七号六四頁〔百選68〕）。

第六章　運　送　営　業

第一節　運送法総則

運送は、人または物品を場所的に移動させることである。そして、運送契約は、そのような仕事の完成を目的とした請負契約の一種であると考えられる。商法五六九条は、総則的規律として、運送の種類を問わず、広く運送契約について規定する。そのうち、まず当事者として重要な「運送人」について定義する規定を置いている。すなわち、運送人とは、陸上運送、海上運送、航空運送の別を問わず、運送の引受けをすることを業とする者をいうとされる（同条一号）。ここで、運送の引受けという表現を使っていることから、運送契約を荷送人との間で行いながら、実際の運送行為を自分で行わず、もっぱら下請の運送業者に委託してしまう者（利用運送人と呼ばれる）であっても、ここでの運送人となることを意味する。運送に関する行為は営業的商行為であり（五〇二条四号）、運送人が業として運送を引き受けることから、商行為となる。したがって、また運送人は商人である（四条一項）。

つづいて五六九条では、陸上運送、海上運送または航空運送を定義する。それによれば、まず陸上運送とは陸上における物品または旅客の運送をいうとされる（五六九条二号）。次に、海上運送とは船舶（六八四条で定義する船舶、および七四七条の定める非航海船）による物品または旅客の運送をいう（五六九条三号）。ここでいう非航海船とは商行為をする目的でもっぱら湖川、港湾その他の海以外の水域において航行の用に供する船舶のことである（七四七条）[1]。ただし、端舟その他ろかいのみをもって運転し、あるいは主としてろかいをもって運転する舟はここでの船舶から除かれる。

最後に、航空運送とは航空機による物品または旅客の運送をいう（五六九条四号）。航空法二条一項によれば、「航空機」とは、人が乗って航空の用に供することができる飛行機、回転翼航空機、滑空機、飛行船その他政令で定める機器をいうとされる。ドローンのような無人機器は含まれない。なお、同法一〇〇条一項では、航空運送事業を経営しようとする者は、国土交通大臣の許可を受けなければならないとされる。

なお、ここに規定されている運送法総則のほか、海上運送については、商法第三編「海商」第三章「海上物品運送に関する特則」が適用される。また、商法における運送契約に関する規定は原則として任意規定である（例外として五九一条と七三九条）。そこで、陸上運送、海上運送または航空運送、いずれも運送約款が実際上大きな機能を果たしている。

（1）平成三〇年改正前商法五六九条では、湖川や港湾での運送も陸上運送とされていた。ここで湖川および港湾の範囲は平水区域とされていたことから、瀬戸内海を運送するものも陸上運送ということになっていた。現行法は、もっぱら湖川や港湾（平水区域）における船舶による運送についても海上運送とし、これを陸上運送から外している。したがって、商法上このような区域で運送を行う船舶についても堪航能力担保義務（七三九条一項）が課せられる。

第二節　物　品　運　送

以下では物品運送の総則的規定が置かれている。すなわち運送手段にかかわらず物品運送の共通事項を定めている。したがってここでの規定は、特に断りがない限り、陸上運送、海上運送、航空運送にともに適用される。

一　物品運送の意義

物品運送は、後に論じる倉庫営業と同様に、他人の営業を補助する補助商である。ただし、倉庫営業は、時間を克服するために利用されるのに対して、物品運送では距離を克服するために利用される点が異なるのである。

ここでは物品の種類による区別はない。ただし物品運送では運送人が物品を引渡時まで保管することが必要であり、このような保管義務は、運送契約に当然に含まれている。したがって、いわゆる曳船契約において、曳かれる船の船長による保管が依然として存在する場合は物品運送ではない。

物品運送契約は、運送人が荷送人からある物品を受け取り、これを運送して荷受人に引き渡すことを約し、荷送人がその結果に対してその運送賃を支払うことを約することによって、その効力を生ずるものである（五七〇条）。すなわち物品運送契約は荷送人と運送人の合意によって成立する諾成契約であり、双務契約である。運送契約においては、その当事者は荷送人と運送人である。目的地において物品を受け取るのは荷受人であるが、荷受人は契約の当事者にはならない。ただし、荷受人は運送契約においてなんらの権利も有しないわけではなく、物品が目的地に着いた後は権利を取得する（五八一条一項）。

ここで、運送賃は荷送人が支払うことになっているが、実際には着払いのように荷受人が支払う場合もある。この場合については、荷送人の支払義務を否定しているのではなく、運送人が運送賃を荷受人から受け取ることを認めているにすぎない。また、荷受人は、運送品を受け取ったときは、運送人に対し、運送賃等を支払う義務を負うが（五八一条三項）、荷受人と荷送人が連帯して支払義務を負う。

運送契約において、運送人は運送する債務を負担するが、契約の内容としては、運送を運送人本人が行うのではなく、履行補助者を利用して行うものであっても構わない。なお、運送契約の内容については、現実には、運送人の作成する運送約款が大きな意味をもっている。

二　荷送人の義務

(1)　送り状の交付義務

荷送人は、運送人の請求により、送り状を交付しなければならない（五七一条）。送り状（平成三〇年改正前は運送状と呼ばれた）は、法定の記載事項を記載した書面で、運送契約の成立要件ではないが、運送契約の内容についてその証拠となるべきものである。荷受人にも運送品の内容等を知らせ、その記載と運送品とを照合する等の便宜を図る意味がある。ただし、唯一の証拠であるとは解されていないから、他の証拠によって送り状の記載に反する主張を行うことも可能である。もちろん、送り状は有価証券には当たらない。

送り状の記載事項については五七一条一項に規定されている。それによれば、①運送品の種類、②運送品の容積もしくは重量または包もしくは個品の数および運送品の記号、③荷造りの種類、④荷送人および荷受人の氏名または名称、⑤発送地および到達地である。このうち、荷造りの種類については、運送品の特定に資するために送り状の記載事項とされている。

送り状は書面であるが、ここでの記載事項に関する情報を電子メール等で送る方が便利な場合も多い。そこで、運送人の承諾を得ることを条件に、荷送人は、送り状の交付に代えて、送り状に記載すべき事項を電磁的方法により提供することもできる（五七一条二項）。この場合においては、荷送人は、このような提供により送り状を交付したものとみなされる。送り状には特に署名は求められていない。

一方、送り状の作成地や作成の年月日の記載は、平成三〇年改正前にはそれが求められていたが、これを要求しても、契約締結地や運送品の発送地、契約成立年月日と一致するとは限らず、独自の意味に乏しいこと等から、法律で特に定めずに実務の慣行に委ねられている。

法定記載事項については、これが一つでも欠けていると、送り状の証拠としての効力が否定されるものとは解されていない。また、法定記載事項以外の事項、たとえば運送賃、あるいは送り状の作成地や作成年月日について記載することも認められる。すなわち五七一条一項は、運送人が、法定記載事項をすべて記載した送り状の交付を荷送人に請求できる旨を明らかにしたものである。

荷送人が、故意または過失により誤ったまたは不完全な記載のある送り状を交付し、その結果運送品に滅失または損傷が生じた場合には、運送人は損害賠償責任を負わないばかりか、運送人がそのような記載によって損害を被ったときには、荷送人に対して損害賠償責任を追及できる。

(2)　危険物に関する通知義務　　運送品が危険物であった場合に、運送人がそれを知らずに運送することで、運送人のみならず関係者に多大の損害を与え、社会に与える影響も大きいことが予想される。しかも危険物の多様化と危険物を取り扱うべき場面が近年増している。そこで、商法は、運送の安全性を確保するために、荷送人に危険物についての通知義務を課している。すなわち荷送人は、運送品が引火性、爆発性その他の危険性を有するものであるときは、その引渡しの前に、運送人に対し、その旨および当該運送品の品名、性質その他の当該運送品の安全な運送に必要な情報を通知しなければならないと定める（五七二条）。通知方法に限定はなく、口頭でもよい。何をもって危険物と判断すべきかは、難しいところでもあるが、ここでは引火性、爆発性その他の危険性を有するものとしている。火薬やガソリンがその典型例である。

通知義務違反について無過失責任とすべきかどうか立法の際には議論となっていたが、本条は荷送人の無過失責任を定めたものではない。荷送人が通知義務に違反した場合にはその責任について商法に特別の定めはなく、民法の債務不履行による責任（民四一五条）が課せられる。運送人は、運送品が危険物であること、荷送人の通知がなされていないこと、そのことにより損害が発生したことを主張立証すれば、荷送人に対して損害賠償責任を追及することができる（荷送人は自己に帰責事由のないことを主張立証しなければ免責されない）。なお、通知義務は、たとい運送人が運送品の危険性を知っていた場合や、知ることができた場合であっても、免除されないが、運送人が荷送人の通知義務違反を理由に損害賠償責任を追及するときには、そのような事情は過失相殺や相当因果関係を否定する根拠となる。一方、荷送人が責任を免れるためには、自己に帰責事由のないことを立証する必要があるが、たとえば危険物について専門知識をもたない一般消費者が荷送人となっている場合に、ここでの通知義務違反を理由に損害賠償責任をどこまで負うのか議論の余地がある。

ただし、五七二条も任意規定であり、それぞれの運送手段において各事業者が定める約款が重要な役割を果たすことになる。

三　運送賃と留置権

(1)　運送賃　運送人は商人であることから五一二条によれば、特約がなくとも報酬として運送賃を請求することができる。ただし、特約がない場合には、運送契約が請負契約に属する以上、前払の請求はできないことは当然である（民六三三条）。もっとも法令により、前払が定められるものもある（鉄道運輸規程五四条）。そこで、商法は、運送人の権利関係を明確にするために、運送賃は、到達地における運送品の引渡しと同時に、支払わなければならないものと定めている（五七三条一項）。

運送品がその性質または瑕疵によって滅失し、または損傷したときにも、荷送人は運送賃を支払わなければならないであろうか。これは、危険負担に関わる論点である。すなわち双務契約で履行が不能となった場合に、債権者は反対債務の履行拒絶ができるかという問題である。商法は、運送品の性質または瑕疵により運送品が滅失し、または損傷した場合には、荷送人は運送賃の支払を拒絶できないと定めており（五七三条二項）、荷送人の責めに帰すべき事由によって債務を履行することができなくなった場合（民五三六条二項参照）と同じ結果になるとしている。

なお、それ以外の事由でかつ当事者双方に帰責事由なく（平成三〇年改正前商法五七六条一項にいう「不可抗力に因り」）運送品の全部または一部が滅失したときは、運送賃請求権が消滅するわけではないが、荷送人は運送人からの報酬請求に対して履行拒絶権があると解される（民五三六条一項）。

荷送人または荷受人に対する運送人の債権は、行使できる時から一年間行使しなければ時効によって消滅する（五八六条）。

(2)　運送人の留置権・先取特権　運送人は、運送賃、付随の費用および立替金（運送賃等という）についてのみ、その弁済を受けるまで、その運送品を留置することができる（五七四条）。すなわち、運送人が請求することのできる立替払した費用や運送賃が、運送人に支払われなかった場合には、運送人は運送品について留置権を行使することができるのである。本条では保管料等も付随の費用として被担保債権となることを明らかにした上で、被担保債権を限定している。

ここでの留置権は五二一条の定める商人間の留置権と異なり、留置の目的物と債権との牽連関係が要求される一方、留置目的物は債務者所有の物であることを要しない。ただし、商人間の留置権と同様、商法上の留置権として特別の先取特権とみなされ（破六六条一項）、破産法上別除権が認められ（同法六五条）、会社更生法上の更生担保権とされる（会社更生二条一〇項）。

このほか運送人は、運送賃および付随の費用につき運送人の占有する運送品に先取特権を有する（民三一八条）。

四 運送人の損害賠償責任

(1) 運送人の責任と立証責任　運送人は、運送品の受取から引渡しまでの間にその運送品が滅失しもしくは損傷し、もしくはその滅失もしくは損傷の原因が生じ、または運送品が延着したときは、これによって生じた損害を賠償する責任を負う。ただし、運送人がその運送品の受取、運送、保管および引渡しについて注意を怠らなかったことを証明したときは、この限りでない（五七五条）。

すなわち、荷送人は、①運送品の到着が遅れた場合（運送品の引渡しがされるべき時までにその引渡しがなされない場合）、②運送中に運送品が滅失あるいは損傷した場合、③運送中に運送品について滅失・損傷の原因が生じた場合（滅失・損傷が引渡し後に生じた場合）、それらの事実とそれによって損害が生じたことを立証すれば、運送人に対する損害賠償責任を追及できる。これに対して、運送人の方で、運送品の受取、運送、保管および引渡しについて注意を怠らなかったことを証明したときは、責任を免れる。条文には明示されていないが、運送人の履行補助者に過失がある場合についても、運送人は責任を免れない。なお、ここでの滅失には物理的なそれにとどまらず、盗難などにより運送品を引き渡せなくなった場合も含まれる。

ここで規定されている場面は、債務不履行の一つであり、民法四一五条においても責任が生じるところである。その意味で、五七五条は債務不履行の一般原則を具体化したものととらえることができる。商法がここで特に規定を置いたのは、運送契約では、通常の契約に比べると、債務が債権者すなわち荷送人の目の届かないところで履行される場合がほとんどであり、紛争が生じやすいという特質があることが考慮されたからである。その上で、商法は運送人の責任を過失責任であるとしつつ、運送人が無過失であることを立証すれば免責されるとして、立証責任を明確化したのである。もっとも、この場合の免責事由は、民法四一五条一項ただし書と同様であるかどうかは議論がある。

本条は、もちろん任意規定であるから、特約により軽減することもあるいは免除することも可能である（一般に、運送人の責任を軽減・免除する免責約款が用いられることは多く見られるところである）。

この場合における損害賠償の権利者としては、原則は荷送人であるが、運送品が目的地に到達した（または全部滅失した）後は、荷受人も荷送人と同一の権利を有する（五八一条一項）。

損害賠償責任を負う場合としては、五七五条では、滅失、損傷、延着を挙げているが、これ以外の場合たとえば、無権利者に誤って運送品を引き渡すような場合も損害賠償責任が生じるものと考えられる。

運送人が責任を負う対象となる行為は、運送人およびその履行補助者、運送取扱人、その使用人の行為が考えられるが、これらの者のみならず、雇用関係はないが運送に使用した者の行為についても、その無過失を立証しない限り運送人は責任を負う。

(2) 損害賠償の額

損害賠償の額については五七六条が規定している。これは民法四一六条の特則である。運送品の滅失または損傷の場合における損害賠償の額については、その引渡しがされるべき地および時における運送品の市場価格によって定める。取引所の相場がある物品については、その相場によって決められる。ただし、市場価格がないときには、引渡しがなされるべき地および時における、同種類で同一の品質の物品の正常な価格によって定めることになる（五七六条一項）。ここでは、通常引渡しが予定されていた時における価格が基準となるのであって、たとえ運送品が延着しても、実際に引渡しがなされた時が基準になるのではない。

本条は、運送品が滅失または損傷した場合の規定であり、滅失または損傷はなく単に延着した場合における、損害賠償の額については特に規定されていない。この場合には、民法の原則（民四一六条）に戻ると解される。ただし、このような考え方に対しては、逸失利益などの相当因果関係のある損害が運送品の額を超える可能性もあり、全部滅失の場合との均衡を失する場合も生じうるとの批判も見られる。もっとも、多くの場合には、責任の上限を定める当事者間の特約で処理されることとなろう。

なお、運送品が滅失または損傷したために、支払うことを要しなくなった運送賃その他の費用は、右の損害賠償の額から控除される（五七六条二項）。目的地における上昇した市場価格で賠償額が決まる一方で、損害賠償の権利者が、運送賃その他の費用を支払う必要がなくなる場合には、運送賃等の額を権利者が利得することになってしまうことから、これを損害賠償の額から控除するのである。

五七六条の規定の趣旨は、運送人の損害賠償額を一定限度にとどめて大量かつ画一的な物品運送にあたる運送人を保護し、あわせて賠償すべき損害額の範囲を定型化して、法律関係の処理の画一化をして、これに関する紛争を防止するところにあるとされる（最判昭和五三年四月二〇日民集三二巻三号六七〇頁〔百選74〕）。このように運送人を保護することを意図する規定であることから、運送人の故意または重大な過失によって運送品の滅失または損傷が生じたときには、本条の一項および二項は適用されない（同条三項）。なお、故意または重過失が、運送人ではなくその履行補助者等にあったときにも適用されないと解される。

本条の規定は損害賠償額の定型化を図っており、実際に生じた損害額がこれ以上であるときにも法定の額を支払えばよく、逆に実際に生じた損害額がこれ以下であっても法定の額を支払うべきことになる。後者については、不当な結果のようにも思えるが、前者との比較からの公平の見地、および運送人は運送賃を損害賠償の法定額を基準に決めればよいことを考えれば、必ずしも不当な結果ではなかろう。ただし、権利者に全く損害が生じなかった場合については、当然のことながら損害賠償義務は生じない（前掲最判昭和五三年四月二〇日）。

なお、商法では運送人の責任限度額に関する規定は置いていない。しかし、商法の運送人の責任に関する規定は任意規定であるから、必要に応じて運送人が責任限度額についての特約を定めることが考えられる。

(3)　高価品の特則　(1)と(2)で述べた運送人の損害賠償責任には以下のように高価品についての特則がある。それは、貨幣、有価証券その他の高価品については、荷送人が運送を委託するにあたりその種類および価額を通知した場合を除き、運送人は、その滅失、損傷または延着について損害賠償の責任を負わないとするものである（五七七条一項）。

これは、多くの場合、高価品は損害が発生する危険性も大きく、ひとたび損害が発生したときにその運送品の価額で賠償することになれば、運送人は予想外の巨額の損害賠償責任を負う結果になるということを顧慮したものである。

ここでの通知は契約成立時までに行うことが必要である。なぜならば、荷送人があらかじめ契約成立時までにその種類および価額といった事項を運送人に通知してくれれば、運送人はそれに応じて、特別な措置を講じたり、多額の運送賃を請求したりすることができたはずであるからである。つまり、運送人に種類および価額に応じた特別の配慮をさせること、損害が生じたときの最高限度額を知らせ運送人の営業を保護することが、この規定の狙いである（東京地判昭和五〇年一一月二五日判時八一九号八七頁参照）。

ここでいう高価品とは、単に値の張る物を意味するのではなく、運送人の予見可能性から考えて、容積、重量に比較して著しく高価な物品のことである。宝石や毛皮、貴金属、重要な情報が保存されたＵＳＢメモリ等はこれに当たることが多いであろう。しかし、容積重量からしてその高価なことが一見明瞭な物はこれに当たらない（研磨機はこれに当たらない。最判昭和四五年四月二一日判時五九三号八七頁〔百選75〕）。

それでは、荷送人が、運送品が高価品であるにもかかわらず、種類および価額を通知しなかった場合について、運送人の責任は全くなくなるのであろうか。荷送人は、運送人に対して高価品ではなく普通品としてならば、損害賠償を請求することができると考えることも可能ではある。しかしながら、当該物品について、高価品としてではなく、普通品としての価額を決めるということは困難であると思われることから、一般にこの場合には荷送人は損害賠償を請求できないと解されるのである。

ただし、このような高価品に関する特則は、次に掲げる場合には、適用されない（五七七条二項）。

① 物品運送契約の締結の当時、運送品が高価品であることを運送人が知っていたとき。

② 運送人の故意または重大な過失によって高価品の滅失、損傷または延着が生じたとき。

①については、荷送人から高価品の通知がないにもかかわらず、運送人が運送品は高価品であるということを知った場合においては、運送人は、（必ずしも高価品として相応の運送賃の支払を請求してはいないともいえるが、）運送を拒否したり、特別な措置を講じたりすることもできたはずであり、高価品であることを知っていた以上、運送人の責任を否

定することは適切ではなく、高価品としての損害賠償責任が課せられる。また、②については、運送人（履行補助者を含む）の故意または重大な過失によって高価品の滅失、損傷または延着が生じたときも、公平の見地から運送人の免責を認めるのは相当ではないと考えられる。ただし、高価品の通知がなかったことから過失相殺がなされた上で、適切な賠償額が決められることになると考えられる。

運送品の価額が通知された価額と相違する場合には、運送人はいかなる責任を負うことになるのであろうか。通知された価額の方が実際の価額よりも低い場合には、運送人は通知された価額についてのみ責任を負うべきであろう。これに対して、通知された価額の方が実際の価額よりも高い場合には、通知の趣旨が運送人に損害賠償額の最高限度を知らせることにあることから考えて、運送人はそのことを立証すれば、実際の価額の範囲で責任を負えば十分であろう。

(4) 複合運送人の責任　複合運送契約とは、陸上運送、海上運送または航空運送のうち、二種類以上の運送を別々の契約ではなく一つの契約で引き受けた場合の契約のことで、現代では広く見られている。複合運送も物品運送の一つであることから、先に述べた物品運送の総則的な規定が適用される。その上で、複合運送における運送人の損害賠償の責任について規定が置かれている。すなわち複合運送において運送品の滅失、損傷、延着等が生じたときには、各運送区間においてその運送品の滅失等の原因が生じた場合に（いずれの運送区間中に生じたかの主張立証がなされれば）、運送人は、当該運送ごとに適用されることとなるわが国の法令またはわが国が締結した条約の規定に従って損害賠償責任を負うことになる（五七八条一項）。

また、陸上運送であって、その区間ごとに異なる二つ以上の法令が適用されるもの（たとえばトラック運送と鉄道運送）を一つの契約で引き受けた場合についても、右と同様に処理される（五七八条二項）。

五　相次運送

(1)　相次運送の意義　相次運送とは、同一の運送品について数人の運送人が相次いで陸上運送をなす場合のことをいう（五七九条参照）。一般に取引の範囲が地域的に拡大し、商品を運送する必要のある範囲が長距離に及ぶ現代においては、単独の運送人が全区間を運送することは、効率的でないかまたは困難なことも少なくない。そこで区間ごとに別の運送人によって運送することが考えられる。この場合荷送人が各運送人と個別に契約するのではなく、一通の送り状によって数人の運送人が荷送人のためにする意思で相次いで運送を引き受けるのが、ここでいう相次運送である。

ただし、広義の相次運送には、以下のものが含まれる。

(イ)　下請運送　一人の運送人が全区間の運送を引き受けるが、その全区間または一部区間については、他の運送人（下請運送人）に委託するものをいう。下請運送人は、荷送人と直接の法律関係に立つことはなく、履行補助者の地位に立つ。したがって、荷送人（または荷受人）としては、運送品の滅失・損傷・延着については、損害賠償責任を下請運送人に直接追及することはできないのであり、運送人が責任を負うことになる（五七五条参照）。

(ロ)　部分運送　複数の運送人が独立して各区間ごとに運送契約を締結するものをいう。各運送人は自己が運送する区間についてのみ責任を負う。言い換えれば、運送人は、他の運送人が運送する区間については、直接の関係をもたない。

(ハ)　同一運送　数人の運送人で全区間の運送を引き受け、内部的にそのうちの各運送人が分担する区間を決めるものをいう。この場合は、すべての区間について運送人全員が連帯責任を負うことになる。しかし、これは、後で述べる五七九条三項の適用の結果ではなく、五一一条一項による多数債務者間の連帯にもとづくものである。

以上の三種類のものは、広い意味では相次運送に含まれるが、五七九条三項における相次運送は、狭義のものに限られる。すなわち数人が相次いで特定区間につき運送契約を締結するが、一つの送り状にもとづき契約するものである(1)。このように、相次運送では、各運送人が直接荷送人と法律関係に立つが、そのためには、通し運送状(送り状)で運送が引き継がれることが要件となる。ただし学説には、各運送人が荷送人のためにする意思が必要であるという立場もある(石井＝鴻・商行為一六〇頁)。

(2) 相次運送人の権利・義務　商法は、数人の運送人が相次いで陸上運送をするときは、後の運送人は、前の運送人に代わってその権利を行使する義務を負う(五七九条一項)。また、後の運送人が前の運送人に弁済をしたときは、後の運送人は、前の運送人の権利を取得する(同条二項)と定めている。

これらの規定では、相次運送においては、後の運送人が、前の運送人に代わって権利行使をする義務を負うこと、および後の運送人が前の運送人に弁済をすれば、後の運送人は前の運送人の権利を取得することを明らかにしている。前者の趣旨は、運送品を次の区間の運送人に引き渡してしまった運送人は、もはや種々の権利行使ができなくなることから、後の運送人に前の運送人に代わって権利行使を行う義務を課すものである。このような前の運送人を保護することを考えれば、ここでいう相次運送とは、狭義のものに限定する必要はなく、広義のものも含まれると解すべきであろう。

(3) 相次運送人の責任　ある運送人が引き受けた陸上運送についてその荷送人のために他の運送人が相次いで当該陸上運送の一部を引き受けたときは、各運送人は、運送品の滅失等につき連帯して損害賠償の責任を負う(五七九条三項)。

この規定によれば、相次運送においては、運送品の滅失、損傷または延着があった場合、それがどの区間で生じたのかを証明しなくても、各運送人は連帯して損害賠償責任を負うことになる。ただしこれは、対外的な責任関係のことであり、内部的には問題の生じた区間を運送した運送人に求償することができるのであり、その場合には、運送人は自己の担当した区間についてのみ責任を負う。もしも他の運送人が担当した区間について損害賠償を履行した運送人がいた場合には、この運送人は、運送を実際に担当していた運送人に対して求償権を行使することが可能となる。この規定により、荷送人および荷受人は大きく保護されることになる。ただし、この規定は任意規定であるから、特約によって本条を排除することはもちろん可能である。そこで、運送約款の定めに注意しておく必要がある。

(4) 海上運送および航空運送　以上述べた相次運送人の権利・義務および責任の規定は、海上運送および航空運送について準用される（五七九条四項）。すなわち陸上、海上、航空を問わず、一つの運送手段に関するものであれば、他の運送人が相次いで運送を引き受けた場合には同様の規律の下に置かれる。これに対して、異なる手段の相次運送人については、複合運送の規律の下に置かれることになる（五七八条参照）。

（1） 大審院によれば、相次運送は、ある運送人が荷送人より引き受けた運送について他の運送人が荷送人のためにする意思をもって相次いで運送を引き受ける場合をいうとし、当初の運送人が運送の全部を引き受けて、後の運送人が荷送人のためにする意思なく、当初の運送人の受託者または下請人としてなす運送を包含しないと判示している（大判明治四五年二月八日民録一八輯九三頁）。この判旨の基準は明確ではないが、そこでの下請運送を相次運送に当たらないと解するものと理解することができる。

これに対して、狭義の相次運送として認定された事例として、神戸地判平成二年七月二四日判時一三八一号八一頁がある。

六　荷送人の権利

荷送人は、運送人に対し、運送の中止、荷受人の変更その他の処分を請求することができる（五八〇条前段）。運送行為には時間を要することから、次のような事態が考えられる。すなわち、物品の運送途中において、荷受人である物品の買主の信用状態が変わったり、経済情勢が大きく変化したりした場合等には、荷送人は運送の中止や荷受人の変更等の処置をとりたいと考える。そこで、荷送人の利益を保護するために、商法は荷送人にこのような処分をする権利（処分権）を与えたのである。運送人にはこれに従う義務が課される。

このような処分権は荷送人を保護するものであるが、一方で運送人にとっては負担となる。そこで、荷送人の処分権によって運送人の契約上の義務が不当に拡大することは認められるべきではない。たとえば荷受人の変更といっても、当初の目的地から大きくかけ離れた地点に運送することは、ここでの処分権の範囲に入らないものと解される。また、その他の処分といっても、その範囲は限定される。たとえば、すでに目的地近くまで運送しているのに運送品を発送地点まで送った上で返還するよう求めることは認められない。また、他の物品までも運送するようなことは原則として認められないであろう。

次に、このような処分に応じた場合、運送人は、すでになした運送の割合に応じた運送賃を請求できるし、付随の費用、立替金およびその処分によって生じた費用の弁済を請求することができる（五八〇条後段）。

七　荷受人の権利・義務等

荷受人とは、到達地において自己の名をもって運送人から運送品の引渡しを受けるべき者のことである。しかし、本来契約の当事者は荷送人であったはずであり、荷送人が運送契約上の権利・義務を有するはずである。そこで、荷送人と荷受人が異なるときには複雑な問題が生じる。

荷受人は、荷送人によって指定され（五七一条一項四号）、また運送途中で変更されうる（五八〇条前段）。しかし、以下のように運送の進行状況にともない、荷受人も権利・義務をもつようになると考えられている。
① 運送品が到達地に未だ到着していない場合　このときには、荷送人だけが運送契約上の権利・義務を有し処分権をもつ（五八〇条）。これに対して、荷受人はなんら権利・義務を有しない。
② 運送品が到達地に到着した場合　この時点で荷受人は、物品運送契約上の荷送人の権利と同一の権利を取得することになる（五八一条一項）。ただし、荷送人の有していた権利・義務は消滅しておらず、荷送人は処分権をもつ。両者の権利が併存するが、荷送人と荷受人との間では荷送人の権利が優先する。したがって、荷送人が運送品について指図を行えば荷受人は運送品の引渡請求ができなくなる。
③ 運送品が到達し、荷送人の指図がないままに、荷受人が引渡請求を行った場合　この時点では、五八一条二項により荷受人の権利が荷送人の権利に優先することになる。すなわち、荷送人は権利を行使することができない。ただし、荷送人の指図が求められる場面も全くないわけではなく（五八三条・五八二条二項）、荷送人の権利が完全に消滅したというわけではない。
なお、荷受人が運送品を受け取った時点で、荷受人は運送人に対して運送賃等を支払う義務を負うことになる（五八一条三項）。荷送人も運送賃等の支払義務を負っているが、この義務と荷受人の義務とは不真正連帯の関係に立つ。

以上に対して、運送品が全部滅失した場合はどうなるのであろうか。
④ 運送品が全部滅失した場合　この時点でも荷受人は、物品運送契約上の荷送人の権利と同一の権利を取得することになる（五八一条一項）。②と同様、荷送人の権利と荷受人の権利が併存する。

⑤　運送品が全部滅失し、荷受人が損害賠償の請求をした場合　この時点では、五八一条二項により荷受人の権利が荷送人の権利に優先することになる。すなわち、荷送人は権利を行使することができない。③と類似する。全部滅失した時点で、荷送人が運送人に対して損害賠償請求を行うインセンティブを有していない場合も想定されるところであり、荷受人が、荷送人から損害賠償請求権の譲渡を受けるという形をとることなく、優先的に損害賠償請求権を行使できるとしているところに、この規定の意味がある。

このように荷受人の地位は、運送の進行状況と荷受人が積極的行動をとったことによって変わってくるが、このような法律関係を説明するために、物品運送契約は第三者のためにする契約（民五三七条）である（ただし、受益の意思表示は要しない）と解する立場もある。この立場では、五八一条三項で荷受人の義務が生じるのは、荷受人が運送品を受け取った関係で義務が生じるのだと解することになる。しかし、第三者のためにする契約においては、第三者の権利が発生した後には、当事者がこの権利を変更・消滅させることはできないはずである（民五三八条一項）。ところが、物品運送契約においては、運送品が到達地に到着し荷受人が権利を取得した時点においても、荷受人による引渡請求があるまで、荷送人は処分権を行使することが可能であり、この処分権は荷受人の権利に優先するのである。結局、このような荷受人の地位は、運送関係の特殊性から法が特別に定めた特殊の地位であると解すべきことになろう。したがって、その意味では法律の規定によって権利・義務が発生するものと考えられる（石井＝鴻・商行為一四九頁）。

八　運送品の供託および競売

商法は、商人間の売買における売主（五二四条参照）と同様に、運送人に競売・供託権を定めている（五八二条）。すなわち運送人は、荷受人を確知することができないときは、運送品を供託することができる（同条一項）。さらに、運送人は荷送人に対して、相当の期間を定めて運送品の処分について指図を行うように催告をしたにもかかわらず、荷送人がその指図を行わないときには、その運送品を競売に付することができる（同条二項）。ただし、損傷その他の事由による価格の低落のおそれがある運送品は、この催告をしないで競売に付することができる（同条三項）。運送品を競売に付したときは、運送人は、その代価を供託しなければならない（同条四項本文）。ただし、その代価の全部または一部を運送賃等（運送賃、付随の費用または立替金）に充当することも認められている（同項ただし書）。

運送人は、以上にもとづき運送品を供託し、または競売に付したときは、遅滞なく、荷送人に対してその旨の通知を発しなければならない（五八二条五項）。

また、荷受人を確知できるものの、荷受人が運送品の受取を拒んだ場合や、運送品を受け取ることができない場合についても、運送人に供託することを認めている（五八三条前段）。さらに、運送人が、荷受人に対し相当の期間を定めて運送品の受取を催告し、かつ、その期間の経過後に、荷送人に対し相当の期間を定めて運送品の処分につき指図をすべき旨を催告したにもかかわらず、荷送人がその指図をしないときに、運送人は運送品を競売に付することができるとされている（同条後段）。運送人は、以上にもとづき運送品を供託し、あるいは競売に付したときは、遅滞なく、荷送人および荷受人に対してその旨の通知を発しなければならない（同条後段）。

このような供託および競売の規定は、運送人を運送品の保管義務から早期に免れさせて、運送賃等の支払を受けられるようにすることを狙ったものである。

九　運送人の責任の消滅

運送人の責任については、商法は特別に、短期の消滅事由を定めている。運送人に関して特別の責任消滅事由を定めたのは、物品運送営業における貨物の大量性、反復性、運送賃の低廉性、運送人は短期間に運送品を引き渡し、証拠関係も十分に保全できるとは限らないこと等の理由から、運送関係を早期に解消させ運送人を保護するためである。

(1)　運送品の受取による責任の消滅　商法五八四条は運送人の責任について特別消滅事由を定めている。同条一項によれば、運送品の損傷または一部滅失についての運送人の責任は、荷受人が異議をとどめないで運送品を受け取ったときに、消滅すると規定する。ただし、運送品に直ちに発見することができない損傷または一部滅失があった場合に、荷受人が引渡しの日から二週間以内に運送人に対してその旨の通知を発したときは、責任は消滅しないとする。また、運送品の引渡しの当時、運送人がその運送品に損傷または一部滅失があることを知っていたときも、免責されないとされている（同条二項）[1]。

ここでは、運送賃等の支払は責任消滅の要件ではない。

五八四条一項本文の規定によって運送人の責任が運送品の受取により消滅するのは、運送品に直ちに発見しうる損傷等があるにもかかわらず、荷受人がなんら運送品の損傷等の事実を伝えないという場合である。この規定は運送人を保護する規定である以上、運送人を保護するに値しない場合には責任は消滅しない。そこで、運送人が運送品に損傷または一部滅失があることを知っていた場合には責任が消滅しないのである。一方、荷受人は受け取った運送品の損傷や一部滅失について、（ただし直ちに発見することができない損傷または一部滅失があった場合には、受取の日から二週間以内に）その概要を運送人に知らせる必要があり、荷受人としては、運送品を受け取る際に、損傷や一部滅失がないか運送品を検査しておかなければならない。

もちろん以上の責任消滅は、全部滅失には適用されない。全部滅失のときには運送品の受取がないからである。

(2)　下請運送人等の責任　下請運送人を使う場合のように、運送人がさらに第三者に対して運送を委託した場合については、本条三項に特則が置かれている。すなわち、「荷受人が第一項ただし書の期間内に運送人に対して同項ただし書の通知を発したときは、運送人に対する第三者の責任に係る同項ただし書の期間は、運送人が当該通知を受けた日から二週間を経過する日まで延長されたものとみなす」と規定されている（同条三項）。

このような規定が置かれているのは、次のような場合に配慮するものである。運送人Aが甲地から乙地を経由して丙地までの運送を引き受けた。Aは下請運送人Bに甲地から乙地まで、下請運送人Cに乙地から丙地まで委託したときに、AはBおよびCとの関係では荷送人の立場である。Bが運送品に損傷を生じさせ、その結果、丙地において荷受人が、運送品の引渡し後二週間が経過する直前に、Aに対して損傷の通知を行った場合を考えると、Aは、Bに対して損害賠償請求権を保全するために通知をしようとしても、乙地におけるBの引渡時を起算点とする通知期間は満了している場合も考えられ、その場合権利は消滅していることになってしまう。そこで、本条三項の規定は、AがBの責任の消滅を阻止するために通知すべき期間は、Aが荷受人から通知を受けた日から二週間を経過する日まで延長されたものとみなすとしている。このことにより、AがBに通知をするために必要な期間を確保したものである。[2]

以上(1)と(2)で述べた特別消滅事由は運送品の損傷または一部滅失の責任についてであり、運送品の全部滅失や延着の場合については適用されないことになる。

(3)　期間の経過による責任の消滅　　さらに、先に述べた理由から運送人を保護するために、商法は一定期間の経過による運送人の責任が消滅する除斥期間の制度を定めている。すなわち運送品の一部滅失、損傷または延着についての運送人の責任は、運送品の引渡しがされた日から一年以内に裁判上の請求がされないときは、消滅する（五八五条一項）。また、運送品の全部滅失の場合については、その引渡しがされるべき日から一年以内に裁判上の請求がされないときは、消滅する（同項かっこ書）。ただし、この期間は、運送品の滅失等による損害の発生後に限り、合意により、延長することができる（同条二項）。

下請運送人を使う場合のように、運送人がさらに第三者に対して運送を委託した場合において、運送人が右の期間内に損害を賠償しまたは裁判上の請求をされたときは、運送人に対する第三者の責任に係るこの期間は、運送人が損害を賠償しまたは裁判上の請求をされた日から三カ月を経過する日まで延長されたものとみなされる（五八五条三項）。これは、(2)の場合（五八四条三項）と類似の趣旨である。

(1)と異なり(3)の期間経過による責任消滅は、運送人の主観的態様（滅失等を知っていた等）を問わずに一律的な取扱いがなされる。運送品の引渡し後一年が経過してから運送人の主観的態様が争われることは適当でないことや、荷主が賠償請求に要する準備期間は、運送人の主観的態様によって異ならないことが理由として挙げられている。

(4) 運送人の債権の消滅時効　一方、荷送人または荷受人に対する運送人の債権は、行使できる時から一年間行使しなければ時効によって消滅する（五八六条）。

（1） 平成三〇年改正前の商法規定（旧五八八条二項）においては、「運送人に悪意ありたる場合」に責任が消滅しないとしていた。この規定について、運送人が一部滅失・毀損を知っていたことでは足りず、運送人が故意に一部滅失や毀損を生ぜしめ、またはこれを隠蔽する場合に限り責任が消滅しないと解する学説もあった。これに対して、判例（最判昭和四一年一二月二〇日民集二〇巻一〇号二一〇六頁）は、運送人が運送品の毀損または一部滅失あることを知って引き渡した場合をいうものと解すると判示しており、本条はこの立場に立つことを明確にしている。

（2） 法務省民事局参事官室「商法（運送・海商関係）等の改正に関する中間試案の補足説明」第一部・第二・8(1)イ参照。

一〇　運送人の不法行為責任

運送品の滅失等が生じた場合には、運送人によって運送品の所有権侵害がなされたことにもなることから、運送人の不法行為責任が生じるとも考えられる（民七〇九条・七一五条）。このため、不法行為責任と以上述べてきた運送人の責任との関係が従来議論されてきた。

かつては、契約法と不法行為法とは特別法と一般法との関係に立ち、契約責任の場合には、より厳格な債務不履行責任が課せられ、不法行為責任は排除されると解する立場もあった。しかし、判例は運送人の責任に関し、運送契約の債務不履行にもとづく賠償請求権と不法行為にもとづく賠償請求権との競合を認めてきた（最判昭和四四年一〇月一七日裁判集民九七号三五頁参照）。現行法はこの最高裁の立場に立った上で、運送人の契約責任を減免する規定（損害賠償の額についての五七六条、高価品の特則を定める五七七条、責任の消滅を定める五八四条と五八五条）が、運送品の滅失等についての運送人の荷送人または荷受人に対する不法行為による損害賠償責任について準用される旨を明らかにしている（五八七条本文）。それは、ここで列挙されている規定を運送人の不法行為責任にも準用することとしなければ、責任の減免を認めたこれらの規定の立法趣旨が没却されるからである。もっとも、荷受人に対する運送人の不法行為責任はいつでもこれと同様に減免することが適切であるとは必ずしもいえない。荷受人は自ら運送契約を締結したというわけではないのに、不法行為責任が軽減されるのは不合理だからである。すなわち不法行為責任について契約責任同様の減免をするのは、荷送人と荷受人との間で当該物品が運送に付されることについて了解があった場合、荷受人が当該運送を拒否していない場合や運送品について一定の不利益を受けてもやむを得ない場合などに限ることが適切である。そこで商法は、荷受人があらかじめ荷送人の委託による運送を拒んでいたにもかかわらず、荷送人から運送を引き受けた運送人の荷受人に対する責任については、右規定の準用が否定されるとしている（同条ただし書）。

一一　運送人の被用者の不法行為責任

運送人の被用者が、運送品の滅失等を生じさせたときには、被用者は荷送人または荷受人に対して不法行為責任を負うが、この場合にも、運送人の責任と同様に減免があるのであろうか。この点について、運送品の滅失等についての運送人の損害賠償の責任が免除され、または軽減される場合には、運送人の責任が免除・軽減される限度において、その運送品の滅失等についての被用者の荷送人または荷受人に対する不法行為による損害賠償の責任も、免除され、または軽減されると規定されている（五八八条一項）。これは、被用者は、下請運送人等とは異なり、運送人の指揮・監督を受けて運送人の事業の執行に従事するものであり、運送人の責任を超えてその被用者が責任を負うことは相当でないこと、被用者に重い責任を課すと、被用者のなり手が不足し、あるいは事実上その最終的な負担が運送人に求償・転嫁されることとなり、結果として運送人に責任の減免を認めた立法趣旨が損なわれること等が理由として挙げられている。

右に述べた趣旨から、この規定は、運送人の被用者の故意または重大な過失によって運送品の滅失等が生じたときは、適用されない（五八八条二項）。

第三節　旅客運送

一　旅客運送契約

五八九条では陸上運送、海上運送、航空運送に共通する旅客運送契約について規定されている。すなわち、旅客運送契約は、運送人が旅客を運送することを約し、相手方がその結果に対してその運送賃を支払うことを約することによって、その効力を生ずる諾成・双務契約である（五八九条）。物品運送と異なり、旅客運送においては、対象が自然人である。そのため、物品運送の場合のように、運送人が運送の目的物を占有するという要素が欠けることになる。しかし、これも運送契約の一つであり、請負契約の一種であると解されよう。旅客運送契約においても、その契約の内容については、運送人が作成する運送約款が重要な役割を果たしている。[1] これらの約款については道路運送法や航空法といった事業法によって規制されている。

（1） なお、旅客運送では、物品運送のような危険物通知義務（五七二条）が規定されていないが、旅客運送においてはそれぞれの法令で、危険物の持ち込みが禁止されている。たとえば、バスについては、道路運送法二八条一項・一〇四条三号、鉄道については、鉄道営業法三一条、鉄道運輸規程二三条、船舶については危険物船舶運送及び貯蔵規則四条一項・三九一条一号、航空機については、航空法八六条二項・一五〇条六号が、それぞれ規定する。

二 旅客に関する運送人の責任

運送人は、旅客が運送のために受けた損害を賠償する責任を負う。ただし、運送人が運送に関し注意を怠らなかったことを証明したときは、この限りでない（五九〇条）。

この規定は、旅客の生命または身体の侵害および延着についても適用される。これは債務不履行責任の一つである。運送人は、自己および履行補助者が注意を怠らなかったことを証明しなければ損害賠償責任を負うことになる。

旅客運送人の責任で特徴的なのは、この場合の責任について旅客の人命尊重の見地から、片面的強行規定が置かれていることである。すなわち、旅客の生命または身体の侵害による運送人の損害賠償の責任を免除し、または軽減する特約は、一律無効とする（五九一条一項）。

この規定により、たとえば運送人の賠償すべき額に上限を設けるような契約条項は無効となる。消費者契約法（八条・一〇条）によっても不当な約款が制限されるようになってはいるが（第二編第二章第二節三参照）、法人が契約当事者となる場合や、個人が事業として契約の当事者となる場合には同法が適用されないことから、このような規定に意味がある。

ただし、このような特約禁止の対象からは、運送の遅延を主たる原因とするものが除かれる（五九一条一項かっこ書）。そもそもどの程度のものが遅延に当たるか否かの基準が曖昧であり、運送人の帰責事由の有無を判断することも容易ではない。特に大量輸送をする運送事業に与える影響の大きさを踏まえると、その免責特約を一律に無効とするのではなく、個別事案に応じて、消費者契約法または民法により無効か否かを判断すべきと考えられたからである。旅客の生命または身体の侵害が主に運送の遅延によって生じた場合にまで、免責が一切認められないのは運送人に酷であり、合理的な運送業の経営を難しくし、結局は運送賃の値上げを招きかねないことも配慮されている。

また、以下の場合についても、この規定は適用されない（五九一条二項）。

① 大規模な火災、震災その他の災害が発生し、または発生するおそれがある場合において運送を行うとき。

② 運送にともない通常生ずる振動その他の事情により生命または身体に重大な危険が及ぶおそれがある者の運送を行うとき。

たとえば、災害時に報道記者や災害からの避難者を輸送する場合や、重病人をリスクのある運送手段で運ぶほかない場合等がこれらに該当する。これらの場合には、社会的に必要性が高いにもかかわらず、賠償責任保険の適用がないために運送事業者が高いリスクを負うことから、運送の引受けに消極的になることが心配される（旅客が責任を追及しない旨の誓約書を書いて運送を依頼することもある）。そこで損害賠償責任を負うことをおそれることなく運送人に運送を引き受けさせる必要性のあることが想定できることから、これらを適用除外としたのである。

なお、本条を潜脱するような特約は民法九〇条によって無効となる可能性がある。

三　引渡しを受けた手荷物に関する運送人の責任等

運送人は、旅客から引渡しを受けた手荷物（受託手荷物）については、運送賃を請求しないときであっても、物品運送契約における運送人と同一の責任を負う（五九二条一項）。

また、運送人の被用者も、このような受託手荷物については、物品運送契約における運送人の被用者と同一の責任を負うことになる（五九二条二項）。

一方で商法は、運送人の手荷物引渡債務を免れさせるために、商事売買（五二四条）類似の規定を置いている。すなわち、受託手荷物が到達地に到着した日から一週間以内に旅客がその引渡しを請求しないときは、運送人は、その手荷物を供託し、または相当の期間を定めて催告をした後に競売に付することができる（五九二条三項前段）。この場合において、運送人がその手荷物を供託し、または競売に付したときは、遅滞なく、旅客に対してその旨の通知を発しなければならない（同項後段）。ただし、損傷その他の事由による価格の低落のおそれがある手荷物は、右の催告をしないで競売に付することができる（同条四項）。これにより手荷物を競売に付したときは、運送人は、その代価を供託しなければならない（同条五項本文）。ただし、その代価の全部または一部を運送賃に充当することもできる（同項ただし書）。催告や通知をしようにも、旅客の住所または居所が知れないときについては、催告および通知は不要となる（同条六項）。

四　引渡しを受けていない手荷物に関する責任

運送人は、旅客から引渡しを受けていない手荷物、いわゆる携帯手荷物の滅失または損傷については、運送人またはその被用者に故意または過失がある場合を除き、損害賠償の責任を負わない（五九三条一項）。旅客の衣服や装飾品といった、身の回り品についても、旅客の保管の下にあるという性質からして、携帯手荷物と同様の規律が及ぼされる。これらの物については、責任を追及する旅客の方が運送人またはその被用者の故意または過失について証明責任を負担することになる。

旅客から引渡しを受けていない携帯手荷物については、三の引渡しを受けた受託手荷物よりも重い責任を負うことになれば、不均衡な結果となることから、この場合も運送人の責任を減免する規定が準用される（五九三条二項）。具体的には、損害賠償の額（五七六条一項・三項）、運送人の責任消滅（五八四条一項・五八五条一項・二項）、運送人の不法行為責任（五八七条）、運送人の被用者の不法行為責任（五八八条）の規定は、運送人が携帯手荷物の滅失または損傷に係る損害賠償の責任を負う場合について準用される。もっとも、この場合において手荷物の引渡しがないので、これらの規定における運送品の引渡しは運送の終了と読み替えることになる。

五　運送人の債権の消滅時効

旅客運送における運送人の債権についても短期の消滅時効が準用されている。すなわち旅客に対する運送人の債権は、行使できる時から一年の短期消滅時効の下に置かれる（五九四条・五八六条）。ここでいう運送人の債権は、運送賃に関する債権に限らず、広く運送に関して生じた債権を意味する。

六　乗車券の法的性質

通常陸上の旅客運送においては、乗車券が発行されることが多い。しかし、一般に請負契約は諾成契約であると考えられており（民六三二条）、旅客運送契約においても、乗車券は契約の成立要件ではないと考えられる。そこで、乗車券の法的性質を検討する必要がある。特に検討すべきなのが、これが講学上の有価証券に当たるかどうかであり、従来から学説上争いがある。

一般に有価証券とは、反対説もあるが、権利の移転または行使に証券を必要とするものと解される。まず、多くの場合に利用される無記名の乗車券では、権利の発生には乗車券は必要ではない。乗車券を発行しないで運送契約を締結することは十分可能である。たとえば、駅員のいない無人駅で乗車する者についても、乗車することによって運送契約が締結されたと考えるべきであろう。そして、運送債権を譲渡することは、証券である無記名乗車券を交付することによって可能となる。また、運送契約上の権利を行使するには、旅客は、乗車券の提示または引渡しが必要である。このようなことから、無記名乗車券は運送債権を表章する有価証券に該当するといえる。ただし、このような無記名乗車券も、改札を通過した後は、譲渡が禁止され、単なる証拠証券に変わる。すなわち運送人は特定の旅客に対してのみ運送債務を負うのである。また同様に乗車後車内で発行される乗車券は運賃支払を証明する証拠証券である。

以上に対して、記名式の定期乗車券等は、通用期間や通用区間を限定した上での包括的な運送債権を表章した有価証券である。ただし、旅客の資格と目的を制限し、譲渡を禁止したものと解される。

無記名回数乗車券については、包括的運送債権を表章した有価証券か、後日成立すべき運送契約を予想してその運送賃の前払があったことを証明する金銭代用証券かで争いがある。このような無記名回数乗車券の法的性格を論じる実益としては、発行後運送賃の値上りがあったときに、回数券の所持人が運送を請求するためには、追加払が必要か、そのような必要はないのかという形で問題になる。

大審院は、市電の回数乗車券について、運送人である東京市は、その所持人に運送債務を負担するものではなく、証券を所持する乗客が乗車の際にその証券を提出する場合に乗車賃に代えてこれを受領する債務を負担するにすぎないとして、差額を支払わなければならないという後者の立場をとった（大判大正六年二月三日民録二三輯三五頁）。

この問題については、無記名回数乗車券といっても、一律に解すべきではないであろう。東京市電の回数乗車券のように、乗車区間も通用期間も限定していないで単に金額のみを表示した回数乗車券については、その証券所持人と運送人との間に運送契約が締結されており、したがって回数乗車券が運送債権を表章しているとは解し難く、大審院の判例の立場を支持すべきであろう。しかし、これに対して、乗車区間も通用期限も限定したものについては、すでに所持人と運送人との間に運送契約が締結されたものと考えるべきであり、したがって追加払は必要ないと解すべきであろう。

第七章　運送取扱営業

第一節　運送取扱営業の意義

運送取扱営業も、取次ぎの一種であるが、その対象は物品運送に限定されている（五五九条一項）。販売または買入れの取次ぎには該当しないが、商法は運送取扱人について、問屋に関する規定を準用している（同条二項）。これも民法の委任契約の一種であるから、民法の委任に関する規定も準用される。ここでの運送は、陸上運送のみならず、海上運送および航空運送（それぞれの定義は五六九条二号〜四号）が含まれる。なお、物品でなく旅客の運送についての運送取扱人も準問屋に該当する。

運送取扱人は自己の名をもって物品の運送の取次ぎを業とする者であり、運送に関するさまざまな手続を履行することになる。必要な書類の作成や、運送経路の選定も行う。その結果、商人は自ら運送人を選定したり、運送経路を決めたり、さらには通関等の手続・書類の作成をしたりする手間が省けることになる。

なお、到達地において運送品を受け取った上で荷受人に渡す者は、到達地運送取扱人と呼ばれるが、これは運送の取次ぎではなく、ここでいう運送取扱いには該当しない。ただし、商法の運送取扱人に関する規定が類推適用される場面が、ないわけではない。

第二節　運送取扱人の義務

一　損害賠償義務

運送取扱人の損害賠償義務については、五六〇条が規定する。すなわち運送取扱人は、運送品の受取から荷受人への引渡しまでの間にその運送品が滅失しもしくは損傷し、もしくはその滅失もしくは損傷の原因が生じ、または運送品が延着したときは、これによって生じた損害を賠償する責任を負う。同条は、五七五条と同様、民法の債務不履行責任を具体化したものともいえるが、過失責任であり、債務者である運送取扱人が無過失の立証責任を負い、履行補助者の行為については（選任監督に関する自己の無過失を立証するだけでは足りず）、履行補助者の無過失を立証しなければ責任を免れない。

五六〇条では、運送品の受取、保管、引渡し、運送人の選択、その他の運送の取次ぎについて注意を怠らなかったことの立証を運送取扱人に要求する。ここで保管とは、運送取扱人が運送品を受け取ってから、運送人に引き渡すまでの保管のことをいう。

もちろん、これらは一例であり、運送取扱人が注意すべきなのはこれらの点にとどまらない。運送取扱人は委託者のために、運送に必要な各種の配慮をなすことが求められる。たとえば、荷受人が荷物の受取を拒否したようなときに、発送人に通知することなく第三者に荷物を引き渡した場合には、運送取扱人としての注意義務を尽くしたとは解されない（最判昭和三〇年四月一二日民集九巻四号四七四頁）。ここで要求される運送に関する注意も、運送品の性質によって異なることになろう。なお、同条でいうその他の運送の取次ぎとは、中継地における中継運送取扱いや到達地運送取扱いのことである。もちろん本条は任意規定であるから、特約による軽減・免除は可能である。

運送取扱人に対して損害賠償を請求できるのは、本来運送取扱契約における委託者であり、運送品の荷送人ということになる。しかし、物品運送のところで論じたように、運送品が到達地に達するか、または運送品の全部が滅失すると、荷受人も権利を取得するのであり（五六四条・五八一条）、荷受人も損害賠償請求権を有することになる。

運送取扱契約は委任であり、運送取扱人は、善良なる管理者の注意をもってその委任事務を処理しなければならない（民六四四条）。しかし、具体的な場合において、運送取扱人がどの程度の注意義務を負うかは、当該運送取扱契約の内容、商慣習によって決まることになる。たとえば運送人の選択においては、運送経路から考えて信用のある適切な人物を選ばなければならない。運送品が第三者によって差し押さえられたときには、運送取扱人はその旨を委託者に通知しなければならないが、判例（大判大正一一年六月六日民集一巻三七七頁）によれば、差押債権者に対して第三者異議の訴えを起こす義務はないとされた。

二　損害賠償額

損害賠償額については、物品運送のときのような規定（五七六条）はないから、民法の一般原則に従うことになろう。ただし、高価品については物品運送に関する規定が準用される（五六四条・五七七条）。

三　期間の経過による責任の消滅

運送取扱人の責任については期間の経過による責任の消滅が定められている（五六四条・五八五条）。すなわち、荷受人に運送品を引き渡した日から一年以内に裁判上の請求がされないときは、運送取扱人の責任は消滅する。運送品の全部滅失のときには、運送品が引き渡されるべきであった日から起算する。ただし、これは運送品の滅失・損傷・延着の場合に限られるのであって、たとえば運送賃の過払とか、通関手続の懈怠等については適用されない。

不法行為責任との関係は、物品運送のところで論じたのと同じであり、運送取扱人およびその被用者の不法行為責任が追及された場合にも減免規定が準用される（五六四条・五八七条・五八八条）。

第三節　運送取扱人の権利

一　報酬請求権

運送取扱人は商人であって、特に契約上定めておかなくても報酬を請求することができる（五一二条）。ただし、確定運送賃運送取扱契約、つまり運送賃を定めている運送取扱契約においては、特に報酬を定めておかない限り報酬を請求することができない（五六一条二項）。これは、確定運送賃から実際に要した運送賃を差し引いた額が運送取扱人の報酬になると考えられるからである。この場合については、運送取扱人は委託者との間では運送人の地位に立つことになるが、これは五六三条の介入権が行使された場合と考えるか、この場合の運送取扱契約は運送契約であると考えるかで争いがある。もちろん、運送が終了するまでは、確定運送賃を請求することはできない。

運送取扱人が報酬を請求できるのは、運送契約を成立させて、運送品を運送人に引き渡したときである（五六一条一項）。すなわち、たとえまだ荷受人に運送品が引き渡されていなくとも、運送取扱人としては、委任された事務はすべて完了したことになるから、報酬を請求できるわけである。ただし運送取扱人が到達地運送取扱人を兼ねる場合には、さらに、運送品を荷受人に引き渡さなければならないことから、荷受人に運送品を引き渡したときに報酬を請求できることになる。

二　受任者としての権利

運送取扱人には問屋の規定が準用される（五五九条二項）。問屋と委託者との関係には委任の規定が適用されるから（五五二条二項、なお最判昭和三一年一〇月一二日民集一〇巻一〇号一二六〇頁参照）、民法六五〇条により、運送取扱人が委任事務を処理するに必要な費用は委託者に請求することができる。

問題は混載運送について生じる。運送取扱人が、多数の委託者から委託されたときに、これらの運送品を、たとえば貨車を借り切るなどして一括して運送人に運送を任せる場合に、当然運送賃は個別に運送させる場合よりも割安になるはずである。この安くなった運送賃について運送取扱人は彼自身が得ることができるのか問題となる。運送取扱人が介入権を行使した一場合であり、当然に運送取扱人の利得となしうるという見解がある。しかし、これに対して、たとえ介入権を行使したところで、報酬の他に利得しうるものはないはずであるとしてこれに反対する学説がある。この立場をとる者は、運送取扱人は委託者にとってもっとも有利な条件で運送契約を締結すべきであって、安くなった部分は委託者に返還すべきであると主張する。

三　留　置　権

運送取扱人は、運送品に関して受け取るべき報酬、付随の費用、運送賃、その他の委託者のために立て替えた金銭に限り、その弁済を受けるまで運送品に対して留置権を有する（五六二条）。

この場合の留置権は、他の留置権と比較すると以下のような特徴がある。

① 商人間の留置権（五二一条）、問屋・代理商の留置権（五五七条・三一条）と異なり、留置物と被担保債権との牽連関係を要求している。

② 目的物の所有権は誰にあるかを問題としていない。この点で商人間の留置権と相違するが、民法上の留置権（民二九五条一項）と同じである。

③ 効力は商法上の留置権として更生担保権（会社更生二条一〇項）、別除権（破六六条一項・六五条二項）を有し、民法上の留置権よりも強い。

この場合の留置権において留置物と被担保債権との牽連関係を要求しているのは、運送品の受取人（荷受人）を保護するためである。運送取扱契約において、委託者と受取人が同一でないことは少なくない。もしも、運送取扱人が委託者に対して有する債権ではあるが、受取人が受け取る運送品と無関係な債権のために、運送品を留置するということになれば、受取人としては不測の損害を受けるおそれがあるからである。

運送取扱人が留置権を行使するためには、運送品を占有していなければならない。しかし、運送人が運送品を占有しているときはどう考えるべきであろうか。運送人に対しては、運送取扱人は荷送人たる地位に立つと考えられるから、運送品を間接占有し五八〇条により留置権を行使することになる。

相次運送取扱いのときは、中間運送取扱人は、自己に対する委託者である運送取扱人に代わって留置権を行使する義務を負う（五六四条・五七九条一項）。

なお、五六二条の文言上明確ではないが、本条の留置権を行使するためには、債権が弁済期にあることは要件となっていると解すべきであろう（平出・四三八頁）。

また、本条の留置権が認められるときには、五二一条の留置権の存在が否定されるというものではなく、両者が並存する場合も認められる（東京高決昭和五八年九月二七日判タ五一五号一五四頁）。

四　介入権

運送取扱人は、特約がない限り自ら運送人として運送を行うことができる（五六三条一項前段）。これは商法が特に認めた取次ぎ実行の一方法であり、問屋の場合と同じであるが、五五五条のように、取引所の相場がある物品とか通知を発するという要件が置かれていない。これは、運送の場合には運送賃や運送方法が定型化しており、このような要件を特に置かなくても弊害が生じないと考えられるからである。

介入権は形成権の一種であると考えられており、委託者に対して介入権行使の意思表示（黙示でもよい）を行い、委託者に到達したときに介入の効果が生じる。運送取扱人が委託者の請求により自ら船荷証券または複合運送証券を作成したときには、介入権を行使するものとみなされる（五六三条二項）。これは、本来これらの証券は運送人が作成すべきものだからである。介入権を行使する場合には、運送取扱人は運送人と同一の権利義務を有することになる（五六三条一項後段）。したがって、介入権行使の結果、運送取扱人が運送人の地位を占めることになる。たとえば、運送取扱人が運送人を使って運送させるときには、その運送人は履行補助者ということになる。運送取扱人は、運送賃と運送取扱人としての報酬や費用償還を請求できる。報酬請求権は、介入の意思表示をしたときに発生する。

第四節　その他

一　運送取扱人の債権の消滅時効

物品運送の場合と同様に、運送取扱人の債権にも短期消滅時効が定められている。すなわち運送取扱人が委託者や荷受人に対してもつことになる報酬請求権や費用償還請求権等は、行使することができる時から一年間行使しないときは時効によって消滅する（五六四条・五八六条）。

二　荷受人の地位

物品運送においては、荷受人は、運送契約の当事者ではないが、運送品が到達地に着いた後（あるいは運送品が全部滅失したとき）は、運送契約によって生じた荷送人の権利を取得する（五八一条一項）。これと同様に、荷受人は、運送取扱契約の当事者ではないが、運送取扱人との間に法律関係が生じる。すなわち、運送品が目的地に到達した後（あるいは運送品が全部滅失したとき）は、荷受人は運送取扱契約によって生じた委託者の権利を取得する。一方で、荷受人が運送品を受け取ったときには、荷受人が運送取扱人に対して報酬、運送賃等を支払う義務を負う（五六四条・五八一条三項）。

三　相次運送取扱い

相次運送と同様に、相次運送取扱いも、広義では以下の三つのものが含まれる。

① 下請運送取扱い　第一の運送取扱人は発送地においてすべての運送についての取次ぎを引き受けるが、運送取扱業務の一部または全部を他の第二以下の運送取扱人に行わせるもの。第一の運送取扱人を元請運送取扱人と呼び、第二以下の運送取扱人を下請運送取扱人と呼ぶ。委託者と直接の法律関係に立つのは元請運送取扱人だけである。下請運送取扱人は履行補助者であり、委託者と直接の関係に立たない。

② 部分運送取扱い　委託者の委託に応じて第一の運送取扱人が最初の区間の取次ぎを引き受け、第二以下の運送取扱人は、他の区間の運送につき別に取次ぎの委託を受けるもの。いくつかの運送取扱契約が存在し、それぞれ独立しており、各運送取扱人はそれぞれ別個に委託者と直接の法律関係に立つ。

③ 中継運送取扱い　委託者の委託に応じて、第一の運送取扱人は、最初の運送の取次ぎを引き受け、同時に第二以下の運送につき運送取扱いの取次ぎを行うもの。言い換えると、第一の運送取扱人は、発送地において、はじめの運送について取次ぎを行い、次に第二の運送については、自己の名をもって委託者の計算で、中継地運送取扱人を選択し運送取扱いを委託したり、到達地において運送品の引渡しを受ける到達地運送取扱人を選択して委託するのである。そして、第三の運送が必要である場合には、第二の運送取扱人が自己の名をもって最初の運送取扱人の計算において第三の運送取扱人と運送取扱契約を締結するという形で順次行っていく。中継地運送取扱人と到達地運送取扱人は中間運送取扱人と呼ばれている。

③のような中継運送取扱いにおいては、中間運送取扱人は、自己への委託者である運送取扱人のために善良なる管理者の注意をもって委任事務を処理しなければならない。したがって、中間運送取扱人は委託者たる運送取扱人に代わって彼の権利を行使したり義務を負担しなければならない（五六四条・五七九条一項）。中間運送取扱人は、すべての前者に対してこのような権利・義務をもつのであろうか。中間運送取扱人は、直接の前者以外との間にはなんら法

律関係はないのであるから、このような権利・義務をもつことはないと考えられる。

中間運送取扱人が前者に弁済したときには、中間運送取扱人は前者の権利を取得することになる（五六四条・五七九条二項）。この場合の前者は直接の前者に限られない。ここでの弁済には、代物弁済や相殺等も含まれる。

中間運送取扱人が運送人に弁済を行ったときにも、前者に弁済した場合と同じであり、中間運送取扱人は運送人の権利を取得することになる。

四　危険物に関する通知義務

物品運送における荷送人の危険物に関する通知義務（五七二条）は、運送取扱営業にも準用されており（五六四条）、委託者は運送取扱人に対して通知義務を負う。

第八章　寄　託

第一節　寄託一般

受寄者の注意義務（五九五条）

たとえば、ホテルがクロークで荷物を預かる場合、ほとんどの場合には無償で行われる。しかし、報酬を受けることなく寄託を受けた場合には、民法六五九条においては（民四〇〇条は適用されず）、受寄者の注意義務が軽減されている。つまり、受寄者は善良なる管理者の注意を尽くす義務を負わず、自己の財産におけるのと同一の注意をなす義務を負うだけである。これに対して、商法は、商人の信用を高めるためにその責任をより厳格にしている。すなわち、商人がその営業の範囲内において寄託を受けたときには、たとい報酬（特約がない場合でも五一二条により請求することができるが）を受けていないときであっても、注意義務は軽減されない。商人は、そのような場合であっても、善良なる管理者の注意を尽くさなければならないのである。もちろん、特約によってこれを軽減または免除することも認められる。

本条で問題になるのは、寄託契約が成立しているかどうかである。コインロッカーのように単に保管場所を提供しているだけであるのか、寄託を引き受けているのか、判断が微妙になるケースも少なくない。

第二節　場屋営業者と寄託

商法は、客から場屋営業者へ寄託がなされた場合についての規定を置いている。すなわち客の物品が滅失・損傷した場合に、場屋営業者がいかなる責任を負うべきであるかを明らかにしている。ここでいう、場屋営業とは、一般公衆が来集するのに適した設備を設け、顧客にその設備を利用させることを目的とする場屋における取引をする営業のことである（第一編第二章第三節三(7)参照）。すなわち、ホテル、旅館、レストラン、劇場、インターネットカフェ、スポーツクラブ、理髪店や浴場等のことを意味している（ゴルフ場も場屋営業であるとした裁判例がある。名古屋地判昭和五九年六月二九日判タ五三一号一七六頁）。

一　場屋営業者の責任（五九六条）

場屋営業者は、客から寄託を受けて荷物を預かったときには、特に高い義務を負うことになる。すなわち商法五九六条一項によれば、場屋営業者はその物品の滅失・損傷が不可抗力によって生じたことを証明しない限りは、損害賠償責任を免れることができない。つまり、場屋営業者は自己またはその使用人の無過失を立証するだけでは責任を免れないのである。これは、ローマ時代に物品の受領について旅店主等の責任を強化していたレセプトゥム責任を継受したものであるといわれている。

この場合の不可抗力の意義については学説上争いがある。

主観説は、事業の性質に従い最大の注意をもってしても避けえない場合を指すと解する。これに対して、客観説では、客観的にみて、当該事業の外部から発生した出来事で、通常その発生を予測できないものと解する。しかし、両説ともに欠点がある。つまり、主観説をとれば、本条は無過失責任を定めたことになってしまう。また客観説では、発生が予想できる場合には、現在の技術では防止が不可能、あるいは経済的にみて防ぎようがない場合についても、責任が生じることとなってしまう。

以上に対して折衷説では、不可抗力を当該事業の外部から発生した出来事で、通常必要とみられる予防方法を尽くしても防止できないものと解している。これが、現在の通説といえる。

本条二項では、客が特に寄託しなかった物品に関しても、客がそれを携帯して場屋に入っていたときに、その物品が滅失・損傷した場合の場屋営業者の責任について規定する。すなわち客が携帯した物品について、場屋営業者（被用者を含めて）が注意を怠ったことによりその物品が滅失・損傷したという場合には、場屋営業者が損害賠償責任を負うことになる。本来場屋営業者は、寄託を受けていない以上、当該物品について契約責任を負わないはずであるが、ここでは場屋営業者の責任を強化している。

一項によるのか二項によるのかは、顧客が物品の寄託を行ったかどうかによって決まる。駐車場にとめた自動車や、利用者が鍵の操作をするロッカーに入れた物品については、これを寄託したものと考えるのは正当ではなく、場屋営業者が保管場所を提供しているにすぎないと考えるべきであろう(1)。ただし単に駐車の場所を提供するというだけではなく、場屋営業者が車の鍵を預かって、車を移動・整理する場合のように、車を自己の支配下に置くときは、寄託の成立を認めるべきである（東京地判平成八年九月二七日判時一六〇一号一四九頁、大阪高判平成一二年九月二八日判時一七四六号一三九頁）。

以上の責任は顧客保護から場屋営業者の責任を厳格化したものであるが、さらに三項では、場屋営業者が責任を負わない旨を表示しただけではこれらの責任を軽減することにはならない旨が規定されている。しかし本条が任意規定である以上、特約があればこれらの責任を軽減することは可能である。単なる一方的な表示では責任が軽減されないだけである。また、このような表示はいつでも全く意味がないというわけではない。客がこの種の表示を無視するときには、過失相殺の事由になりうると解することができる。

本条における客とは、場屋設備の利用者のことである。しかし、必ずしも場屋営業者と場屋設備利用契約を締結している者に限ることはない。客観的にみて、設備を利用する意思で場屋に入ったと認められる者も含まれると解すべきである（石井＝鴻・商行為一九一頁）。一方、場屋営業に関連しない者の場屋の利用には適用されない(2)。

（1） 高知地判昭和五一年四月一二日判時八三一号九六頁、黒沼悦郎「商法五九四条の『不可抗力』の意義」商法の争点Ⅱ二五五頁（平成五）参照。

（2） 東京高判平成一四年五月二九日判時一七九六号九五頁は、ガソリンを給油後ガソリンスタンドに数時間自動車を駐車している間に盗難にあった事例について、旧五九四条二項（現五九六条二項）の適用を否定した。

二 高価品の特則

貨幣や有価証券等の高価品については、特則がある（五九七条）。客は寄託にあたりその種類および価額について場屋営業者に通知しなければ、たとえこれらの物品が滅失・損傷したとしても、損害賠償の請求ができない。この規定は物品運送や運送取扱営業の場合（五六四条・五七七条参照）と全く同趣旨である（ただし寄託については、運送に比べ高価品が寄託される場合が多いこと、場所の移動をともなわないことという差異がある）。高価品であることで高い対価を要求することは、場屋営業では想定しにくく、この規定は営業者を過酷な責任から解放するものである。通知は、場屋営業者に寄託を引き受けるかどうかを判断させ、または保管方法として、どのような処理をすべきかを判断させることのできる程度の内容の通知でなければならない。

五九七条は、客が寄託しない高価品については、直接言及していないようだが、客が通知しなければ五九六条二項の場屋営業者の責任は生じないし、通知があれば同項の責任を負うものと解される。

なお衡平の観点から、客が高価品について通知をしていない場合であっても、場屋営業者が高価品であることを知っていたときには、免責されないと考えられる。また、場屋営業者が故意または重過失により高価品である寄託品を滅失・損傷させたときにもこのような免責はないものと考えられる。(1)

問題は、債務不履行責任ではなく、不法行為責任を場屋営業者に対して追及するときにも、五九七条が適用されるかどうかである。判例は、不法行為責任と債務不履行責任との関係について請求権競合説をとっており、不法行為責任については、五九七条が適用されないとの見解をとっていた（大判昭和一七年六月二九日新聞四七八七号一三頁）。学説には、このような解釈では五九七条の存在意義がなくなることから、判例の見解に反対し、さらに請求権の競合を否定する法条競合説の立場をとるものが多い。場屋営業者の場合も運送人の場合（五八七条・五八八条）と同じ扱い（五九七条を準用する）をすべきであろう。

（1）　最判平成一五年二月二八日判時一八二九号一五一頁〔百選98〕では、ホテルの宿泊客がフロントに預けなかったもののうち、あらかじめ種類および価額の明告（通知）のなかったものについてはホテルの損害賠償義務を一五万円に制限している宿泊約款は、ホテル側に故意または重大な過失がある場合には適用されないと判示されている。

三　場屋営業者の責任に係る債権の消滅時効

以上のような場屋営業者の責任に係る債権については、短期の消滅時効が定められている。すなわち場屋営業者が寄託物を顧客に返還し、または顧客が携帯品を持ち去った時から一年間行使しないときは時効により消滅する（五九八条一項）。また、物品が全部滅失した場合の責任については、顧客が場屋を去った時から一年間行使しないときは時効により消滅する（同項かっこ書）。ただし、場屋営業者が物品の滅失または損傷につき悪意であったときには、このような消滅時効の規定は適用されない（同条二項）。ここでの悪意とは、故意に滅失・損傷させる行為をいうものと解されている。

なお、場屋営業者の責任には、運送人の責任に関する五八四条のような特別消滅事由は規定されていない。

第九章　倉　庫　営　業

第一節　倉庫営業の特色

倉庫営業も他人の営業を補助する補助商の一つである。倉庫営業は、いくつかの点において運送営業と類似している。

たしかに、物品の保管と物品の運搬とでは取引行為の性格が全く異なるようではある。しかし、運送営業は空間的障害を克服することを狙うものであるのに対して、倉庫営業は時間的障害の克服を狙うものである。この意味では、いずれも商人の障害を克服する補助商なのである。

さらに、海上物品運送営業において船荷証券が利用されるのと同様に、倉庫営業においても倉庫証券（現行法では倉荷証券のみが規定されている）が利用される。寄託者がある物品を倉庫業者に保管させた場合に、倉庫業者による保管中でありながら、この物品を処分することが必要になる場合も予想され、これを可能にするために倉荷証券が発行されるのである。その結果、寄託者は保管中の物品を円滑かつ迅速に処分できるし、担保として金融を受けることも可能になるのである。このような形での証券の利用は、物品運送契約における船荷証券の場合に類似する。

倉庫営業に関しては、倉庫業法という業法が存在している。このような特別の業法によって規制されている理由は、倉庫営業においては公共的色彩が強く、その運営の適正を図る必要があること、および倉荷証券の流通確保を図らなければならないという要請が存するからである。倉庫業法によれば、国土交通大臣の行う登録を受けなければ倉庫業を営むことはできないし（倉庫業三条）、国土交通大臣の許可を受けた倉庫業者でなければ、倉荷証券を発行することはできないとされている（同法一三条）。またそのような倉庫業者が倉荷証券を発行するには火災保険を付ける義務も規定されている（同法一四条）。さらに、同法は保管契約についても詳細に定めている。

第二節　倉庫営業者の意義

倉庫営業者とは、他人のために物品を倉庫に保管することを業とする者をいう（五九九条）。保管すなわち寄託を引き受けることは営業的商行為であり（五〇二条一〇号）、これを業として行う倉庫営業者は商人である（四条一項）。ただし、物品の運送人も物品を保管することになるが、この場合の保管は本来の運送業務に当然に包含されるものであるから、この点で運送人が倉庫営業を行っているわけではない。

倉庫営業者は、原則として自ら物品を保管しなければならないのであり、物品を自己の占有下に置くことが要求される。寄託者にとってはどこの倉庫に保管させるか、あるいは誰に保管させるかは大きな意味をもっており、保管を引き受けた倉庫営業者が自ら保管する必要があるのである。また、倉庫営業者の所有する倉庫に保管する場合であっても、自ら保管することなく、倉庫全体を第三者に貸し付けて倉庫の賃貸を行う者は、ここでいう倉庫営業者に当たらないと解すべきであろう。もちろん、保管の方法として、倉庫全体を特定の顧客のために使用すること、つまり倉庫全体を貸切りにして保管することは、倉庫営業に当たる。

倉庫営業者が業として行うのは他人の物品を保管することであり、物品の所有権を取得する消費寄託（民六六六条）を行う者は、倉庫営業者ではない。

物品は必ずしも特定物である必要はない。代替可能な物品を保管する場合については、混合寄託（民六六五条の二）すなわち寄託後同種同質のものを同数量返還する契約を締結している場合であっても、倉庫営業といえる。この場合には、倉庫営業者に物品の所有権が移転するわけではなく、寄託物は寄託者の共有となる。ただし、商法の倉庫営業に関する規定は、特定物の寄託を念頭に置いた規定である。このため、混合寄託については、商法は特に配慮しておらず、今後別に規定を設ける必要が生じうる。

倉庫は、通常屋根のある建物のことを意味しているが、ここではこのような狭い意味での建造物たる倉庫に限られていない。そのようなものには該当しなくても、保管の用に供せられる工作物、またはそのような工作を施してある土地や水面であってもよい。たとえば、石置き場や貯木場等もここでいう倉庫に含まれる。また、荷物の出し入れに業者が対応するトランクルームは、倉庫に当たるが、これに対して客が荷物の出し入れを行うレンタルスペースは、倉庫には該当しない。

第三節　倉庫寄託契約の性質

倉庫寄託契約は、不要式契約である。しかし、要物契約であるかあるいは諾成契約であるか、言い換えると寄託物を引き渡すことで契約が成立するのか、あるいは引渡しがなくても契約が成立するかについては争いがあった。このようなことを議論する実益は、寄託物が引き渡される前の時点においても、契約上の義務として、倉庫営業者は保管の準備をしておく必要があるかどうかという点や、寄託物の引渡請求権が発生し、倉庫営業者は、寄託物の引渡しがないときに相手方に対して損害賠償を請求できるかどうかという点にある。

倉庫営業は、寄託を引き受ける行為であり、引受けには必ずしも寄託物の引渡しが必要というわけではない。倉庫営業は、民法の寄託と比べて、反復継続的に取引がなされ、かつ大量に取引されるという性質をもっている。さらに民法の寄託契約についても、平成二九年改正前は要物契約とされていたが、同年の改正で諾成契約に変更された（民六五七条）。これらのことから、倉庫寄託契約は諾成契約と解されるべきである。ただし寄託者は、倉庫営業者が寄託物を受け取るまで、契約の解除をすることができる（同法六五七条の二第一項本文）。

倉庫寄託契約の内容については、倉庫寄託約款が重要であり、倉庫営業者は、この約款を国土交通大臣に届け出ることが倉庫業法によって義務づけられている（倉庫業八条一項）。

第四節　倉庫営業者の義務

一　保管義務

倉庫営業者は、たとえ報酬を得られない場合であっても、その営業の範囲内において寄託を引き受けた場合には、善良なる管理者の注意をもって寄託物を保管すべき義務を負うことになる（五九五条）。

この場合、やむを得ない事由があるときを除き、寄託者の承認がない限り、倉庫営業者は下請業者等の第三者に保管させることはできないのであり（民六五八条二項）、自ら保管しなければならない。なぜならば、前述したように倉庫寄託においては、誰がどこのどのような倉庫に保管するか、さらに場合によっては倉庫営業者に資力があるかどうかが重要な意味をもっており、第三者に保管させれば寄託者の期待や利益に反することになるからである。

保管方法としては、契約で特に定めているときには、それに従わなければならないが、倉庫営業者は、善良なる管理者の注意をもって、寄託物の性質と保管方法がうまく適合するかどうか十分配慮しなければならない。

保管の期間については、当事者が契約で定めればそれによるが、特に定めていない場合には、倉庫営業者は寄託物を倉庫に入れてから六カ月を経過しないと、返還することはできない（六一二条本文）。

このような規定が置かれたのは、寄託者の保護が考えられているからである。すなわち、民法では返還時期を定めていない場合には、受寄者はいつでも寄託物を返還することができると定められているが（民六六三条一項）、寄託者が商人である場合には、ある程度の期間保管してもらうことを期待していたはずであり、あるいは寄託者が商人でなくとも受寄者たる倉庫営業者からいつでも返還されてしまうと、倉庫を利用する経済的意義を失うことになってしまうからである。もちろんこれに反する特約を定めることは可能である。

また、やむを得ない事由があるときには、いつでも返還が可能となる（六一二条ただし書）。ここでいうやむを得ない事由とは、保管に適しない状態になったことをいい、たとえば寄託物が腐敗したような場合のことをいう。

なお、逆に、寄託者の方から寄託物の返還請求を行うことは、返還時期を定めたときであってもいつでも可能である（民六六二条一項）。ただし、次に述べる倉荷証券が発行されている場合には、倉庫営業者としては、証券と引換えに寄託物を返還することになる（六二〇条。ただしその例外である六一四条について第六節三(3)参照）。なお、保管期間の途中で、寄託者が寄託物の返還を受ける場合においても、寄託者は契約した保管期間全部についての保管料を支払う必要はなく、出庫のときまでの保管料を払うだけでよい。

保管中に、寄託物について第三者が権利を主張して訴訟を提起してきたときには、倉庫営業者は遅滞なくその事実を、寄託者がすでに知っている場合を除き、寄託者に通知しなければならない（民六六〇条一項）。さらに、寄託物についての差押え、仮差押え、仮処分がなされたときにも、寄託者がすでに知っている場合を除き寄託者に対してその旨の通知をなさなければならない（同項）。もっともその後の経過については逐一報告しなくてもよい（最判昭和四〇年一〇月一九日民集一九巻七号一八七六頁）。

二　倉荷証券交付義務

倉庫営業者は寄託者の請求により寄託物の倉荷証券を交付しなければならない（六〇〇条）。倉庫営業者としては、倉荷証券を一度交付すればそれでよいというわけではない。なぜならば、寄託者が寄託物を分割したり、倉荷証券を喪失したときには、倉庫営業者は、さらに倉荷証券を交付しなければならないからである（六〇三条・六〇八条）。

なお、倉庫営業者は倉荷証券を寄託者に交付したときには、必ず帳簿に記載しておかなければならない（六〇二条・六〇八条）（第六節参照）。

三　点検・見本提供に応じる義務

寄託者または倉荷証券の所持人は、倉庫営業者の営業時間内であればいつでも寄託物の点検や見本の提供を請求することと、またはその保存に必要な処分をすることができる（六〇九条）。

このような規定が置かれているのは、寄託者や倉荷証券の所持人の利益を保護するためである。すなわちここでは、寄託者や倉荷証券の所持人が寄託中の物品を譲渡するために見本が必要になる場合もあることや、倉庫営業者が適切な保管をなしているかどうか確認するために点検が必要になることなどが考慮されているのである。そこで、倉庫営業者としてはこのような請求に応じる義務を有するわけである。この場合、倉庫営業者は寄託者等による点検や提供を許容するだけではなく、積極的にこれに協力する義務も負わされている。

四 損害賠償義務

(1) 損害賠償請求権

倉庫営業者は、寄託物の保管に関し注意を怠らなかったことを証明しない限りは、寄託物の滅失または損傷について損害賠償責任を負わなければならない（六一〇条）。これも債務不履行責任の一つである。その意味で五七五条と同様である。

しかしながら、六一〇条の規定は、任意規定である。約款等でこれを軽減したり、免除したりすることも可能である。実際には、寄託者は点検行為ができる一方で、倉庫営業者による寄託物検査には限界があることや、保管料を低廉化させる必要があることなどから、例外はあるものの、ほとんどの約款では、損害が倉庫営業者またはその使用人の故意または重過失により生じたことを寄託者側が証明しない限り、倉庫営業者は損害賠償責任を負わない旨が規定されている（江頭・三九一頁参照）。

損害賠償を請求しうる者は、寄託者または倉荷証券の所持人であるが、請求する者が寄託物の所有者である必要はない。すなわち寄託者が所有者でないときであっても損害賠償を請求しうる。寄託物の滅失または損傷があった場合には、所有者はまず寄託者へ損害賠償を請求することが考えられる。寄託者が賠償を実行すると、彼には実際の損害が生じるので、寄託者が倉庫営業者へ損害賠償を請求する意味がある。しかし、だからといって、寄託者は所有者に賠償した後でなければ倉庫営業者に賠償請求ができないというわけではない。(1)

(2) 内容不知約款

倉荷証券の記載が事実と異なるときでも、倉庫営業者はこのことを善意の証券所持人に対抗できない（六〇四条）。このため、倉庫営業者が倉荷証券を作成した場合に、実際の寄託物と証券記載の物品が異なるときには、争いが生じる。しかし、多種多様な物品を保管する倉庫営業者が寄託物をいちいち正確に検査することは、実際には困難である。また、荷造りの性質から点検が不適当なものもある。そこで、倉荷証券に不知約款または内容不知約款が記載されることがある。これは、寄託物についてその内容を検査することが不適当なものについては、その種類、品質および数量を記載しても倉庫営業者は責任を負わないというものである。

このような約款が有効であることは、判例および多くの学説が認めているところである。ただし、これを援用することで、いつでも倉庫営業者の責任が否定されるとは解されてはいない。倉庫営業者は、証券に記載された荷造りの方法、寄託物の種類からみて、その内容を検査することが容易でなく、または荷造りを解いて内容を検査することによりその品質または価格に影響を及ぼすことが、一般取引の通念に照らして明らかな場合に限り、不知約款を援用して、証券所持人に対する証券の文言上の責任を免れうるのである（最判昭和四四年四月一五日民集二三巻四号七五五頁〔百選95〕）。

(3)　責任の消滅

倉庫営業者の責任については、責任の特別消滅事由と特別の消滅時効が定められている。

前者については寄託物の損傷または一部滅失についての倉庫営業者の責任は、寄託者または倉荷証券の所持人が、異議をとどめないで寄託物を受け取り、かつ保管料等（六一一条に定義する）を支払った場合について、責任が消滅するとしている（六一六条一項本文）。ただし寄託物に直ちに発見することができない損傷または一部滅失があった場合に、寄託者または倉荷証券の所持人が引渡しの日から二週間以内に倉庫営業者に対してその旨を通知したときには責任は消滅しない（同項ただし書）。

この場合の責任消滅は、倉庫営業者が寄託物の損傷または一部滅失について悪意であった（知っていた）ときは適用されない（六一六条二項）。

後者については、寄託物の滅失または損傷によって生じた倉庫営業者の責任に係る債権については、寄託物の出庫の日から一年間行使しないときは時効によって消滅するとしている（六一七条一項）。ただし、倉庫営業者が寄託物の滅失または損傷につき悪意であったときには、この消滅時効は適用されない（同条三項）。ここでの悪意の意味は、寄託物に故意に損害を与えたり、故意に損害を隠蔽した場合を指すものと考えられる。大量の寄託物を扱う倉庫営業者の性質から、倉庫営業者の責任関係を速やかに解決させ、倉庫営業を保護することに六一七条の趣旨があるのであるから、この悪意を制限的に解して、この保護を広く及ぼすことが適当であるからである（宮崎地延岡支判昭和五〇年三月一一日判時七八二号八九頁参照）。

一年の計算にあたっては、寄託物が全部滅失した場合には、倉庫営業者が倉荷証券の所持人に対して（これを作成していないとき、またはその所持人が不明のときには寄託者に対して）、滅失についての通知を行った日から起算することになる（六一七条二項）。

なお、倉庫営業者の負担する損害賠償額については、物品運送における五七六条のような規定は存しない。そこで、民法の債務不履行の一般原則通りに考えていくことになる。

（1） 最判昭和四二年一一月一七日判時五〇九号六三頁〔百選94〕。ただしこの事案は特殊なケースであり、たまたま寄託物が所有者の手中に帰してしまっていた。そこで、寄託者の損害はないとして、寄託者は損害賠償責任を請求できないとされた。

第五節　倉庫営業者の権利

一　保管料および費用償還請求権

倉庫営業者も商人であるから、特約がなくても五一二条により報酬すなわち保管料を寄託者に請求することができる。ただし、六一一条は、寄託物の出庫の時以後でなければ請求できないと定めている。もっとも保管期間を経過したときには、出庫前でも請求できると解される。

保管期間経過前に、寄託物の一部だけ出庫するときには、これに応じて保管料を請求することもできる。もしも、寄託者の責めに帰すべき事由によって倉庫寄託契約が終了したならば、倉庫営業者の受け取ることのできる保管料はどうなるのであろうか。この場合であっても、倉庫営業者は割合保管料を請求することができるだけである。

保管料以外にも、倉庫営業者が要した立替金や寄託物に関する費用（あわせて保管料等と呼ぶ）も倉庫営業者は同様に請求することができる（六一一条）。

問題は、これらの金銭について、倉庫営業者の行う請求の相手方、すなわち保管料等の支払義務者は誰かである。寄託契約の当事者である寄託者に請求できることは疑いない。しかし、このほかに倉荷証券を発行したときにその所持人に対しても請求することができるのであろうか。これは、寄託した物品について引渡請求権をもつ者が倉庫寄託契約の当事者と異なることから生じる問題である。この点に関しては、物品運送については商法五八一条三項が、荷受人は運送人に対して運送賃や費用について支払う義務を負う旨を明文で定めている。これに対して倉庫営業にはこのような規定がないところから争いが生じる。特に証券の所持人が寄託物の引渡請求を行っているときに問題になろう。

ただし通常は、このようなことが実際に問題となることは稀である。なぜならば、約款で証券所持人または寄託者が保管料等を支払うと定められている場合が多く、また倉庫営業者は留置権や先取特権をもっているので、保管料等を支払おうとしない証券所持人からの寄託物引渡請求に対しては、それを拒むことができるので、証券所持人に保管料等を事実上支払わせることができるからである。

しかし、倉庫営業者が証券所持人に保管料等の金額を額面とする小切手と交換に寄託物を返還してしまった後で、その小切手が不渡りになったという事案において、このような問題が生じた。最高裁は、このような事案で、しかも倉荷証券の券面上に保管料等は所持人が支払う旨が記載されていたケースについて、このような文言の記載がある場合、証券所持人が裏書譲渡により倉荷証券を取得したときは、特段の事情のない限り、各当事者間に、その所持人が記載の文言の趣旨に従い右費用支払の債務を引き受けるという意思の合致があるものと解して、証券所持人への請求を肯定した(1)。

学説では、五八一条三項のような条文が置かれていないことや、保管料等は寄託契約から生じるものであることから、契約の当事者である寄託者が負担すべきであるとするものがある。一方では判例と同様に、倉庫営業者は留置権や先取特権をもっていることから、証券の所持人は債務引受を行ったと解すべきであるという立場もある。このほか寄託契約の性質から五八一条三項を類推適用して、あるいは倉荷証券の記載事項の中に保管料があることから（六〇一条四号）、証券所持人の義務を認めるべきであるという立場もある。

しかし、明文規定もないのに、五八一条三項と同様の処理を認めることには無理があろう。また、六〇一条四号は、倉荷証券に保管料の記載を求めているが、これは倉庫営業者が留置権を行使する際の被担保債権となるべきものの代表として記載を求めているだけであり、これだけを根拠に証券所持人に保管料を支払わせることはできない。また、証券の所持人が、寄託物の返還請求をすることなく、さらに第三者に倉荷証券を譲渡したときには、免責的債務引受を認めてよいのか問題となろう。

倉荷証券に関しては約款によるという白地慣習法ができあがっており、その内容が不合理でない限り当事者を拘束すると解することも可能である。もしも倉荷証券に所持人が負担する旨の記載があるときには、債務引受けが成立したと解することは決して無理ではない。ただし、倉荷証券の所持人が寄託物の引渡しを受けることを停止条件とすると解すべきであろう。(2)

(1) 最判昭和三二年二月一九日民集一一巻二号二九五頁〔百選96〕。もっともこの事件では、倉庫営業者としては、寄託者に遡求権を行使すればよかったという意見もある。

(2) 以上の学説については、高田桂一「倉庫証券所持人の保管料の支払義務」商法の争点Ⅱ二五六頁(平成五)参照。

二 留置権・先取特権

倉庫営業者については、留置権は民法二九五条により、先取特権は民法三二〇条により認められる。ただし、寄託者が商人の場合で、また寄託物が寄託者所有に属するときには商法五二一条の留置権を倉庫営業者は取得することになる。

三 競売・供託権

寄託物の受取を拒まれたときには、倉庫営業者は商人間の売買における売主と同様に、寄託物を競売・供託することができる（六一五条・五二四条一項）。すなわち、寄託者または倉荷証券の所持人が寄託物の受取を拒否したり、受け取ることができない場合には、倉庫営業者は、寄託物を供託しまたは相当の期間を定めて催告した後に寄託物を競売することができる。損傷その他の理由による価格の低落のおそれがある物は、催告しないで競売することができる（六一五条・五二四条二項）。

ただし六一五条は、五二四条三項の規定を準用していないことから、倉庫営業者は、競売代金を供託しなくてよい。その場合、倉庫営業者が競売代金を保管することになる。

第六節　倉荷証券

一　倉荷証券の意義

倉庫営業者は寄託者の請求により寄託物の倉荷証券を交付しなければならない（六〇〇条）。

倉庫証券は、倉庫に保管した物品をそのまま譲渡したり質権を設定したりすることができるようにしたものである(1)。

倉荷証券を発行するには、国土交通大臣の許可を受けた倉庫営業者である必要があるが（倉庫業一三条一項）、これ以外の者が発行した倉荷証券であっても、それが私法上無効になるわけではない。

(1)　倉庫証券には、倉荷証券のほか、かつて預証券および質入証券があった。比較法的にみると、寄託物につき預証券と質入証券の二種類をセットにして発行する複券主義と呼ばれる立場をとる国と、倉荷証券だけを発行する単券主義と呼ばれる立場に立つ国とに分かれている。わが国では、平成三〇年改正以前は併用主義をとっており、二つの方式をともに認めていたが、現実には単券の場合が多く改正により単券主義となった。

二　有価証券としての倉荷証券

倉荷証券は有価証券の一つであり、以下のように有価証券としての性質が認められている。

倉荷証券は、非設権証券（有因証券または要因証券）である。つまり寄託契約上の寄託物の返還請求権がすでに存在していて、これを表章する証券である。言い換えると、証券の作成によって権利が創設されるのではなく、寄託契約が無効であれば倉荷証券も無効となる。

倉荷証券は記載事項が法定された要式証券である（六〇一条）。すなわち、倉荷証券には、次に掲げる事項およびその番号を記載し、倉庫営業者がこれに署名し、または記名押印しなければならないとされている。すなわち、①寄託物の種類、品質および数量ならびにその荷造りの種類、個数および記号、②寄託者の氏名または名称、③保管場所、④保管料、⑤保管期間を定めたときは、その期間、⑥寄託物を保険に付したときは、保険金額、保険期間および保険者の氏名または名称、⑦作成地および作成年月日である。ただし、手形に見られるように、記載事項が一つでも欠けると証券を無効とするような厳格な要式証券ではない。

倉荷証券には文言証券性が認められており、倉庫営業者は、倉荷証券の記載が事実と異なることをもって善意の所持人に対抗することができない（六〇四条）。言い換えると、善意の所持人との関係では、債務の内容は証券上に記載されている文言によって決まることになる。文言証券性と有因証券性との関係については四で論じる。

当然の指図証券性が認められている（六〇六条本文）。すなわち、倉荷証券は、無記名式、記名式、選択無記名式、あるいは指図式でも発行できるが、記名式として発行したときであっても、指図証券性をもっているのであり、裏書によって、譲渡し、または質権の目的とすることができるのである。(1) ただし、倉荷証券に裏書を禁止する旨を記載し、裏書禁止の証券とすること（指図証券性を排除すること）も可能である（六〇六条ただし書）。

処分証券性が認められている。つまり倉荷証券が作成されたときは、寄託物に関する処分は、倉荷証券によってしなければならない(六〇五条)。

倉荷証券にはいわゆる物権的効力が認められており、倉荷証券により寄託物を受け取ることができる者に倉荷証券を引き渡したときは、その引渡しは、寄託物について行使する権利の取得に関しては、寄託物の引渡しと同一の効力を有するとされる(六〇七条)。この点については五で詳しく論じる。

倉荷証券が作成されたときは、これと引換えでなければ、寄託物の返還を請求することができない(六一三条)とされており、受戻証券性をも有する。ただし、この規定は強行規定ではないから、実務で行われている仮渡しまたは空渡し(倉荷証券と引換えなしに寄託物を引き渡すもの)や保証渡し(倉荷証券と引換えではないが連帯保証人となる銀行の保証状を差し入れることで寄託物を引き渡すもの)の慣行に従った引渡しも無効となるわけではない。もっとも無権利者に寄託物を仮渡し(または空渡し)や保証渡しをしてしまった後で、善意の倉荷証券の譲受人が、寄託物の引渡しを求めてきたときには、倉庫営業者が損害賠償義務を負うことになる(大判昭和八年二月二三日民集一二巻四四九頁)。

なお、倉荷証券の所持人には寄託物の分割請求権もある。すなわち倉荷証券の所持人は、倉庫営業者に対して、寄託物を分割して、その各部分についての倉荷証券の交付を請求することが認められている(六〇三条一項前段)。もちろん、所持人は、元の倉荷証券を倉庫営業者に返還しなければならない(同項後段)。この場合に必要となってくる寄託物の分割および倉荷証券の交付に関する費用は、所持人が負担しなければならない(同条二項)。

(1) 倉荷証券の譲渡にあたって、実務界では会社の代表機関による署名ないし記名捺印のない裏書を行うことが多いようではあるが、判例はこれを適式の裏書として扱う商慣習法または商慣習の存在は認められないとする(最判昭和五七年七月八日判時一〇五五号一三〇頁)。

三　帳簿記載義務

(1)　帳簿の作成と記載　　倉庫営業者が、倉荷証券を寄託者に交付したときは、帳簿を作成して、その帳簿に一定の事項を記載するという義務がある（六〇二条）。ここでいう帳簿は、倉庫証券控帳とも呼ばれることがある。記載すべき事項は、①寄託物の種類、品質および数量ならびにその荷造りの種類、個数および記号、②寄託者の氏名または名称、③保管料、④保管期間を定めたときは、その期間、⑤寄託物を保険に付したときは、保険金額、保険期間および保険者の氏名または名称、および、⑥倉荷証券の番号および作成の年月日である。商法は、さらにこの帳簿に記載すべき場合として、以下の二つの場合を規定する。

(2)　倉荷証券の再交付　　倉荷証券の所持人が証券を喪失したときには、他の有価証券の場合と同様、公示催告を申立て、除権決定を得て、証券を無効とすることが可能である（民五二〇条の一一）。しかし、除権決定はこれを得るには時間がかかることから、商法は倉荷証券について、所持人が相当の担保を供して、証券の再交付を請求できる旨を明らかにしている（六〇八条前段）。証券を再発行した場合には、倉庫営業者はその旨を帳簿に記載しなければならない（同条後段）。

(3)　寄託物の一部返還請求　　倉荷証券が作成されたときは、これと引換えでなければ、寄託物の返還を請求することができない（六一三条）。しかし、倉荷証券によって質入れをした場合、寄託者は倉荷証券を所持していないことになるため、倉荷証券を受け戻さない限りは、寄託物の返還請求ができないことになりそうである。しかし商法は、倉荷証券を質権の目的とした場合において、質権者の承諾があるときは、寄託者は、当該質権の被担保債権の弁済期前であっても、寄託物の一部の返還を請求することができると定めている（六一四条前段）。これは、証券を所持しない寄託者の利益を図ったものである。この場合において、倉庫営業者は、返還した寄託物の種類、品質および数量を倉荷証券に記載し、かつ、その旨を帳簿に記載しなければならないとされている（同条後段）。

四　文言証券性と有因証券性（要因証券性）

倉荷証券には文言証券性が認められており、証券の記載文言を信頼した者は保護される。一方で、倉荷証券は有因証券（要因証券）であって、原因関係上の権利が存在していないときには、証券が作成されたとしても権利が発生しない。寄託契約もないのに倉荷証券だけを発行しても、その証券は無効である。手形のような無因証券であれば、原因債権とは別個の債権が証券の作成により成立するのであるが、それとは異なるのである。

ここで、従来から争われているのは、有因証券性（要因証券性）と文言証券性の関係であり、倉荷証券およびそれと同様の性質をもつ貨物引換証（平成三〇年改正前まで商法に規定のあった運送証券の一つ）や船荷証券（七五七条参照）をめぐって盛んに議論がなされてきた。具体的には、次の二つの場合が問題となってきた。

一つは空券の場合である。つまり、倉庫営業者が、有効な寄託契約にもとづいて寄託物を受け取っていないにもかかわらず、倉荷証券を発行した場合である。もう一つは、品違いの場合である。つまり、倉庫営業者が現実に受け取った寄託物と、倉荷証券に記載した寄託物とが相違した場合である。

空券の事案について、大審院の判例（大判大正二年七月二八日民録一九輯六六八頁）は、有因証券性を重視して、運送品を受け取らない場合に作成された貨物引換証は、原因を具備しないと同時に目的物を欠缺したものであり、証券としては無効であると判示した。次に、質入証券（平成三〇年改正前まで商法に規定のあった倉庫証券の一つ）における品違いの事案について、大審院（大判昭和一一年二月一二日民集一五巻三五七頁）は、証券の記載が実際の寄託物と相違していても、質入証券を発行した倉庫営業者は免責されず、損害賠償責任を負う旨を判示した。この判決は、先の大正二年の判決が有因証券性を重視したのに対して、文言証券性をも重視する方向に移ったものと解することができた。ところが、昭和一三年に再び大審院（大判昭和一三年一二月二七日民集一七巻二八四八頁〔百選80〕）は、貨物引換証の空券の事案において、大正二年の判決を引用し、有因証券性を重視して、証券を無効と解している。さらに昭和一四年の判決（大判昭和一四年六月三〇日民集一八巻七二九頁）では、倉荷証券の品違いの事案において、文言証券性を重視して記載通りの責任を課している。

このような判例の流れに対して、学説も大きな対立が見られている。すなわち有因性を重視する立場、文言性を重視する立場、折衷的な立場、空券では有因性を重視するが、品違いでは文言性を重視する立場、倉庫営業者が無過失の立証責任を負う損害賠償の問題として解決する立場などが見られている。(1)

(1) 平成三〇年改正前の商法の下では、主に運送証券である貨物引換証や船荷証券をめぐって議論されてきた。倉荷証券について、この議論を説明すると以下のようになる。第一に、要因性を重視する見解がある。すなわち、この見解によれば文言性は寄託契約の存在を前提として認められるにすぎないと解する。そして、寄託契約が無効であったり、物品を受け取っていないときには、倉荷証券は無効であると解する。つまり、たとえば空券については、原因関係が欠けている以上、証券は無効であり、証券に記載された物品を引き渡す義務を負わないと考える。品違いについては、証券の記載にもかかわらず、実際に倉庫営業者が受け取った物を引き渡せば足りると解する。ただし、証券の所持人が証券の記載を信頼した場合には、所持人は倉庫営業者に対して不法行為にもとづく損害賠償責任を追及することができる。このように解すると、証券の文言性が否定されるようではあるが、証券の文言性は、保管料などの比較的軽微な事項に限って認められると解する。
しかし、このような見解に対しては、所持人の保護に欠け、倉荷証券の流通性が大きく損なわれるとの批判がなされている。

第二に、文言性を重視する見解がある。この立場では要因性を制限的に解することになる。つまり、要因性は証券上の権利の原因を証券に記載しなくてはならないことを意味し、その原因が事実存在することを要しないとする。証券の作成自体が有効でさえあれば、空券の場合でも品違いの場合でも、証券の記載された通りに効力が生じると解する。したがって、倉庫営業者が証券の所持人に負うのは不法行為責任ではなく、債務不履行責任である。空券のときには全部滅失に、品違いや数量不足の場合には一部滅失や損傷に準じて損害賠償すべきであると解する。

このような立場では要因証券性は大きく弱められ、否定されることになる。その結果要因性とは要式性を言い換えたものにすぎないことになると批判される。また、このような解釈では、必ずしも厳格に寄託物を検査しうるわけではない倉庫営業者にとっては、酷な結果になりやすい。

第三に、中間的な学説として、旧五七二条（貨物引換証を作成したときは運送に関する事項は運送人と所持人との間においては貨物引換証の定めるところによる旨を規定していた）は原因関係である運送契約を離れて、証券に記載された文言によって権利を創造したものと解しつつ要因性との調和も図る立場がある。すなわちこの見解では、倉庫営業者は倉荷証券に記載された通りの責任を負うことになる。実際には寄託物を受け取っていなかったとか、受け取ったが異なる物であったとかいう原因関係上の抗弁を倉庫営業者は証券の所持人に対して対抗することができない。この立場によれば、寄託契約の内容と倉荷証券の記載が相違している場合には、倉庫営業者は、証券所持人との間では、証券の記載通りの責任を負わなければならない。しかし、一方で倉荷証券に要因証券としての性格をも認める。すなわち、手形の場合はそこで表章されるのは一定の金額の支払であるから、所持人はその債権を行使し、あくまでもその金銭を受け取ることが可能であるが、倉荷証券では、特定の寄託物の引渡しであり、もしも倉庫営業者が証券に記載された物を受け取っていないときには、所持人は物品を受け取ることはできず、結局損害賠償の請求をするほかはないが、このときに倉庫営業者の無過失が立証されれば、損害賠償責任が否定され、結局、倉荷証券は何も表章していないのと同じことになる。この点は、倉荷証券の要因証券性を示したものと理解する。

さらに別の見解として、空券の場合については、要因性を重視して証券を無効と解するが、品違いの場合には、文言性から証券の記載通りの責任を倉庫業者に課すという立場もある。

五　倉荷証券の物権的効力

(1)　物権的効力の意義

倉荷証券により寄託物を受け取ることのできる者に、倉荷証券を引き渡したときには、その引渡しは、寄託物の上に行使する権利の取得について、寄託物の引渡しと同一の効力を有する（六〇七条）。倉荷証券により寄託物を受け取ることのできる者とは、証券上の権利者たる資格を有する者である。つまりこれは、倉荷証券が指図式のときには、最後の被裏書人であり、無記名式や選択無記名式のときには、証券の所持人である。

同条は倉荷証券の物権的効力を示した規定であると解されている。しかし、ここで物権的効力といっても、倉荷証券が物権を表章することを意味しているのではなく、右の者に証券を引き渡すときには、寄託物の占有を移転する効力すなわち寄託物そのものを引き渡すのとほぼ同じ効力が生じることを意味している。

民法一七八条の対抗要件や民法三四四条の質権設定についても、証券の引渡しによって物の引渡しの要件を満たすことになる。

(2)　物の善意取得と証券の善意取得

問題は物の善意取得と証券の善意取得との関係である。六〇五条によれば、倉荷証券を作成したときには、寄託物に関する処分は倉荷証券によって行わなければならないとする。しかし、これに反した処分がなされ、善意の第三者甲が倉庫営業者丙から寄託物の引渡しを受けた場合には、この者は善意取得するはずである。一方このようなことを知らずに倉荷証券を譲り受けた乙は、少なくとも倉荷証券を善意取得するはずであり（民五二〇条の五）、六〇七条により寄託物の引渡しを受けたのと同じことになるはずである。この場合甲と乙の権利はどちらが優先するのであろうか。

第一に、甲の方で倉荷証券が発行されているという事実を知っていたならば、悪意者として甲はこの物についてそもそも善意取得することができない。

第二に、一方乙についていえば、証券の善意取得は、証券上の権利を善意取得するだけであって、必ずしも直接寄託物の占有を得たことを意味するわけではない。したがって、当然に寄託物を善意取得することになるわけではない。たしかに、原則として乙が証券の所持人を権利者として信頼して、この者から善意無過失で倉荷証券を譲り受けた場合には、寄託物を善意取得できると考えられる。しかしこれは、六〇七条の直接の効力ではなく、民法一九二条の効力によるものである。したがって、寄託物そのものを直接取得した甲がいる場合には、乙の権利よりも甲の権利の方が優先するものと考えられる（倉荷証券と同様に物権的効力を定めていた貨物引換証に関してこの旨を述べた判決がある。大判昭和七年二月二三日民集一一巻一四八頁〔百選82〕）。

(3) 物権的効力をめぐる学説

物権的効力をどのように理解するか、証券の引渡しは寄託物そのものの引渡しと全く同じかどうかで学説上議論されてきた。

絶対説と呼ばれる立場は、六〇七条は、民法の定める占有移転方法以外に、証券の引渡しという占有移転の方法を定めたものと理解する。そして、倉庫営業者が証券の移転当時に寄託物を占有しているかどうかにかかわらず、証券の移転をもって寄託物の移転がなされたものと解する。

相対説と呼ばれる立場は、証券の移転について民法の占有移転を前提に考える。つまり、証券の譲受人は、寄託物を直接占有する倉庫営業者に対して寄託物引渡請求権をもつ者から、間接占有を取得すると解する。証券の引渡しは間接占有の移転であると考える。この見解（相対説の中でも代表説と呼ばれることが多い）では、証券の引渡し時において、倉庫営業者は寄託物を直接占有していなければならないことになる。ただし相対説には、厳正相対説と呼ばれ、民法一八四条の要件も満たしていなければ占有は移転しないと解する見解もある。しかし、多くの学説は代表説に立ち、証券は寄託物の代表であり、寄託物が倉庫営業者の直接占有下にあるならば、証券の引渡しのみで占有移転の効力が生じると解する。

このような学説の対立は、以下の二つの論点についての結論の違いになって現われる。①倉庫営業者が第三者によって寄託物を奪われて、寄託物の占有を一時失っているときに証券の引渡しがあった場合、証券の所持人はこの第三者に対して占有回収の訴え（民二〇〇条）を起こすことができるか。②寄託物を第三者が善意取得するときに、証券を善意取得した者は、寄託物につき権利を取得するか。

絶対説によれば、①については、証券の所持人が寄託物の占有を得たと解して、第三者に占有回収の訴えを起こすことを認める。②の寄託物そのものが善意取得されるときには、証券所持人のもつはずの物権的効力が否定されるという結論をとることは難しくなる。

相対説では、①については、寄託物の占有移転の効力が生じないことになる。したがって、証券所持人は権利行使ができないことになる。しかし、占有が一時的に失われているかどうかは、証券の取引者にとっては明らかではなく、このような解釈が取引の安全を害することは明らかである。しかし②については、所持人が権利を失うことをうまく説明することができる。

以上に対して、近時有力な見解は、絶対説に立ちながらも、倉庫営業者丙が占有を喪失し、第三者の甲がこの寄託物につき善意取得した場合には、その善意取得者（甲）が証券所持人である乙よりも優先し、この意味では物権的効力が制約されると解する。ただし甲が悪意のときは、たとえ倉庫営業者丙が占有を失っていても、証券の移転により占有移転の効力が生じると解する。次に、寄託物が滅失したときには倉荷証券を受け渡しても、占有は移転しないと解する。さらに倉荷証券が無効であるときには、物権的効力が生じないと解する。

六　荷渡指図書

寄託物を譲渡する際に、倉荷証券のほか、実際には荷渡指図書（あるいは荷渡依頼書という言葉も使われる）が利用されることも多い。これについては商法に条文がないため、法律的にどのような証券と解するべきかについては争いがある。いずれにしても、倉荷証券と同じ性質のものと解することはできない。一般に荷渡指図書の性質としては、次に示すように、どのように作成されるのかによって、分けて考えられている（落合誠一「荷渡指図書の性質と効力」商法の争点Ⅱ三〇四頁〔平成五〕参照）。

①　寄託者が発行する場合　　これは単なる免責証券であると解されている。すなわち寄託者が寄託物を証券の所持人に渡すことを倉庫営業者に委託するものである。倉庫営業者としては、荷渡指図書の所持人に寄託物を引き渡せば免責される。また荷渡指図書の所持人は寄託物を受領して自由に処分することができる。しかし、だからといってこの場合の荷渡指図書は、当然に寄託物返還請求権を表章しているわけではない。この場合の荷渡指図書は物権的効力を有していない。寄託者としては、荷渡指図書の所持人が現実に寄託物の引渡しを受けるまでは指図を取り消すことができるのである（最判昭和三五年三月二二日民集一四巻四号五〇一頁参照）。ただし、倉庫営業者が寄託物の引渡しを

荷渡指図書と引換えに行ったあと、あるいは引渡義務を承認したあとでは、寄託者は指図を取り消すことができない。多数説は、①の場合の荷渡指図書は有価証券に当たらないと解している。

② ①の荷渡指図書に倉庫営業者が副署する場合　この場合には、単に寄託者が指図をしているだけではないことになる。倉庫営業者は自ら保管していることを証明しており、荷渡指図書は、倉庫営業者が荷渡指図書の所持人に寄託物を引き渡す義務を記載したものとなる。この場合の荷渡指図書の所持人は、倉庫営業者に対して寄託物の引渡しを請求することができる。

③ 倉庫営業者が発行したもの　これは、荷渡指図書の所持人が寄託物の引渡請求権を有する有価証券であると考えられる。つまり倉庫営業者が倉庫の係員に寄託物を引き渡すように命じた証券と理解できる。

いずれの形態の荷渡指図書であっても、商法に規定のある倉荷証券と異なり、物権的効力は認められないとするのが多数説である。そのような商慣習も認められないからである（大阪地判昭和五七年一二月二〇日判時一〇八〇号一四四頁参照）。

事項索引

か　行

さ　行

た　行

な　行

は　行

ま　行

や　行

ら　行

わ　行

判例索引

大審院

最高裁判所

高等裁判所

地方裁判所

● 著者紹介

近藤　光男（こんどう・みつお）

昭和29年　東京都生まれ
昭和53年　東京大学法学部卒業
　同　年　東京大学法学部助手
昭和56年　神戸大学法学部助教授
平成３年　神戸大学法学部教授
平成27年　神戸大学名誉教授，関西学院大学法学部教授（～令和４年）
　　　　　現在に至る

主要著書

会社経営者の過失（弘文堂，平成元年）
会社支配と株主の権利（有斐閣，平成５年）
経営判断と取締役の責任（中央経済社，平成６年）
取締役の損害賠償責任（中央経済社，平成８年）
コーポレート・ガバナンスと経営者責任（有斐閣，平成16年）
株主と会社役員をめぐる法的課題（有斐閣，平成28年）
最新株式会社法（第９版）（中央経済社，令和２年）

商法総則・商行為法〔第９版〕　〈有斐閣法律学叢書〉
Commercial Law, 9th edition.
(General rules and Commercial transactions)

1995年８月10日　初版第１刷発行
1996年10月30日　第２版第１刷発行
1999年３月30日　第３版第１刷発行
2002年３月20日　第４版第１刷発行
2005年３月10日　第４版補訂版第１刷発行
2006年３月20日　第５版第１刷発行
2008年３月10日　第５版補訂版第１刷発行
2013年３月30日　第６版第１刷発行
2018年３月30日　第７版第１刷発行
2019年３月30日　第８版第１刷発行
2023年２月15日　第９版第１刷発行

著　者　近　藤　光　男

発行者　江　草　貞　治

発行所　株式会社　有　斐　閣
郵便番号 101-0051
東京都千代田区神田神保町 2-17
http://www.yuhikaku.co.jp/

印刷・大日本法令印刷株式会社／製本・牧製本印刷株式会社

ISBN 978-4-641-23308-9